HISTOIRE
DE
LA LITTÉRATURE
ANCIENNE ET MODERNE.

SOUS PRESSE,

POUR PARAÎTRE CHEZ LES MÊMES LIBRAIRES :

PHILOSOPHIE DE LA VIE, par F. Schlegel; traduite par W. Duckett. 2 vol. in-8°.

PHILOSOPHIE DE L'HISTOIRE, par le même; traduite par le même. 2 vol. in-8°.

PARIS, IMPRIMERIE DE DECOURCHANT,
Rue d'Erfurth, n° 1, près de l'Abbaye.

HISTOIRE
DE LA
LITTÉRATURE
ANCIENNE ET MODERNE,

PAR F. SCHLEGEL;

TRADUITE DE L'ALLEMAND, SUR LA DERNIÈRE ÉDITION,

PAR WILLIAM DUCKETT.

TOME SECOND.

PARIS,
TH. BALLIMORE, LIBRAIRE,
RUE DE SEINE SAINT-GERMAIN, N° 48.
GENÈVE,
CHERBULIEZ, LIBRAIRE.

1829

HISTOIRE DE LA LITTÉRATURE ANCIENNE ET MODERNE.

CHAPITRE IX.

Littérature italienne. — Esprit allégorique du moyen âge. — Rapports du christianisme avec la poésie. — Le Dante. — Pétrarque et Boccace. — Caractère de la poésie italienne. — Poètes latins modernes ; leur influence pernicieuse. — Manière de penser et politique de l'ancienne Rome. — Machiavel. — Grandes découvertes du quinzième siècle.

J'AI déjà essayé de présenter un tableau des diverses nations européennes, des Allemands, des Français, des Anglais et des Espagnols, et surtout de leur poésie et de leurs connaissances dans le moyen âge, et jusqu'au seizième siècle. Il ne me reste plus qu'à traiter de la littérature italienne. Je m'étais réservé de le faire séparément, parce qu'elle sert de point de transition entre la poésie du moyen âge et la littérature nouvelle des derniers siècles, depuis que les sciences et les arts ont été considérablement enrichis, et pour ainsi dire restaurés par elle, aux quinzième et seizième siècles.

L'ancienne poésie italienne se rattache entièrement, d'un côté, à la philosophie du moyen âge, dans le poème allégorique du Dante; tandis que, d'un autre côté, elle se rapprochait davantage des modèles antiques, et était intimement liée à l'étude des langues anciennes. Les deux poètes Pétrarque et Boccace furent des savans qui prirent la part la plus grande au réveil et à la renaissance des connaissances de l'antiquité. C'est en Italie que le génie de la chevalerie et la poésie chevaleresque ont, en général, exercé le moins d'influence. Le Dante voulut d'abord composer son poème en latin. Pétrarque parle même avec dédain et mépris des poésies chevaleresques; et quoiqu'il ait rendu hommage au génie du siècle par ses chants de troubadour, il était plutôt entraîné par le goût dominant, qu'il n'était intimement convaincu de la nature particulière et de l'excellence de cette nouvelle poésie. En effet, il comptait moins pour sa gloire sur ces chants de troubadours qui l'ont immortalisé, que sur le poème héroïque de Scipion, qu'il composa en latin, et qui aujourd'hui n'est plus connu qu'à cause de l'immense réputation de son auteur. Cette indécision si naturelle dans l'ancienne patrie du génie romain, entre la manière de penser des anciens Latins et celle des Italiens modernes, leurs arts et leur langue, paraît encore visible dans Boccace, le troisième grand écrivain des premiers temps de la littérature italienne. Il chercha à reproduire les subtils jeux d'esprit que l'on trouve dans les questions d'amour des Provençaux, ainsi que les intéressantes nouvelles des chroniqueurs de la France septentrionale, dans le style des anciens, trop grave, trop savant et trop orné pour le but qu'il se proposait d'atteindre; et comme l'eussent pu faire un Tite-Live et un Cicéron. Plusieurs de ses ouvrages n'offrent que de vaines tentatives pour introduire la mythologie des anciens dans des histoires chrétiennes, et même pour exprimer des idées chrétiennes dans la langue et selon la mythologie de l'antiquité. C'est ainsi, par exemple, que dans ses romans chevaleresques il appelle Dieu le Père Jupiter, Dieu le Fils Apollon, et l'ange des ténèbres Pluton. Selon la méthode du moyen âge, il puisa le sujet de quelques poèmes héroïques dans la mythologie ancienne, qui au reste lui était assurément beaucoup mieux connue qu'à d'autres poètes français ou allemands, qui avant lui tentèrent de semblables essais. Sa prédilection pour l'antiquité se montre encore dans ce choix qui ne lui réussit guère, et on y aperçoit en même temps quels efforts il fit pour allier l'antique à la poésie de cette époque.

De ces trois anciens poètes italiens, le Dante est sans contredit le plus riche et le plus important, et celui dont l'esprit fut le plus inventif. Son ouvrage, qui comprend toutes les sciences et toutes les connaissances de l'époque où il écrivait, ainsi que toute la manière de vivre des temps du moyen âge plus rapprochés de nous, tout ce qui l'environnait, le ciel et l'enfer même tels qu'il les concevait, est unique dans son genre, et ne peut être rangé dans aucune catégorie. Il y eut, à la vérité, au moyen âge, plusieurs poèmes allégoriques semblables au sien, surtout en langue provençale; mais ces poèmes sont perdus ou inconnus, et le Dante s'est montré tellement supérieur à tous les autres poètes qui ont traité le même genre que lui, qu'il les a fait oublier, et se trouve maintenant seul devant nous. Si l'on voulait considérer la poésie du moyen âge uniquement d'après son esprit propre, et la juger historiquement à part toute théorie générale, et indépendamment des formes d'art des anciens qui ne s'y adaptent point, trois genres principaux paraîtraient être les plus essentiels : ce seraient le poème chevaleresque, le chant des troubadours, et l'allégorie dans les poèmes dont le but et l'objet, le plan et même la forme extérieure, ont un caractère allégorique, comme celui du Dante. Aussi bien cet esprit allégorique est répandu et domine dans toute la poésie du moyen âge. J'ai déjà remarqué, en traitant des fables de la Table ronde et de Graal, combien un esprit et un sens allégorique se font sentir dans quelques fictions chevaleresques. La différence consiste en ce que, dans ces fictions chevaleresques allégoriques, le sens caché est renfermé dans une exposition de la vie; tandis que dans le Dante, au contraire, les tableaux de la vie ne sont qu'intercalés et distribués dans l'édifice savamment divisé de son allégorie, qui embrasse l'univers entier. Le christianisme a beaucoup contribué à faire naître et à répandre ce goût général pour l'allégorie, qui était tellement dominant dans le moyen âge, qu'il faut le supposer presque partout, et qu'on ne saurait assez l'avoir présent à l'esprit pour tout bien comprendre.

Si nous envisageons la Bible sous le rapport de la haute influence qu'elle a réellement exercée sur l'ensemble de la littérature et de la poésie des temps modernes, ou bien sous le rapport des effets que, comme ouvrage et par sa forme extérieure, elle a dû et qu'elle pouvait produire sur le langage, l'art et le génie de l'exposition, nous y remarquerons deux qualités principales. La première consiste dans la simplicité de l'expression et dans l'absence de toute affectation. Quoique toutes les Ecritures parlent principalement ou presque exclusivement de Dieu et de l'homme extérieur, l'expression est cependant partout vivante; on n'y trouve aucune trace de métaphysique proprement dite, pas plus que ces divisions et ces antithèses, ces notions mortes et ces vaines abstractions dont la philosophie de tous les peuples, depuis celle des Indiens et des Grecs jusqu'à celle des Européens modernes, n'a jamais pu s'abstenir toutes les fois que ces peuples ont essayé d'aborder et d'exposer avec leurs propres forces les sujets les plus élevés de toute réflexion, Dieu et l'homme. Cette philosophie ne pouvait échapper au mal héréditaire d'une confusion insoluble et d'opinions luttant sans cesse avec elles-mêmes, ainsi qu'au raffinement de l'esprit; pas même lorsque, pour y échapper, renonçant à ces hautes questions et à ces grands objets, elle se rejetait entièrement dans le monde des sens, ou se retranchait derrière un aveu d'ignorance. La même simplicité et la même absence de tout art caractérisent aussi la partie poétique de l'Ecriture sainte, quelque riches qu'en soient d'ailleurs les livres poétiques en traits nobles et sublimes. Sous le rapport de la forme et des développemens savans, cette simplicité de la poésie sacrée des Hébreux ne peut, en aucune manière, être comparée à la richesse des expositions grecques. Au contraire, on voit dans ces expositions la fleur de la beauté la plus parfaite toucher presque immédiatement au déclin, et la plus haute perfection de l'art y est souvent et même presque toujours suivie d'un goût exagéré et bizarre, qui se plaît dans des ornemens superflus, dans l'afféterie et dans les inutilités. Il y a dans l'imagination de l'homme, dans toute son économie intellectuelle, dans la direction de ses penchans et de ses sentimens, une foule de causes qui expliquent ce phénomène général dans l'histoire de l'art; un grand nombre d'influences qui exercent une action corruptrice sur la fleur délicate de la beauté lorsqu'elle est à peine éclose, qui portent le poison jusqu'à son cœur, et qui fatiguent et changent en afféterie la noblesse des expressions là où déjà elle avait été réellement atteinte. Aussi les poètes chrétiens des temps modernes, qui, pour leurs ouvrages, ont fait usage de la poésie de l'Ecriture sainte, ou qui l'ont prise pour modèle, comme le Dante, le Tasse, Milton et Klopstock, se rapprochent beaucoup plus de leur modèle dans certains détails qui portent l'empreinte du sublime, qu'ils ne lui ressemblent sous le rapport de cette noble simplicité et de cette absence de toute prétention. Une autre qualité distinctive de l'Ecriture sous le rapport de la forme extérieure et de la méthode d'exposition, qui a exercé la plus grande influence sur nos langues et sur notre poésie modernes, c'est le caractère figuré et symbolique qui domine constamment non-seulement dans ses livres poétiques, mais encore dans ses livres didactiques et historiques. Chez les Hébreux, on peut presque la considérer comme une qualité nationale, qui d'ailleurs est commune à plusieurs peuples de l'Orient, aux Arabes par exemple, dont la race est la plus rapprochée de celle des Hébreux. La défense de représenter la Divinité sous une forme sensible a pu contribuer, chez les Hébreux, à fortifier ce penchant, parce que toutes les fois que l'imagination est entravée d'un côté, elle cherche d'autant plus à trouver une issue libre d'un autre côté. La même cause a produit le même effet chez les Mahométans modernes. Là même où ce caractère figuré et cette poésie particulière aux Orientaux se trouvent moins ou même pas du tout, par exemple dans les livres chrétiens de l'Ecriture, on voit cependant dominer cet esprit symbolique. L'influence de cet esprit a été profonde et générale sur la philosophie ainsi que sur la culture intellectuelle de tous les peuples chrétiens. C'est par cet esprit symbolique, et par le penchant qui en est résulté pour l'allégorie, que la Bible est devenue pour la poésie, pour la sculpture et pour les beaux-arts du moyen âge, et même des temps modernes, ce qu'ont été pour l'antiquité les poésies d'Homère : la source, la règle et le but de tous les aperçus et de toutes les fictions symboliques. Il est vrai que là où le sens profond de ces mystères symboliques ne fut point parfaitement compris, et là où le but et la pensée que désignait le symbole ne demeurèrent point aussi graves et aussi sacrés, ce penchant dégénéra souvent en allégories arbitraires, vides de sens, et ne consistant qu'en jeux de mots; parce que la richesse des ornemens est plus facile qu'une noble simplicité, et que l'art le plus brillant est incomparablement plus commun que la profondeur de la vérité.

Sous le rapport des deux qualités dont nous avons fait mention en dernier lieu, il est incontestable que tous les peuples chrétiens eussent pu trouver dans l'Ecriture sainte un grand et beau modèle encore plus général que l'art et la beauté des formes des Grecs. S'ils l'eussent généralement comprise, et si le génie du christianisme avait opéré partout avec vigueur et intensité, il en serait résulté que cette beauté noble qui ne fait qu'un avec la vérité serait infailliblement devenue dominante dans la langue et dans l'exposition, dans la science comme dans l'art, et aurait duré. Considéré en lui-même et pour lui-même, le christianisme ne saurait être un sujet pour la poésie, à l'exception toutefois de la poésie lyrique, qui est une manifestation immédiate de la sensibilité. Le christianisme ne peut être ni philosophie ni poésie; il est au contraire la base de toute philosophie, et si la philosophie se refuse à l'admettre, elle ne se comprend jamais elle-même et s'embarrasse dans un scepticisme vide ou dans une incrédulité aussi vide et aussi insuffisante, et dans des disputes sans nombre et sans fin. Mais d'un autre côté, le christianisme s'élève au-dessus de toute poésie; et sous ce rapport son esprit, qui domine partout, doit également dominer ici, mais insensiblement, et ne saurait être ni saisi ni exposé immédiatement.

Les rapports du christianisme avec la poésie et avec l'art de l'exposition sont de la plus haute importance, dès que l'on demande quel est en général le rapport de la civilisation des modernes avec celle de l'antiquité, et jusqu'à quel point elle est obligée de lutter contre cette dernière, pour atteindre le même degré de perfection. Que seraient-ce qu'une poésie et un art qui se borneraient à ramener comme des ombres ces figures et ces formes de l'antiquité dont l'esprit n'existe plus, ou qui voudraient exposer la vie actuelle et moderne, mais en restant toujours à sa superficie, sans jamais toucher le centre plus profond de tous les aperçus et de tous les sentimens propres à l'Europe moderne? De là les efforts toujours renaissans des peuples, des siècles entiers et de tant de talens, pour exposer et embellir le christianisme, non-seulement dans les arts, mais encore dans la poésie.

La véritable réponse à cette importante question me paraît se trouver dans l'observation que j'ai déjà faite, que l'exposition indirecte du christianisme, que l'influence indirecte de son esprit sur la poésie, est, sinon la source exacte et vraie, du moins incontestablement celle qui jusqu'à présent a été la plus sûre et a le mieux réussi. Dans ce sens, la poésie chevaleresque du moyen âge, qui à la vérité est restée imparfaite comme l'architecture gothique, et qui n'a atteint nulle part une forme et un développement complets, peut être appelée une poésie héroïque vraiment chrétienne ; car ce qui la distingue de la poésie héroïque des autres peuples et des temps plus reculés, est incontestablement chrétien dans son origine comme dans son essence. C'est l'esprit des temps anciens du Nord qui respire dans ces poèmes ; ce sont les formes de l'ancienne tradition héroïque, mais changées et épurées par le sentiment d'amour qui embellit aussi les jeux de l'imagination, et leur prête une signification plus élevée. Mais si le poète essaie d'aborder immédiatement les mystères du christianisme, ceux-ci semblent se refuser à toute exposition, comme formant un sujet trop élevé et présentant un but qui ne peut presque être atteint. Jusqu'à présent du moins aucun essai de ce genre, quelque grands qu'aient été d'ailleurs les talens qui s'y sont consacrés, n'a tellement réussi que tout sentiment de discordance dût cesser. Cette remarque s'applique aussi, à certains égards, au premier et au plus ancien des grands écrivains chrétiens, au Dante ; et on en a souvent fait l'observation à l'égard de ses successeurs, le Tasse, Milton et Klopstock. Le Dante a réussi mieux que tout autre à exposer avec une grande clarté et un coloris vraiment poétique, des apparitions et des ravissemens célestes. Cependant on ne saurait prétendre que, dans son ouvrage, la poésie et le christianisme soient dans une harmonie parfaite, et nier que son poème ne soit, sinon dans l'ensemble, du moins dans quelques parties, un véritable poème didactique théologique. Quoique son imagination fût toute poétique, et disposée aux visions les plus audacieuses, cependant la scolastique de l'époque a exercé une grande influence sur cet esprit singulier. Cet ouvrage, unique dans son genre, est d'ailleurs plein de vie. D'après le cercle des trois mondes qui y sont exposés, savoir, celui des ténèbres, celui de la purification et celui de la lumière parfaite, il nous représente une suite de caractères les plus variés, dessinés avec des traits originaux et hardis, et dans les états les plus divers; depuis l'abîme le plus profond de la corruption intérieure et du désespoir, par tous les degrés de l'espérance et de la souffrance, jusqu'à la béatitude la plus parfaite. Si l'on sait s'identifier complètement avec l'esprit, les vues et l'intention de l'auteur, si l'on pénètre dans le plan de son ouvrage, on trouve partout de l'unité et de l'ordre; et cet ouvrage ne paraît pas seulement unique dans son genre par la richesse de l'invention et par l'originalité du plan, mais aussi parce que le poète a pu l'exécuter avec tant de force et de persévérance. Le mal est que cet enchaînement et cette unité ne frappent point clairement et facilement les yeux, et qu'il faille une grande préparation, une étude profonde, des connaissances étendues, pour pouvoir comprendre entièrement ce poème dans son ensemble et dans ses détails. Sa géographie et son astronomie n'étaient pas aussi étrangères à ses contemporains et à la génération qui l'a immédiatement suivi, qu'à nous; ses fréquentes allusions tirées de l'histoire de Florence étaient beaucoup plus à leur portée; sa philosophie même était celle du siècle dans lequel il écrivait; et cependant ils avaient besoin d'un commentaire pour les comprendre! C'est ainsi qu'il est arrivé que le plus remarquable et le plus national de tous les poètes italiens n'est pas devenu véritablement le poète de sa nation. A la vérité, pendant plusieurs siècles, il fut, comme un autre Homère, expliqué et commenté dans sa patrie par un professeur public. Cependant ce n'est ni son ouvrage lui-même, ni l'esprit de l'ensemble, qui a conservé une influence vivante, mais seulement quelques passages isolés. Aucun autre poète de sa nation ne mérite d'être placé à côté de lui pour les traits grands et audacieux de la pensée, pour la peinture des caractères et des passions; aucun poète n'a aussi profondément saisi l'esprit et le caractère italiens, et n'a pu les représenter avec autant de vérité. La seule chose que, sous ce rapport, on pourrait lui reprocher, c'est la dure empreinte de l'esprit gibelin qui se trouve dans tout son poème. Ces Gibelins qui, dans les derniers temps du moyen âge, combattaient pour la domination temporelle, se distinguaient par un esprit fier et orgueilleux, par une dureté et une sévérité de caractère qui dégénéraient presque en cruauté, et qu'il faut connaître par les histoires et par les monumens de cette époque, si l'on veut s'en faire une juste idée. Les temps modernes, notre époque même, ont eu aussi leurs Gibelins, qui n'espéraient de salut pour l'humanité que d'une domination dirigée vers un but purement temporel; et qui voulaient nier la puissance de l'être invisible, qui se fait cependant toujours sentir quand il en est besoin. Mais ces Gibelins d'une époque plus rapprochée de la nôtre, et plus civilisée, se distinguent davantage par la souplesse et la facilité avec lesquelles ils reçoivent, comme une matière molle, l'empreinte que leur imprime une force supérieure, qui leur paraît d'autant plus grande et d'autant plus parfaite, qu'elle se maintient davantage par des effets destructeurs ou désorganisateurs. Cependant, bien qu'ils fussent enflammés de la même soif de domination, l'orgueil et le courage héroïque étaient trop généralement répandus parmi ces anciens Gibelins; les combattans qui luttaient les uns contre les autres et les grands caractères qui s'entravaient réciproquement, étaient en trop grand nombre, pour que les résultats eussent pu être les mêmes. Aussi n'en advint-il qu'une anarchie sans énergie, une lutte et une fermentation générales de caractères violens et de forces; mais non immédiatement cette langueur uniforme qui est non-seulement la suite, mais encore la cause et l'occasion déterminantes du despotisme. Cependant cette dureté de l'esprit gibelin qui, dans le Dante, se présente sous une forme qui n'est à la vérité dénuée ni de noblesse ni d'élévation, pourra toujours lui être reprochée, parce que son influence s'étend non-seulement sur la beauté et la forme extérieures, mais aussi sur la beauté intérieure et les sentimens.

Tels sont les défauts qu'à part la grande admiration dont je fais profession pour ses ouvrages, j'ai cru devoir signaler dans le plus grand des poètes chrétiens et florentins.

J'ai déja assigné à Pétrarque la place qui lui convient, lorsqu'à l'occasion du tableau général que j'ai tracé de la poésie des troubadours chez les diverses nations, j'ai parlé de la perfection qui lui est particulière dans ce genre : c'est celui auquel appartiennent ses poésies; et il faut comparer la poésie du troubadour italien avec celle des troubadours allemands ou espagnols, pour l'apprécier avec justesse et en bien saisir le caractère, qui consiste en ce que Pétrarque est beaucoup plus habile, plus spirituel et plus platonique que les autres troubadours du moyen âge. Cependant quelques-uns de ses commentateurs ont prétendu que Laure n'était point une amante réelle, mais que sous ce nom il avait chanté une idée spirituelle et symbolique. A cette prétention on a opposé des preuves authentiques de son existence, de son mariage, et de la nombreuse postérité qu'elle a laissée; ce qui est attesté par des livres d'église. La charmante image de Memmi, dans la collection des poèmes de Pétrarque à Florence, nous convainc de la réalité et de l'existence véritable de cette femme céleste. Toutefois, il est certain que les poésies de Pétrarque contiennent aussi un sens et un esprit allégoriques qui se manifestent souvent très-clairement et sans aucun rapport accessoire, et qu'il faut supposer et rechercher presque partout dans les ouvrages du moyen âge, ainsi que nous en avons déjà fait la remarque. Comme versificateur et comme ayant formé sa langue, Pétrarque est un des premiers talens qui aient jamais écrit dans une des langues romanes.

Boccace ne déploya pas moins de talent pour former la prose, que Pétrarque pour former la poésie. Sa prose péche cependant sous le rapport de la longueur des périodes, défaut dont Machiavel seul est exempt.

Ces trois poètes florentins, le Dante, Pétrarque et Boccace, s'étaient frayé chacun une route toute nouvelle, et avaient envisagé l'art de l'exposition sous un point de vue différent. Le Dante avait adopté les grandes visions allégoriques et toute la plénitude des symboles chrétiens; Pétrarque, le genre lyrique, dans lequel il est cependant resté inférieur au premier; Boccace, le roman et la nouvelle, l'exposition en prose, entremêlée de vers. Chez ce dernier, surtout dans ses compositions importantes, la tendance à l'allégorie est visible : il s'efforce de ranimer la mythologie païenne, et la revêt de formes chrétiennes, comme le Dante avait déjà essayé de le faire à sa manière. Tous trois eurent une foule d'imitateurs, quoique le Dante, unique dans son genre, ne fût nullement propre à servir de modèle; et que les chants de Pétrarque, ainsi que les nouvelles en prose, dussent bientôt fatiguer par leur fréquente répétition et leur immense quantité. Ce ne fut que plus tard, au quinzième siècle, et lorsqu'il n'y avait plus de lauriers à cueillir sur cette route, que les Italiens prirent la résolution d'essayer le véritable poème chevaleresque que Boccace avait voulu transplanter dans la sphère de la mythologie grecque et des fables troyennes. Le Florentin Pulci fut le premier prédécesseur connu de l'Arioste. On devrait être disposé à juger favorablement d'un poète si profondément versé dans la connaissance de l'antiquité, chantant ses rapsodies dans la société des Médicis; son ouvrage ne répond point cependant à cette attente : il appartient à la classe de ceux où l'esprit et la plaisanterie doivent tenir lieu de poésie que l'auteur remplace, tout en s'en moquant, par l'incohérence des fictions les plus invraisemblables et les plus vides de sens. Dans ses contes, on démêle rarement ce qui est parodie et ce qui est sérieux. L'esprit y est tellement local, tellement florentin, qu'à peine pouvons-nous le comprendre. Aussi l'ouvrage n'est-il remarquable dans son ensemble, que parce qu'il prouve combien le genre véritablement romantique fut, dans l'origine, étranger aux Italiens. Bojardo, le prédécesseur immédiat de l'Arioste, fut beaucoup plus heureux. L'Arioste ne voulut même d'abord que continuer l'ouvrage que ce dernier avait laissé inachevé; mais c'est là même ce qui l'a fait tomber dans l'oubli. L'Arioste perd beaucoup sous le rapport de l'invention et de la richesse d'imagination qu'on est si facilement porté à lui accorder, aussitôt que l'on connaît les sources auxquelles il a puisé. La plupart des fictions et des contes dont il nous entretient, se trouvent déjà chez son prédécesseur; le coloris vigoureux des descriptions est absolument le même. L'Arioste n'a de plus que lui que la légèreté, la grâce et la pureté du style et des vers, ainsi que le mérite d'avoir su faire un heureux usage de quelques passages et de quelques ornemens empruntés à l'Odyssée, à Ovide et aux anciens poètes.

Il est digne de remarque que ce n'est point à Florence que la poésie chevaleresque a atteint son plus haut degré de perfection; mais en Lombardie, où l'architecture allemande du moyen âge trouva également accès et où le style de la peinture se rapprocha davantage de celui de la peinture allemande, ou du moins ne lui demeura point aussi étranger qu'à Florence ou à Rome. Il suffit de parcourir les principaux Etats de l'ancienne Italie, pour comprendre comment le génie de la chevalerie a pu et dû être moins dominant dans ce pays, et exercer une influence bien moins grande sur les mœurs, sur les opinions et sur la poésie, que dans le reste de l'Occident civilisé. A Florence, l'esprit national devint de bonne heure très-démocratique. A Venise, tout était dirigé vers le commerce; les mœurs et le goût y étaient sous divers rapports plus semblables aux mœurs et au goût des Orientaux, que dans le reste de l'Occident. A Naples, le génie de la chevalerie ne s'était pas à la vérité entièrement éteint depuis les Normands; mais, gouvernée par des rois étrangers, fréquemment agitée par des changemens de dynastie, et entravée aussi par une foule de circonstances défavorables, Naples ne prit qu'une part très-éloignée à la haute culture intellectuelle de l'Italie septentrionale. A Rome, centre de l'Église, l'esprit était dirigé vers quelque chose de tout différent, et l'attention se portait plutôt sur l'éclat des arts destinés à embellir l'Église, que sur la poésie chevaleresque. Quand des souvenirs de nationalité venaient à se réveiller, ce sentiment prenait une direction tout opposée, et se perdait dans l'utopie de la restauration de la république et du rétablissement de l'ancienne Rome dans sa splendeur première. C'est ce que l'on vit dans les écarts de Rienzi, que Pétrarque lui-même partageait et admirait.

Voilà pourquoi la poésie des Italiens, qui par sa savante perfection a exercé une si grande influence chez les autres nations, et est devenue la propriété commune de toute l'Europe civilisée, tendit plus dans son ensemble vers l'antique et vers la philosophie; et qu'à une époque plus rapprochée de la nôtre, elle ne fut même que très-peu animée par le génie de la chevalerie.

Les Italiens brillèrent au quinzième siècle incomparablement davantage dans la peinture; et ce fut à cette époque que cet art commença à fleurir véritablement. Son éclat se prolongea à peu près jusque vers le milieu du seizième siècle. Après la littérature ancienne, qui venait de renaître, c'est l'art qui a le plus contribué à embellir ce siècle, ainsi que celui des Médicis ou de Léon X. Quelques peintres ont pu se servir des restes de la sculpture des anciens, pour apprendre à mieux dessiner et à mieux connaître le corps; et l'aspect de l'antique a pu leur inspirer une foule d'idées élevées sur la forme et sur la beauté. Mais il n'y eut point dans l'ensemble une imitation véritable de l'antique, pas même chez les peintres les plus versés dans la connaissance de l'antiquité; connaissance qui n'était familière qu'à un petit nombre d'artistes, et qui manqua à plusieurs des plus célèbres. Ce fut aussi la véritable imitation de l'antique qui, au seizième siècle, fut le signe de la décadence de l'art. Avant qu'elle eût atteint son plus haut développement, l'esprit de cette peinture était neuf et original ; il était tantôt entièrement chrétien, dirigé vers des idées toutes chrétiennes ; tantôt plus national et plus italien, et réunissant au même degré ces deux qualités dans ses productions les plus parfaites. C'est pourquoi la peinture a atteint dans ce siècle une plus haute perfection et a jeté un plus vif éclat que la poésie. En effet, quel poète de cette époque pourrait-on comparer à Raphael? C'est en vain que nous cherchons ici un Tasse qui ait été en même temps un Dante.

La poésie, au contraire, ne demeura pas aussi indépendante et aussi pure d'imitation. Depuis la renaissance de l'ancienne littérature, et depuis que beaucoup de poètes anciens, jusqu'alors peu connus, furent répandus plus généralement, on vit chez toutes les nations de l'Europe moderne, et surtout chez les Italiens, de malheureux essais d'imitation ; le vrai génie même ne demeura pas toujours à l'abri de cette influence pernicieuse. Le Tasse et Camoëns, les plus grands poètes épiques modernes, se seraient développés avec infiniment plus de puissance, de liberté et de beauté, si la forme virgilienne d'un poème héroïque n'avait été devant leurs yeux, n'avait entravé leur génie poétique, et ne les avait souvent égarés. Mais l'ancienne littérature fut encore préjudiciable d'une autre manière à la poésie et même à la langue nouvelle : on recommença à écrire et à versifier si généralement en latin, que l'on finit par négliger la langue nationale. Après l'Italie, c'est l'Allemagne, où la littérature a été cultivée avec plus d'ardeur que dans tout autre pays qui en a le plus souffert. Quelques poètes véritables et même très-remarquables se sont perdus sur cette fausse route pour la langue et pour la nation, parce que l'on ne reconnut que trop tard qu'il n'y a pas de poésie capable d'exercer une influence vitale dans une langue morte. On couronna, sous l'empereur Maximilien, des poètes latins; mais je ne sache point qu'aucun d'eux l'ait été pour avoir écrit en langue allemande, quoique l'empereur l'aimât beaucoup et s'en servît : on représenta même devant lui des comédies en latin. On attribue communément l'altération visible et la décadence de la langue allemande, comparées au vif éclat qu'elle avait jeté antérieurement, aux discordes et aux guerres civiles du seizième et du dix-septième siècles. Ces guerres civiles ont assurément accru le mal; mais comme cette altération de la langue, ou du moins de la poésie, est antérieure à la réformation, et qu'elle se montre dans des écrivains qui l'avaient reçue telle qu'elle existait déjà de leur temps, je crois que la cause première de ce mal doit être attribuée à ce que le plus grand nombre des poètes et des écrivains de cette époque commencèrent à mépriser la langue nationale, et à écrire et à versifier en latin. Il dut en résulter un plus grand préjudice pour l'Allemagne, parce que tout dans ce pays était moins réglé, moins ordonné, moins un, qu'en Italie, où l'on possédait déjà pour la langue nationale, dans les grands écrivains et poètes florentins du quatorzième siècle, des modèles que les nouveaux partisans exclusifs du latin ne purent point faire disparaître.

La faute n'en était point à la littérature ancienne, mais à l'usage ou plutôt à l'abus qu'on en faisait, bien que quelquefois on s'en servît d'une manière convenable. Le développement immense que les sciences historiques prirent au quinzième siècle, et, à leur suite, toutes les autres sciences ; la connaissance que l'on acquit de tant de sources de vérité et de magnifiques monumens de l'art et de la civilisation, étaient déjà un inappréciable avantage. Mais l'on se tromperait si l'on pensait que ces richesses produisirent partout de bons fruits, et nulle part de l'ivraie; si l'on pensait que les richesses intellectuelles acquises d'une manière si soudaine furent sur-le-champ bien employées, comme nous concevons actuellement qu'elles eussent dû l'être, et comme nous désirerions qu'elles l'eussent été. Je trouve que sous ce rapport, le génie des Européens modernes se ressemble beaucoup plus dans les divers siècles, qu'on ne l'admet communément. Je vois régner partout la même ardeur d'apprendre, qui, se livrant aux investigations de toute espèce avec une infatigable activité, emploie avec violence, l'on pourrait même dire avec fureur, tous les moyens qui s'offrent à elle pour étendre le cercle des connaissances humaines, s'égare complètement, veut appliquer à tout les idées nouvelles qu'elle vient d'acquérir, perd de vue pendant un certain temps d'autres objets qui ne sont pas moins essentiels; jusqu'à ce que, dans la commotion et dans la fermentation générale, on voie s'étendre au loin les effets désastreux qu'ont toutes les révolutions, même celles de l'esprit et de la civilisation, et que l'on soit encore une fois témoins du naufrage de la plus grande partie de ce que l'on pouvait attendre de grand et de beau pour les arts et les sciences, pour la civilisation et pour la vie, des richesses intellectuelles nouvellement acquises. Au siècle des croisades, lorsque la connaissance de l'Orient amena celle de la science des Arabes, lorsque la philosophie d'Aristote devint dominante, et que les diverses nations entrèrent plus fréquemment en contact; l'activité intellectuelle prit un élan inconcevable, un monde d'idées nouvelles entra dans la circulation. Mais il est généralement reconnu aujourd'hui que ce développement et cette révolution de l'esprit humain, qui se manifestèrent tout d'un coup au treizième siècle, ne furent point utilisés comme on eût pu le souhaiter. Il en résulta immédiatement et en général un esprit de secte qui, resserré dans l'étroite enceinte des écoles, ne parut que de la barbarie, et qui étendit bientôt aussi son influence désorganisatrice sur l'Eglise, les Etats et la vie. De tous les siècles de l'Europe qui aient été tout-à-coup comblés de richesses intellectuelles, et où l'esprit se soit développé soudain avec le plus de variété, le quinzième est peut-être le plus brillant; alors que, par l'usage systématique de la boussole et par des inventions et des efforts progressifs, on parvint enfin à découvrir le chemin de l'Inde et de l'Amérique, et que, pour la première fois, la terre, asile de l'homme, apparut à ses yeux étonnés dans toute sa grandeur et dans sa constitution : tandis que l'ancienne littérature restaurée montrait en même temps à l'esprit un nouveau monde intellectuel, et que l'imprimerie offrait un moyen de propager et de multiplier les connaissances; découverte qui, lorsqu'elle fut connue, dut produire l'effet d'un miracle. Mais la règle que j'ai posée, l'observation que j'ai déjà faite sur l'usage que l'on fit en grande partie des richesses que l'on venait d'acquérir si habilement, me paraît également recevoir ici son application. Ainsi que je l'ai déjà indiqué, et comme je le développerai encore plus loin, la troisième révolution générale dans les sciences et dans l'esprit de l'Europe moderne, est plus rapprochée de notre époque. Les progrès immenses que les mathématiques et les sciences naturelles ont faits dans le dix-septième siècle, et qui ne firent que s'accroître encore davantage dans le dix-huitième, ont développé d'une manière si incroyable toutes les connaissances mécaniques et les talens techniques, que presque toute l'organisation de la vie humaine en a été entièrement changée. Qui pourrait prétendre que ces connaissances ne sont point par elles-mêmes magnifiques et admirables? Qui pourrait nier que rien ne soit plus sublime que cette domination de l'homme sur le monde physique et moral, qui répond à sa grandeur et à sa destination primitives ? Mais cette domination sur le monde physique et moral était-elle accompagnée de la domination sur soi-même ? La philosophie toute physique et mathématique, qui provint de cette direction de l'esprit humain, et s'étendit même à des sujets moraux, était-elle la plus juste et la plus convenable ? Les suites que cette manière de penser, ainsi que la philosophie qui en résulta, eurent pour la religion et les mœurs, les États et la vie, ont été déjà si clairement exposées et développées, qu'on les considère généralement aujourd'hui comme ayant amené les plus grands maux, et que les opinions seront bientôt entièrement d'accord sur ce point.

Je reviens au quinzième siècle, à l'occasion duquel j'ai parlé en dernier lieu du danger dont la prédilection exclusive pour la littérature et pour la langue anciennes menaçait dès lors le perfectionnement ultérieur de la langue vivante et de la poésie dont elle était l'organe. Nous devons d'autant moins nous étonner de trouver ici quelques aberrations et quelques hésitations, que l'histoire de la civilisation moderne ne nous présente en général qu'une lutte continuelle entre l'ancien et le nouveau, entre ce qui est indispensable pour la culture intellectuelle, pour les connaissances et pour la forme; et ce qui est nouveau, original, patriotique, devant être et rester le véritable esprit de vie de toute poésie et de toute littérature vivante, agissante et nationale.

Il est possible que quelques-uns des auteurs qui, au quinzième siècle et en Italie, ont écrit en latin, aient eu sérieusement l'intention de faire disparaître entièrement la langue vulgaire, et de faire de l'ancienne langue romaine une langue vivante et généralement dominante. On ne se borna point à introduire de nouveau la mythologie et la langue des anciens, et à en faire souvent une application inconvenante à des sujets modernes et chrétiens; mais il est remarquable que plusieurs écrivains ne trouvèrent plus assez élégant de parler de Dieu en une seule personne, et s'exprimèrent à cet égard comme les anciens, qui disaient: Les dieux. Les mœurs et les usages sociaux des anciens furent aussi imités, ou, pour mieux dire, singés en Italie avec une ardeur insensée. Il se peut que quelques personnes aient formé le désir ou aient eu la pensée d'introduire de nouveau, non-seulement la constitution politique, mais encore la religion des anciens. Cependant on pourrait passer sous silence de pareilles aberrations, qu'il était impossible de mettre à exécution; mais la manière de penser des anciens Romains, qui se réveilla aussi avec la littérature ancienne, dans un grand écrivain de ce siècle, dans Machiavel, me paraît avoir exercé une influence incomparablement plus grande et plus sérieuse. Il est unique pour le style et pour l'art d'écrire l'histoire, non-seulement parmi les Italiens, mais en général parmi les modernes; il est égal aux premiers écrivains de l'antiquité. Plein d'énergie simple, et visant droit au but, comme César, il est en même temps profond et riche en pensées, comme Tacite; mais plus clair et plus aisé à comprendre que ce dernier. Aucun auteur ne lui servit de modèle, mais; comme il était pénétré de l'esprit de l'antiquité, l'art d'écrire avec force, avec vivacité et convenance, comme les anciens, sans prétention et sans imitation servile, est devenu pour lui une seconde nature : L'art qui brille dans sa manière d'exposer ses idées n'est qu'un effet involontaire de son talent : c'est la pensée qui est son but principal. Mais comment justifier ou seulement expliquer sa manière de penser, et ses principes sur l'art de gouverner les Etats, qui ne sont devenus que trop dominans, et comment les juger? On cherche à le justifier d'avoir tracé l'idéal d'un atroce tyran et de l'avoir présenté comme exemple et comme règle de conduite aux souverains et aux princes, en disant que son intention a été au contraire de donner à son siècle et à sa nation le tableau fidèle de la corruption politique à laquelle elle était livrée. Quoiqu'il soit maintenant certain que Machiavel pensait en vrai républicain et que c'était un patriote ardent, cette explication n'est cependant pas admissible. Nous croyons donc qu'il est beaucoup plus juste de la chercher dans son patriotisme, en y joignant même ses autres vues et ses autres principes politiques. Il semble qu'il ait voulu indiquer silencieusement aux premiers de sa nation que, pour délivrer l'Italie, il fallait employer les moyens désespérés et immoraux, avec lesquels d'autres l'avaient anéantie et subjuguée, combattre l'ennemi avec ses propres armes, et que tout devenait permis lorsqu'il s'agissait de sauver la patrie. Si l'on veut savoir quelle était sa manière de penser à l'égard des étrangers, il suffit de lire la comparaison rapide et remarquable qu'il a faite des Français et des Allemands. Il démontre avec une admirable sagacité que les Allemands ne sont point aussi puissans qu'on veut bien le croire, et qu'au contraire, la puissance des rois de France est excessivement redoutable et dans un état d'accroissement continuel. Mais, quelque riche de pensées et quelque juste que puisse paraître ce parallèle rapide où Machiavel a caractérisé les deux nations, il n'est rien moins que flatteur. Il reproche à l'une d'elles de manquer de bonne foi à tous égards, et il paraît considérer ce défaut comme inné chez elle; à l'autre, au contraire, son amour affecté de la liberté, son manque d'union et ses discordes intérieures, qui ont déjà fait tomber son empire en dissolution, et qui anéantiront un jour totalement sa puissance et sa force.

Telle était sa manière de penser à l'égard des autres nations; et l'on ne peut lui en faire un reproche absolu, si l'on considère quel était à cette époque le sort de l'Italie, sa patrie. Mais on ne saurait en aucune façon approuver son principe, suivant lequel on devait combattre les ennemis les plus dangereux de l'Italie, c'est-à-dire ceux qui se trouvaient dans son sein, avec leurs propres armes, avec l'immoralité de leurs moyens; car ce n'étaient point les cruautés de ces petits tyrans qui avaient plongé l'Italie dans le malheur, mais plutôt les principes et les systèmes généralement répandus, qui rendaient possibles et produisaient de semblables actions.

Ce qu'il y a de plus remarquable dans Machiavel, ce n'est point son principe tant et si souvent combattu, que la fin justifie les moyens; mais d'avoir exposé aux yeux de l'Europe moderne et chrétienne une politique tendant à faire douter de l'existence du christianisme, ou d'une divinité et d'une justice divine quelconques. Et cependant jusqu'alors le christianisme avait été considéré comme le lien de toutes les nations, comme la base fondamentale des Etats; et l'Europe, comme une seule famille dans cette union spirituelle! On croyait que les rois étaient dignes et en droit de dominer sur le reste des hommes, dans la même proportion qu'ils servaient Dieu; et que dans ce sens, eux et leur puissance étaient établis par Dieu. Tous les Etats, toutes les lois et tous les droits, reposaient en outre sur l'immuable base de l'Eglise. Or, Machiavel ne tient aucun compte de tout ceci, de cette organisation toute chrétienne des Etats et de la vie sociale. Non-seulement il écrit, mais il pense comme un ancien, et dans le sens le plus décisif et le plus strict du mot. De même que la puissance de l'ancienne Rome n'était, à proprement parler, fondée que sur la ruse et la violence, sans que la justice y fût considérée autrement que comme une qualité assez inutile, comme un ornement extérieur ou un simple accessoire; de même aussi la force et la prudence sont les seuls leviers de la politique de Machiavel. Il n'est nullement question de justice dans ses ouvrages; et il ne faut point s'en étonner; car il considère les peuples et les Etats, uniquement d'après les idées de force et de prudence, et sans tenir compte, en aucune façon, de la Divinité. Comme il ne saurait y avoir de véritable honneur sans vertu, il ne saurait de même y avoir parmi les hommes de justice sans Dieu; car, sans Dieu, la justice ne serait qu'une forme extérieure et le voile hypocrite de la perversité intérieure, de cette puissance et de cette ruse qui se permettent tout et demandent tout. Avec la croyance en Dieu, tombent aussi toute autre foi et toute autre croyance en quelque chose d'invisible. Or, ce qui est visible n'est fondé que sur ce qui est invisible; et de même que l'âme est le soutien du corps, de même aussi la croyance en Dieu et la pensée de Dieu soutiennent l'homme, les nations et les Etats. Que si cette âme, cet esprit de vie intérieur, est une fois ôté au tout qu'il anime, celui-ci tombe et se dissout; ou si les parties organiques du corps, si les Etats particuliers et les nations conservent encore une force vitale, ce n'est plus cependant alors qu'une vie séparée, arrachée de son véritable système, éloignée de son but et se détruisant elle-même intérieurement et extérieurement. Si les peuples et les Etats ne sont plus liés entre eux par la croyance en Dieu et par l'organisation de la justice, on voit inévitablement s'élever de l'abîme l'anarchie et le despotisme, ces monstres des ténèbres qui viennent occuper la place de la justice qui a été abandonnée.

La corruption politique elle-même, dont la marche des temps et le développement des forces nous ont fait voir des exemples toujours plus fréquens et plus terribles, malgré la résistance soutenue que lui opposèrent plusieurs souverains justes et vraiment chrétiens, ne peut sans doute être attribuée à un seul individu; elle a des sources beaucoup plus profondes. Cependant, quiconque réduit en principes déterminés et présente sous une forme claire et d'une application facile, une puissance du mal déjà existante, rend ses effets systématiques infiniment plus dangereux et plus étendus. Sous ce rapport, on ne saurait nier que la politique de Machiavel n'ait exercé sur les siècles qui suivirent une influence excessivement préjudiciable et corruptrice.

Les deux grandes découvertes du quinzième siècle, l'imprimerie et l'aiguille magnétique, furent accompagnées de quelques autres inventions qui exercèrent aussi une grande influence, par exemple l'usage du papier et de la poudre à canon. Considérés comme découverte, le papier et la poudre remontent à une époque bien antérieure; mais ce ne fut que dans ce siècle que l'usage que l'on en fit généralement leur donna une influence et des effets remarquables. Toutes ces découvertes prises ensemble ont donné à la société humaine une forme entièrement différente. De même que les peuples de l'antiquité qui connaissaient l'usage du fer, et en même temps aussi pour la plupart celui de l'écriture et de la monnaie métallique, sont séparés par un intervalle immense des sauvages qui ne connaissaient point ces instrumens de commerce entre les hommes et même entre les divers peuples et les différens pays, unissant les temps anciens à ceux qui les suivirent, par lesquels tout entre en contact, devient dépendant, et avec lesquels commence un développement commun de l'homme; de même les temps modernes où l'on a découvert l'imprimerie et l'aiguille aimantée sont, si l'on peut s'exprimer ainsi, séparés par un aussi grand intervalle des temps anciens, sous le rapport de ces inventions.

Mais ces découvertes mêmes démontrent que l'usage qu'en font les hommes est beaucoup plus important que les découvertes en elles-mêmes. La boussole était déjà connue depuis long-temps par d'autres peuples, qui cependant n'ont pas fait le tour de la terre par mer, ni découvert le Nouveau-Monde. L'imprimerie et le papier sont depuis long-temps en usage à la Chine pour multiplier les gazettes, les affiches et les cartes de visites, sans que pour cela le génie des Chinois ait jamais pris un élan particulier.

A l'époque même où l'on commença à s'en servir généralement, la poudre à canon fut considérée comme une invention nuisible et fatale. Non-seulement des poètes, tels que l'Arioste, s'en plaignaient comme d'une découverte malheureuse qui devait faire disparaître tout courage personnel, et qui porterait un coup mortel aux vertus chevaleresques; mais des hommes d'État et des guerriers pensaient de même et faisaient entendre les mêmes plaintes. Cependant, sous ce rapport, ces plaintes et ces inquiétudes étaient bien mal fondées; la véritable valeur, comme la véritable vertu, sait se montrer partout. Avec des mœurs et un système de stratégie tout différens, les temps modernes ont offert des exemples d'héroïsme qui méritent assurément d'être mis en parallèle avec les actions héroïques de l'antiquité et des temps chevaleresques; mais en somme, une découverte par laquelle les effets désastreux de la guerre n'ont pas moins gagné en étendue qu'en rapidité d'action et sont devenus incomparablement plus systématiques, ne peut être mise au nombre des plus heureuses. Je n'en citerai qu'un seul effet désastreux que je tirerai du siècle où l'on en fit usage pour la première fois : sans la poudre à canon, la conquête que les Européens firent de l'Amérique après l'avoir découverte, n'eût pu être aussi destructive et aussi dévastatrice.

Il semblerait qu'à ces merveilleux instrumens, à l'aide desquels les Européens découvrirent le Nouveau-Monde, un démon, ennemi de l'humanité, ait ajouté le moyen de destruction le plus terrible et le plus rapide.

C'est encore une question que de savoir si l'usage du papier a réellement favorisé les effets de l'imprimerie pour la propagation des connaissances et des lumières, ou s'il n'a pas eu plutôt des résultats pernicieux. Par ce moyen de propagation trop facile, l'imprimerie, qui par elle-même est une des plus grandes et des plus heureuses inventions, présenta souvent dans des temps d'anarchie et de révolution quelque analogie dans ses résultats avec ceux de la poudre à canon, par la propagation rapide et générale de brochures séditieuses et incendiaires. Peut-être, avec une matière plus rare et plus précieuse, l'imprimerie serait-elle restée plus fidèle à sa destination première, qui est de conserver et de répandre les véritables monumens de l'histoire, de l'art et des sciences; tandis qu'on a négligé davantage les monumens importans de la civilisation, et que la facilité de se procurer la matière première a engendré un déluge d'écrits fugitifs qui ont altéré la langue, un océan de pensées superficielles et de communications écrites, dans lesquelles le génie des siècles, flottant çà et là, ne court que trop souvent le danger de perdre la boussole de la vérité.

CHAPITRE X.

Quelques mots sur la littérature des peuples du nord et de l'est de l'Europe. — Scolastique et mysticisme des Allemands au moyen âge.

Jusqu'à présent j'ai principalement envisagé dans l'histoire de la culture intellectuelle des Européens modernes, les nations méridionales et occidentales, les Allemands et les peuples parlant entièrement ou en partie la langue romane, comme les Italiens, les Français, les Espagnols et les Anglais. Aussi bien il est incontestable que la littérature de ces peuples est la plus remarquable et la plus importante, tant par elle-même que par son influence si étendue. Il conviendrait cependant à l'idée que je me suis formée et au plan que je me suis tracé d'une histoire de la littérature vraiment générale et conçue dans un esprit national, de faire entrer aussi dans mon tableau les grands peuples du Nord et de l'Ouest. Toute nation célèbre et indépendante a, s'il m'est permis de m'exprimer ainsi, le droit de posséder une littérature qui lui soit propre; et il n'est point de barbarie égale à celle qui veut anéantir la langue d'un peuple ou d'un pays, et l'exclure de toute haute culture intellectuelle. Ce n'est d'ailleurs très-souvent que par préjugé qu'on regarde des langues négligées ou inconnues comme n'étant pas susceptibles d'un haut perfectionnement. A la vérité il existe des langues rebelles jusqu'à un certain point à la poésie, ou qui lui sont moins favorables; mais dans presque toutes les langues la prose est susceptible de prendre une forme régulière, qui suffise et convienne aux besoins les plus essentiels de la vie et à l'usage des sciences. Encore que la littérature d'une nation n'exerce que peu d'influence sur les autres nations, cependant l'histoire du développement de son esprit, considérée sous le rapport de la prospérité nationale et des destinées d'un peuple, offre déjà par elle-même un spectacle aussi attrayant qu'instructif. Cependant, sous ce rapport, je pourrai plutôt indiquer ce que je voudrais expliquer plus au long, qu'exécuter entièrement mon intention de faire une histoire complète de la littérature européenne. En effet, je n'ai vu que trop souvent la confirmation de cette vérité, que dans l'histoire de la littérature on peut moins qu'en toute autre matière se fier au témoignage et au rapport d'autrui, si une connaissance suffisante de la langue n'a pas mis en état d'apprécier et de juger par soi-même. Je serai donc forcé de me borner à quelques considérations générales, et d'embrasser d'un seul coup d'œil les autres nations et l'Europe entière, à l'époque d'une littérature nouvelle et de la restauration des sciences et des connaissances de l'antiquité. Le seizième siècle, qui forme pour toute l'Europe comme un mur de séparation entre le moyen âge et les temps modernes, est le lieu le plus convenable pour ce coup d'œil général. En ce qui concerne la langue et l'influence qu'elle peut exercer sur d'autres peuples, les langues romanes eurent un avantage et une prépondérance décisifs. Elles ont une si grande analogie les unes avec les autres et avec le latin, d'où elles dérivent, et qui à cette époque était la langue généralement parlée dans l'Occident chrétien, que, toute proportion gardée, il est beaucoup plus facile de les étudier que toute autre langue mère. Aussi étaient-elles beaucoup plus répandues que la langue allemande et que les autres langues orientales et septentrionales de l'Europe, avant même que leur propagation fût secondée par les besoins du commerce et par des causes politiques. Il est à remarquer cependant que l'Espagne, séparée du reste de l'Europe par sa position géographique, son développement politique, sa constitution particulière et ses mœurs, ne le fut pas moins par sa civilisation et sa langue, et n'acquit que peu d'influence sur le continent.

On a reconnu néanmoins, dans des temps plus récens et avec justice, que cette civilisation et cette langue de l'Espagne, étrangères au reste de l'Europe, étaient parvenues à un haut degré de perfection. Il n'est resté qu'une seule trace de l'ancien préjugé, c'est que l'on restreint trop souvent ces avantages à la poésie; tandis que l'un des avantages qui appartiennent le plus exclusivement à la langue espagnole, consiste précisément en ce que, dans cette langue, la prose aussi fut formée bien plus tôt et d'une manière bien plus parfaite que dans toute autre langue romane. Le dialecte portugais acquit, il est vrai, de très-bonne heure et même dans la prose, beaucoup de douceur et de flexibilité; mais ensuite il resta bien en arrière de la haute perfection et de la richesse de la langue espagnole. La prose italienne, à l'exception de Machiavel, n'a jamais reçu des perfectionnemens très-heureux et très-convenables pour l'usage pratique et politique. Les essais tentés antérieurement en prose par les autres langues furent pour la plupart informes : ce n'est qu'au dix-septième siècle, et par conséquent beaucoup plus tard, que le français et l'anglais se sont formés pour l'usage pratique et pour l'éloquence politique; avantage qui resta uniquement concentré dans la capitale et dans les classes élevées de la société, ce qui n'avait pas eu lieu en Espagne. Là on appliqua de bonne heure et avec beaucoup de succès la langue nationale à la législation et aux affaires les plus importantes de la vie. Peut-être cette séparation de l'Espagne du reste de l'Europe a-t-elle contribué au développement précoce de sa langue, qui est très-riche en bons ouvrages historiques, et dans laquelle s'est conservée jusqu'à nos jours une éloquence mâle, pleine de feu, claire et vive, et accompagnée de plaisanterie et d'ironie toutes les fois que l'occasion le comporte. Ce n'est que dans la philosophie que l'Espagne peut citer moins de noms célèbres que l'Italie, l'Allemagne ou tout autre pays. A proprement parler, elle ne possède même dans cette partie aucun grand écrivain.

La langue allemande forme une langue à part. Il était beaucoup plus difficile de l'étudier qu'aucune des langues romanes, c'est pourquoi elle n'a pu se répandre autant que ces dernières; et ce défaut de connaissance de la langue allemande dans les autres nations, a souvent aussi fait méconnaître la civilisation et la littérature allemande. Je crois cependant pouvoir pleinement justifier, sous le rapport historique, la place que j'ai assignée à la nation allemande dans cette histoire de la littérature. Quoique la langue allemande soit moins répandue, quiconque veut étudier à fond l'histoire et la langue des nations méridionales et occidentales, est obligé de remonter à la source de l'allemand; parce qu'en adoptant la constitution et la manière de vivre des Germains, les autres nations ont aussi adopté une grande partie de l'esprit germanique. Il est impossible d'acquérir une connaissance approfondie du moyen âge et de nos histoires, si l'on ne connaît point préalablement la langue et la civilisation allemandes; car, de même qu'aux dix-septième et dix-huitième siècles, la France et l'Angleterre dominèrent, non-seulement en politique, mais encore en littérature; de même l'Allemagne et l'Italie, pendant tout le moyen âge, marchèrent à la tête des autres nations dans la carrière de la civilisation. L'imprimerie, cette découverte du quinzième siècle, la plus grande et la plus fertile en résultats pour la littérature, est due à l'Allemagne. C'est de l'Allemagne que sont parties, au seizième siècle, les premières secousses de ces ébranlemens qui ont donné un aspect nouveau à l'Europe, sous le rapport même de la civilisation. Que si la langue allemande offre moins de ressources et est en général moins bien développée que le français et l'anglais, dans ce qui a rapport à la vie, aux affaires et à l'éloquence, par contre, elle est, comme la langue italienne, à laquelle on peut adresser le même reproche, très-favorable à la poésie; peut-être même est-elle, après la langue grecque, celle qui offre le plus de ressources aux sciences. Dans l'architecture et dans la sculpture, auxquelles la plupart des autres nations les plus civilisées de cette époque n'ont pris qu'une part à peine remarquable, les Allemands ont le droit de revendiquer la seconde place après les Italiens. Dans la littérature moderne, qui ne se développa dans les divers pays de l'Europe qu'après les grandes commotions du seizième et de la première moitié du dix-septième siècle, la langue et la culture intellectuelle de l'Allemagne furent les dernières à prendre leur nouvel essor. Il ne faut point cependant considérer cette lenteur comme un désavantage. Il semblerait que la littérature des temps plus avancés dût être aussi plus riche et plus énergique, du moins sous le rapport de la science, de l'histoire et de la philosopie. On ne saurait refuser de la richesse à la littérature allemande de la dernière moitié du dix-huitième siècle, à cette époque de l'histoire de l'esprit humain où l'on observe chez beaucoup d'autres nations un état de torpeur, une tendance à rétrograder, et même une extinction totale dans la littérature et dans la civilisation. Quelque nombreux que soient ses défauts de détail, si l'on en envisage l'ensemble, on reconnaîtra que le temps n'est pas éloigné où la connaissance de la langue et de la littérature allemande paraîtra indispensable aux autres peuples pour toute culture scientifique, et se répandra de plus en plus.

Parmi les nations les plus septentrionales et les plus orientales, ce sont celles de la Scandinavie qui ont pris la part la plus immédiate et la plus directe à la poésie et à la culture intellectuelle du reste de l'Occident. Nous avons déjà parlé plus haut de l'influence qu'elles ont exercée sur l'Europe et sur sa poésie, comme Normands nomades. Elles prirent part aux croisades, et par conséquent aussi à tout ce que les croisades amenèrent et produisirent de nouveau pour l'esprit et pour l'imagination. Des explorateurs islandais, marins habiles, parcoururent toute l'Europe en recueillant partout des connaissances et même de la poésie. Ils avaient déjà conservé dans leur Edda, et dans toute sa fidélité, la source la plus ancienne de la poésie des peuples germaniques et de tout le moyen âge. Alors ils apportèrent de l'Europe méridionale dans leur patrie les poèmes chevaleresques chrétiens. Dans plusieurs de ces poèmes chevaleresques, et surtout dans les livres héroïques allemands, l'analogie avec leurs traditions septentrionales était sensible; ils y retrouvèrent même certaines formes particulières au Nord, qu'ils traitèrent avec une prédilection particulière et avec un rare bonheur. Aussi faut-il voir dans cette direction de l'esprit de ces peuples rapproché des poèmes héroïques gothiques et allemands du même genre, comme une école septentrionale pour la poésie de l'Occident, qui diffère encore, sous beaucoup de rapports, de l'esprit romantique et de l'imagination méridionale chez les peuples latins. Ils recueillirent avec un sentiment encore plus profond ce qui, dans ces poèmes, était d'origine païenne et septentrionale, les formes particulières et en général le merveilleux dérivant de l'ancienne théogonie, comme se rapprochant davantage de l'Edda qui en est la source. Ce merveilleux, qui dans la poésie des peuples méridionaux n'est presque qu'un jeu froid et fantasque de l'imagination, qu'un vain ornement, a dans la poésie du Nord un sens grave, vrai et important : sous ce rapport, la manière dont les peuples du Nord ont traité le sujet des Niebelungen l'emporte, même dans les détails, sur le poème héroïque allemand. L'Islande et la Scandinavie en général possédaient donc au moyen âge une poésie chevaleresque à laquelle elles avaient donné une forme particulière; poésie à laquelle on substitua, comme chez d'autres nations, d'abord des livres chevaleresques en prose; et qui ensuite se divisa en un nombre infini de chansons populaires. C'est ce qui arriva en Danemarck, de même qu'en Angleterre et en Allemagne; surtout à l'époque où les dissensions sur le dogme et le changement complet qui en résulta dans la constitution de l'Église et de la société, occasionèrent une longue interruption dans la tradition des anciens souvenirs nationaux; de sorte qu'il n'en resta bientôt plus parmi le peuple qu'un écho qui alla toujours en s'affaiblissant; et que, déformés de mille manières, ils devinrent presque incompréhensibles. Néanmoins des chansons populaires, comme l'Angleterre, l'Allemagne, le Danemarck et l'Écosse en possèdent un si grand nombre de remarquables, sont dignes de l'attention la plus minutieuse et d'être conservées avec le plus grand soin, alors même qu'elles ne donneraient qu'une faible et vague idée de la poésie des temps antérieurs. L'ancienne littérature du Nord était commune à tous les peuples scandinaves. Une forte interruption paraît avoir eu lieu à la suite de la réformation. Les écrivains danois et suédois considèrent la grande influence que le haut allemand obtint dans leur littérature, lors de l'introduction du protestantisme, comme ayant nui au développement de la langue nationale. La littérature suédoise des temps plus rapprochés de nous est citée sous plusieurs rapports, même par des critiques nationaux, comme un exemple qui prouve combien une nation, douée d'ailleurs de la sensibilité la plus vive et du caractère le plus énergique, a peu de chances pour parvenir à une littérature indépendante, riche et vraiment nationale, lorsqu'elle rend constamment un hommage exclusif à une langue étrangère et à des modèles étrangers. La littérature danoise, au contraire, s'est développée avec beaucoup de richesse et d'originalité dans des temps plus récens, à peu près à la même époque que la littérature allemande; et malgré le caractère d'indépendance qui lui est propre, elle se rapproche plus des littératures allemande et anglaise que de la littérature française, tant sous le rapport de son génie particulier que du genre qu'elle a adopté. De même qu'on peut appeler notre langue la sœur de toutes les autres langues du Nord, on peut aussi dire de la poésie allemande qu'elle se rattache intimement et est commune aux littératures danoise et anglaise. Ce caractère de ressemblance cesse, dans les temps modernes, d'exister pour la philosophie allemande ; et cependant ce ne sera qu'en se rattachant à celle-ci et en suivant ses progrès, que les peuples d'origine allemande pourront acquérir et conserver la gloire qui leur est réservée dans les sciences philosophiques.

On pourrait, sous un rapport, comparer l'état de l'ancienne Scandinavie avant la réformation à celui de l'Espagne. En effet, ces deux pays arrivèrent à un haut degré de perfection politique et intellectuelle, bien qu'ils fussent entièrement séparés du reste de l'Europe et formassent un tout renfermé en lui-même. Il est vrai que, comme les Espagnols, les peuples septentrionaux prirent part à l'esprit chevaleresque commun au moyen âge, qui d'ailleurs ne leur avait jamais été étranger ; et que, par leurs voyages, ils s'enrichirent de la connaissance de l'Europe méridionale. Cependant il ne s'établit, ni pour eux ni pour les Espagnols, un commerce avec d'autres nations, aussi intime et aussi varié que celui qui s'établit entre l'Angleterre et la France depuis le onzième jusqu'au quinzième siècle, ou entre l'Italie et l'Allemagne, depuis le neuvième jusqu'au seizième siècle. Aussi bien, la culture intellectuelle de la

Scandinavie était tout-à-fait originale et principalement dirigée vers la poésie, l'histoire et les autres connaissances, mais peu vers la philosophie ; ou du moins, dans les temps antérieurs, les Scandinaves n'ont-ils, comme les Espagnols, aucun nom célèbre à citer dans cette partie des sciences humaines. Il est remarquable que les quatre pays situés au milieu de l'Europe, c'est-à-dire l'Italie et l'Allemagne, la France et l'Angleterre, de même qu'ils occupent depuis long-temps une place principale dans l'histoire politique de l'Europe moderne, se distinguent aussi dans l'histoire de la littérature, parce qu'ils ont pris, depuis le réveil de l'esprit européen sous Charlemagne jusqu'aux temps les plus récens, la part la plus active au développement de la philosophie, à ses progrès, à sa décadence, à son extension et à ses erreurs ; et parce qu'à quelques exceptions près, tous les noms grands et célèbres dans l'histoire de la philosophie moderne leur appartiennent. J'essaierai plus tard de caractériser les différences nationales de la philosophie de ces peuples, sa tendance bien déterminée, et qu'il est facile de reconnaître même dans les siècles les plus opposés.

Parmi les nations slaves, la Russie possédait, dès les premiers temps du moyen âge, ses historiens nationaux dans la langue du pays, avantage inappréciable et preuve certaine d'un commencement de civilisation nationale. Le commerce florissant de la Russie, ses antiques relations avec Constantinople, et d'autres circonstances historiques, donnent lieu de croire qu'avant les dévastations exercées par les Mogols, cette civilisation était plus générale et plus répandue dans la Russie. C'est précisément parce que la Russie appartenait à l'Eglise grecque, qu'elle demeura séparée du reste de l'Occident pendant le moyen âge et jusqu'aux temps modernes, tant sous le rapport politique, que sous le rapport intellectuel. Parmi les nations slaves qui appartenaient entièrement à l'Occident, la Bohème eut sous Charles IV une littérature complète et très-riche, qu'il serait même fort important pour l'histoire, de faire connaître d'une manière plus exacte. Il paraît toutefois, d'après ce qui en est connu, qu'elle fut plus riche dans les sciences et dans l'histoire que dans la poésie. J'ignore si la langue polonaise, dont on a beaucoup vanté dans ces derniers temps l'aptitude pour la poésie, n'a pas été antérieurement et dans le moyen âge très-riche en poètes véritables, ainsi qu'on pourrait facilement le présumer, d'après le caractère de la nation polonaise. S'il n'en a pas été ainsi, si les nations et la langue slaves n'ont pas eu dans le moyen âge une poésie aussi riche et aussi originale que les peuples parlant les langues romanes ou germaniques, peut-être serait-il possible d'en donner une explication générale, en remarquant qu'elles ne prirent aucune part, ou du moins qu'une part très-faible aux croisades. D'ailleurs, si l'esprit de la chevalerie ne leur était pas originairement étranger et inconnu, du moins était-il chez eux moins général, moins dominant et moins répandu que dans le reste de l'Occident. Peut-être aussi la théogonie particulière aux Slaves, avant qu'ils adoptassent le christianisme, était-elle moins riche que celle des Germains, ou fut-elle, lors de l'introduction du christianisme, plus généralement, plus rigoureusement et plus soudainement abolie? Les langues slaves, bien qu'elles aient une origine commune avec les plus belles langues anciennes et modernes, ne paraissent cependant que peu propres ou n'avoir pas été appropriées à la poésie.

Il est certain que, même dans des temps fort anciens, les Hongrois ont eu une poésie héroïque originale dans leur langue primitive. L'invasion du pays et sa conquête par les Sept-Chefs en furent probablement le premier sujet. On voit, par les chroniqueurs qui assurent avoir sous les yeux une foule de chants contenant de pareilles idées, que ces traditions des temps du paganisme ne se perdirent pas entièrement, même après l'introduction du christianisme. Un savant hongrois, Revaj, a même découvert et arraché à l'oubli un de ces chants qui a pour sujet l'arrivée des Magyares en Hongrie. Il est très-vraisemblable que la chronique du secrétaire du roi Bela, qui joue un rôle si important dans l'histoire de Hongrie et même dans le droit public hongrois, ne se compose en très-grande partie que de semblables chants héroïques historiques, que ce chroniqueur n'a fait que mettre en prose, et auxquels il a bien pu ajouter toutes sortes d'opinions et de prétendus éclaircissemens de son invention. Il ne mérite donc aucunement le ton d'aigreur avec lequel les historiens critiques ont coutume de combattre son témoignage; on devrait, au contraire, reconnaître dans ce livre, tout tronqué qu'il est, un monument de l'ancienne tradition héroïque et de l'ancienne poésie des Magyares, et l'estimer comme tel, plutôt que de vouloir en tirer des conséquences politiques ou y rattacher des discussions tout-à-fait étrangères à un pareil recueil de traditions. Attila fut un autre sujet pour les poètes hongrois, qui le considéraient comme un héros et comme un roi de leur nation. On trouve dans ces chroniques la preuve qu'Attila et les héros goths, que les poésies allemandes lui associent dans le chant des Niebelungen et dans le Livre des Héros, ont aussi été célébrés en langue hongroise; et qu'il existait encore des chants de ce genre, même dans des temps assez rapprochés. Il est vraisemblable que toute cette poésie ancienne périt sous Mathias Corvin, qui voulut faire tout d'un coup de ses Hongrois des Latins et des Italiens; d'où il résulta naturellement que la langue nationale fut négligée, et que les anciennes traditions ainsi que les anciens chants tombèrent dans l'oubli. La Hongrie éprouva donc au quinzième siècle le sort qui nous était réservé à nous autres Allemands au dix-huitième, si un grand roi qui, comme Mathias, ne connaissait et n'estimait que la culture intellectuelle des étrangers, avait dominé sur toute l'Allemagne d'une manière aussi illimitée que Corvin en Hongrie. Ce que cette culture étrangère épargna de l'ancienne tradition, ainsi que des monumens de la langue et de la poésie, périt probablement tout-à-fait dans les dévastations des Turcs. Le goût pour le poème héroïque historique s'est cependant conservé chez les Hongrois, même dans les temps postérieurs, et a produit dans les seizième et dix-septième siècles des poètes et des ouvrages célèbres dans le genre épique; jusqu'à ce qu'enfin de nos jours, Kisfaloudi, poète plein de sensibilité, appliquât aux anciennes traditions nationales les chants que jusqu'alors il avait exclusivement consacrés à l'amour.

Je terminerai ces observations sur la littérature et les langues des divers peuples de l'Europe, sur celles même qui sont le moins généralement connues, par une réflexion générale que j'ai déjà eu occasion de faire. Je crois que toute nation indépendante et célèbre a, si j'ose m'exprimer ainsi, le droit d'avoir une littérature qui lui appartienne en propre, c'est-à-dire une langue à elle; sans quoi la culture intellectuelle ne peut jamais devenir originale, généralement agissante et nationale, et doit au contraire toujours conserver quelque chose de barbare. Assurément ce serait folie que de ne montrer son amour pour la langue de sa patrie qu'en n'apprenant point les langues étrangères, ou en méconnaissant leurs avantages. Outre les langues anciennes, il en est parmi les modernes plusieurs de plus ou moins indispensables pour la culture intellectuelle générale, suivant le but particulier que chacun se propose d'atteindre. D'un autre côté, des relations extérieures imposent l'obligation de les apprendre et de s'en servir. L'emploi d'une langue étrangère dans la législation et dans les affaires juridiques est toujours très-oppressif, on peut même dire souverainement injuste. L'emploi d'une langue étrangère dans les affaires politiques et dans ce qui s'y rattache, ainsi que dans les relations de la vie sociale, doit nécessairement exercer une influence préjudiciable sur la langue nationale; mais lorsqu'un rapport de ce genre existe une fois, le mal est inévitable, du moins pour les individus. Il appartient alors aux hommes instruits, éclairés, et aux hautes classes en général, d'aviser aux moyens de faire disparaître cet inconvénient, et de rendre universelle, par son influence, la voie droite entre les deux extrêmes; de satisfaire aux exigences de la nécessité, sans cependant oublier ses devoirs envers la patrie. Je considère, en effet, comme un véritable devoir auquel il faut se soumettre, le soin de la langue de son pays, surtout dans les hautes classes de la société. Tout homme instruit devrait continuellement s'efforcer de parler sa langue avec pureté et correction, et même, autant qu'il lui serait possible, d'une manière parfaite et brillante. Il devrait tâcher d'acquérir une connaissance générale, mais qui ne fût cependant pas trop superficielle, de la langue et de la littérature de son pays ainsi que de son histoire; devoir qui au fond est d'autant plus facile à remplir, que l'on a davantage exercé son esprit et cultivé son talent d'expression par l'étude des langues étrangères; mais on devrait restreindre, autant que possible, l'usage des langues étrangères indispensables dans la vie. Le devoir de cultiver la langue nationale devrait surtout être sacré aux yeux des classes élevées. En effet, plus est grande la part qu'un individu possède dans la propriété, la dignité et toutes les prérogatives d'une nation, plus il doit coopérer suivant ses forces à l'élévation et à la conservation de cette nation. Toute nation dont la langue est barbare ou est maintenue dans un état de grossièreté, doit nécessairement devenir grossière et barbare; toute nation qui se laisse dépouiller de l'idiôme qui lui est propre, perd le dernier appui de son indépendance intellectuelle, et cesse, à proprement parler, d'exister. Quelque dangereuse que puisse paraître l'influence des idiômes étrangers lorsque, d'un côté, il existe un plan systématiquement combiné pour extirper la langue nationale, et que, de l'autre, la bizarrerie de la mode porte la foule bien au-delà de ce que peut justifier le mérite réel de l'idiôme étranger ou de ce que commande une impérieuse nécessité, le danger n'est jamais bien grand dès qu'il est une fois signalé. En effet, dans tout ce qui est décidé, non par les chances du moment, mais par le développement des temps, l'opposition générale et silencieuse des hommes droits, bien intentionnés, est toujours invincible. Le tyran agit le plus souvent sans le savoir contre le but qu'il s'est proposé. L'esclavage auquel il veut façonner les peuples ne fait qu'irriter davantage leur sentiment national : c'est ce qu'on a vu de nos temps, lorsque le pouvoir despotique le plus énorme qui ait jamais existé tenta vainement d'arracher la nation allemande à sa vie intellectuelle.

Après ce coup d'œil jeté en passant sur les diverses nations de l'Europe, je reviens à mon sujet. Les grandes découvertes et les projets immenses qui ont donné un nouvel essor à la science et à la littérature paraissent, d'après l'histoire et leurs résultats, appartenir au dix-huitième siècle. Mais cette culture intellectuelle qui se développa si puissamment dans le dix-huitième siècle, avait reçu sa direction et sa forme dès le seizième par la réformation. C'est la réformation qui a déterminé pour l'un et l'autre parti de la chrétienté divisée les voies que prit dès lors cette nouvelle culture intellectuelle, le but vers lequel elle tendit et les limites dans lesquelles elle s'agita. Considérée en elle-même, cette lutte était tout-à-fait en dehors de la sphère de la civilisation et de la littérature; elle avait trait soit à la politique, en tant que celle-ci avait pour objet la constitution de l'Eglise, la nature, les limites et le mode d'exercice de la puissance spirituelle; soit à des mystères inaccessibles pour la plupart à la philosophie.

Cependant la réformation, qui a tout ébranlé, tout changé, a naturellement exercé aussi une influence indirecte et diverse, tantôt avantageuse et tantôt désavantageuse, sur la civilisation, sur les sciences et sur la littérature. L'influence du protestantisme fut heureuse en ce que l'étude du grec et des autres langues anciennes, considérées dès lors comme indispensables pour la religion elle-même, devint plus commune; elle fut cultivée sinon avec plus de zèle, du moins plus généralement dans les pays protestans, tels que la Hollande, l'Angleterre et l'Allemagne protestante. Nous ferons remarquer que le goût des langues anciennes était déjà tellement dominant en Italie et en Allemagne, même avant la réformation, que dans ces pays il faut le considérer non comme cause vivifiante, mais comme cause coagissante. Il est vrai que la lutte et les rivalités des deux partis ne pouvaient en elles-mêmes avancer ou décider aucun des objets principaux du schisme, parce que ces matières ne sont nullement de nature à être débattues et décidées de cette manière, et que la religion est en général une affaire de sentiment et de foi, et non un objet de disputes et de discussions subtiles. Il est cependant incontestable que cette lutte fut très-avantageuse pour les investigations historiques approfondies. J'avoue que c'est là un avantage plutôt indirect qu'immédiat, et qu'on ne le sentit en grande partie que plus tard, comme toutes les conséquences bienfaisantes de la réformation, et seulement lorsque la tranquillité intérieure fut un peu rétablie; tandis que ses résultats nuisibles se manifestèrent à certains égards immédiatement. Le protestantisme exerça une influence fâcheuse sur l'architecture et la sculpture, non par quelques destructions commises çà et là, mais principalement parce qu'on détourna les arts de leur destination primitive et naturelle. Les guerres civiles et les troubles occasionés par le protestantisme furent aussi, comme il arrive d'ordinaire, beaucoup plus préjudiciables aux arts qu'à la littérature. Il est vraisemblable que l'Allemagne perdit par ces désordres le développement complet et le génie de la peinture qui lui était propre et qui avait commencé à fleurir avec tant d'éclat sous Albert Durer, Lucas Kranach et Holbein. Mais ces hommes, qui avaient tous reçu leur culture intellectuelle dans les anciens temps, n'eurent point de successeurs. Dans les Pays-Bas protestans, la peinture se porta alors sur d'autres objets d'un ordre inférieur ; mais elle ne put jamais égaler en dignité l'ancienne peinture religieuse, malgré la haute perfection avec laquelle on finit par la traiter. On peut dire en général qu'il résulta une grande et préjudiciable interruption dans les arts et la littérature de ce que l'attaque des croyances et de la constitution de l'Eglise fit rejeter indistinctement tout ce qui était du moyen âge, son histoire et sa manière de penser, ses arts et sa poésie, que l'on méconnut et qu'on finit par oublier. Cette perte fut surtout sensible pour l'Allemagne. Une pareille interruption et une semblable renonciation à l'héritage intellectuel des ancêtres, ne peuvent guère être séparées d'un grand et soudain changement ; mais aujourd'hui du moins que les motifs de persévérer dans un pareil système n'existent plus, on devrait ne pas continuer plus long-temps à méconnaître le moyen âge, ses arts et sa civilisation. On ne saurait admettre sans restriction que la réformation ait produit la véritable liberté de l'esprit. La liberté générale, je dirai même, l'indépendance complète de l'esprit, à la fin du dix-septième et dans le dix-huitième siècle, n'appartient guère qu'aux résultats du protestantisme les plus éloignés. D'autres causes y ont coopéré, et il n'est plus douteux aujourd'hui que cette indépendance fut plus nuisible que digne d'éloges et salutaire. La réformation n'en a été ni la première, ni la seule cause; et la liberté d'esprit qu'on la suppose avoir engendrée, n'a pas été non plus la véritable. Les premiers effets de la réformation sur la philosophie et sur la liberté de la pensée, furent tout au contraire d'en comprimer l'essor. Au seizième et dans la première moitié du dix-septième siècle, on avait perdu jusqu'à l'idée d'un développement intellectuel libéral, comme celui qu'on avait vu en Italie et en Allemagne, sous les Médicis, sous Léon X et Maximilien. Un despotisme politique et religieux, semblable à celui qu'exercèrent Henri VIII, Philippe II et Cromwell, n'eût pas été possible sans la réformation. Quiconque se trouve placé à la tête d'un nouveau parti et d'une grande révolution à la fois politique et religieuse, possède un pouvoir si illimité, même sur la pensée et sur l'esprit des hommes, qu'il ne dépend que de son caprice de ne point en abuser. Il est vrai que sous Philippe II et sous plusieurs rois de France, les partisans de l'ancienne doctrine considéraient tous les moyens comme licites, pourvu qu'ils tendissent à empêcher la plus grande propagation des doctrines nouvelles. Que si, pour prouver les heureux effets du protestantisme, on voulait citer des exemples de persécutions qui eurent lieu dans des temps plus reculés et même au quinzième siècle, comme la mort de Huss, il serait facile de prouver que des motifs politiques coopérèrent à ces déplorables événemens ; et malheureusement on ne trouverait que trop d'exemples semblables, même après la réformation, dans les seizième et dix-septième siècles, et dans les deux partis. Hugo-Grotius, le premier penseur original et profond qu'aient eu les protestans après l'époque de la première fermentation, leur premier écrivain dont les ouvrages aient eu une influence générale, écrivant en outre dans le pays le plus libre qui existât alors, ne put échapper aux persécutions ni à la prison. Dans l'autre parti, le danger de la liberté de penser, et l'abus qu'en firent quelques individus, amenèrent l'oppression et des entraves de tout genre : c'est ce qui a privé l'Italie du développement de sa philosophie, qui avait commencé à fleurir dans le quinzième siècle ; en sorte que maintenant l'on refuse presque de reconnaître que cette spirituelle nation soit naturellement idoine aux investigations intellectuelles les plus élevées ; ce qui me paraît cependant, incontestable. Les grands talens philosophiques que l'Italie produisit au seizième et au commencement du dix-septième siècle prirent une direction si malheureuse, que leur patrie en fut en grande partie privée, parce que leurs doctrines contrariaient non-seulement l'esprit de l'Eglise, mais même ne pouvaient se concilier avec les croyances morales générales de l'humanité, et tendaient à les détruire. Dans le monde intellectuel, comme dans le monde politique, l'anarchie amena le despotisme; et le despotisme, quand il atteignit son apogée, souleva des révolutions encore plus violentes, des réactions sans mesure et sans fin. Dès lors ce ne fut plus qu'une fluctuation continuelle d'un extrême à l'autre entre le despotisme et l'anarchie, qui sont également funestes et doivent être également abhorrés partout où il n'existe pas une troisième puissance plus élevée qui les contienne, ou quand cette puissance est méconnue, et que le lien de l'ensemble est brisé.

Si quelques panégyristes de la réformation la considèrent et la représentent comme ayant été par elle-même un progrès de l'esprit humain et de la philosophie, parce que devant elle auraient disparu les préjugés et les erreurs, c'est qu'ils regardent comme décidé ce qui fait précisément l'objet de la discussion. On devrait maintenant se servir d'autant moins de cet argument, que l'exemple de grandes nations, telles que l'Espagne et l'Italie ou la France catholique au dix-septième siècle, et que la culture intellectuelle de l'Allemagne méridionale jusque dans ces derniers temps, devraient avoir suffisamment prouvé aux dissidens eux-mêmes qu'un très-haut degré de culture intellectuelle se concilie parfaitement avec ces croyances et ces convictions que les fondateurs du protestantisme traitaient de préjugés. Ces partisans de la réformation devraient surtout attacher moins d'importance aux effets qu'elle a produits, parce que quelques-uns de ces effets ont été funestes, que d'autres n'ont été que très-postérieurs, et que, dans aucun cas, l'on ne peut prononcer sur le mérite de la chose par ses suites et par les résultats qu'elle a produits. D'un autre côté, ceux qui considèrent le protestantisme, ou la réformation, comme inadmissible en lui-même, et qui le trouvent inconciliable avec leurs croyances religieuses, ne doivent point hésiter un seul instant à reconnaître que, plus tard surtout, il a amené des résultats extrêmement bienfaisans et salutaires. D'ailleurs, si l'on considère l'histoire du monde avec le sentiment de la foi, si l'on aperçoit la main de la Providence dans sa marche et dans la destinée de l'humanité, on voit partout le même spectacle ; partout d'heureuses occasions se présentent à l'homme comme signes visibles de la volonté de Dieu pour faire tout le bien possible, pour reconnaître la vérité, et pour atteindre tout ce qui est vraiment grand et beau. Je dis que les occasions se présentent à l'homme, et non qu'elles lui sont inspirées; car il faut qu'il agisse lui-même pour devenir ce qu'il devrait véritablement être. Les hommes tirent rarement tout l'avantage possible des moyens qui leur sont offerts; souvent même ils en font un usage tout-à-fait contraire au but de la Providence, et ne s'enfoncent que plus profondément dans leurs vieilles erreurs. Mais la Providence est, si l'on peut s'exprimer ainsi, infatigable dans cette lutte avec l'inhabileté et l'impéritie des hommes. A peine un grand malheur est-il arrivé par leurs fautes, leurs illusions, ou leur aveuglement, que du sein même de ce malheur sortent des bienfaits nouveaux et inattendus, des avertissemens et des leçons qui se manifestent vivement par des faits et des événemens, des exhortations sans cesse répétées, afin que l'homme rentre un peu en lui-même, se relève et marche dans les voies de la vérité.

Le protestantisme n'eut, à proprement parler,

rien à démêler avec les arts et la poésie ; et cependant il leur porta des coups funestes. Au contraire la linguistique et l'histoire lui doivent, d'une part, d'avoir été étudiées davantage, et de l'autre, d'avoir été plus généralement répandues. Comme c'était à la philosophie que le protestantisme se rattachait le plus intimement, ce sera ici le lieu de traiter en peu de mots de son histoire et de son état avant la réforme et dans le siècle qui la suivit, mais en tant seulement que la philosophie a exercé une influence essentielle sur la civilisation générale.

J'ai déjà fait mention des penseurs remarquables que l'Angleterre, l'Italie et la France virent naître jusqu'au douzième siècle ; c'est l'Allemagne qui en produisit le plus, et presque sans interruption, depuis Charlemagne jusqu'à la réformation, et même après. Ce qu'on peut le moins reprocher aux Européens modernes, et même au moyen âge, c'est la paresse d'esprit. On serait plutôt fondé à leur reprocher d'avoir adopté, avec beaucoup de bonnes choses, beaucoup de choses inutiles et dangereuses, toutes les fois qu'un nouveau moyen d'étendre les connaissances humaines se présentait à la soif de connaissances dont ils étaient dévorés. C'est ainsi que les Arabes leur transmirent, outre leurs connaissances mathématiques, chimiques et médicales, dans lesquelles ils leur étaient infiniment supérieurs, toute leur science et toutes leurs absurdités astrologiques et alchimiques; et qu'ils reçurent avec Aristote, qui leur semblait le pinacle de toutes les sciences naturelles et de toute logique, un dédale de discussions dialectiques, sophistiques, comme il y en avait déjà tant eu chez les anciens, et surtout chez les Grecs. Ce qu'il y a de mieux dans la philosophie d'Aristote, c'est son esprit de critique; mais, pour l'y trouver et pour le comprendre, il faut avoir de l'antiquité une connaissance d'une universalité et d'une exactitude telles qu'il était impossible de l'acquérir à cette époque, et qu'il est encore rare de la rencontrer aujourd'hui. L'esprit de critique n'abandonne Aristote que dans le domaine de la métaphysique, parce que la raison et l'expérience, qui sont les deux seuls guides qu'il suivit, sont insuffisantes dans cette science. Du goût pour cette métaphysique, incompréhensible dans Aristote même, naquit la scolastique. Le mal fut un peu compensé par les imitateurs que la partie d'observation dans la physique d'Aristote fit en Europe, surtout depuis Albert le Grand. Je ne saurais admettre que la morale du philosophe de Stagyre ait été très-avantageuse pour le moyen âge. Son mérite pour nous consiste principalement dans ses rapports avec les mœurs, l'organisation sociale et la constitution politique des Grecs. D'ailleurs le christianisme offrait une morale meilleure et plus pure, et l'on n'enrichit celle d'Aristote que d'une foule de classifications inutiles. On peut citer un exemple frappant de l'influence funeste de la morale d'Aristote, et le tirer d'un siècle déjà très-civilisé et très-savant. En Espagne, au seizième siècle, la grande question de savoir quelle était la manière dont on devait traiter les Américains fut décidée, contre le bon droit et contre l'esprit du christianisme, par Sépulvéda, qui ne manquait pas d'ailleurs d'élévation dans les sentimens, mais qui était un partisan aveugle d'Aristote, et qui admettait la légitimité de l'esclavage comme Aristote l'avait admise d'après les mœurs et les idées de l'antiquité.

Que l'on se garde bien toutefois de penser que les hommes célèbres qui au moyen âge professaient la philosophie d'Aristote aient répandu les premiers cet esprit de secte. L'Église l'avait combattu autant qu'elle avait pu, parce que, dès le principe, la philosophie d'Aristote se présenta accompagnée d'une foule de doctrines et d'opinions dangereuses ou erronées; parce que là où elle fut approfondie, chez les Arabes de même que dans le moyen âge et au seizième siècle, elle conduisit, sinon nécessairement, du moins très-souvent, à honorer, au lieu de la Divinité pure et simple, une âme générale du monde, et surtout à nier l'immortalité personnelle de l'âme. Mais comme la puissance du siècle était irrésistible, et qu'on ne pouvait plus détourner les esprits de la philosophie d'Aristote, quelques philosophes chrétiens firent des efforts aussi zélés pour conserver les vérités de la foi que pour étendre le cercle des connaissances naturelles, par la raison et l'expérience, et cherchèrent à s'emparer d'Aristote, afin d'arrêter la corruption ou de diriger du moins le torrent qui ne pouvait plus être arrêté dans sa course impétueuse. On peut en général juger par là du mérite de ces hommes distingués et doués d'un esprit vaste. Ce que leur philosophie contient de défectueux et de scolastique provient de la sophistique que nous a léguée l'antiquité, et qui a été adoptée sans le discernement et le soin nécessaires, des imperfections de la métaphysique d'Aristote, des commentaires qu'en firent les Arabes, et de l'esprit de secte passionné qui régnait dans leur siècle, et qui en général est si contagieux, que ceux-là même qui le combattent ne peuvent pas toujours s'en préserver. Ce furent surtout les universités qui contribuèrent à nourrir et à enflammer cet esprit de secte. Des milliers de jeunes gens, brûlant du désir de s'instruire, y embrassèrent des matières et des discussions de ce genre. Mais ce que produisirent de bon les philosophes du moyen âge, ils en furent redevables au christianisme qui les préserva de l'erreur, puis en partie à leur propre génie et à leur esprit. Du reste, l'on se tromperait gravement si l'on considérait comme un défaut appartenant exclusivement au moyen âge, la scolastique proprement dite, c'est-à-dire la vaine application de l'esprit à des notions vides de sens et à des formules incompréhensibles. Ce mal s'est manifesté très-fréquemment dans la philosophie grecque; il y exista même au plus haut degré, et dans le temps où la culture intellectuelle était le plus florissante. On peut en dire autant des temps modernes. Non-seulement en Allemagne, mais encore en France et en Angleterre, on pourrait faire remarquer ce défaut dans ceux-là même qui combattent le plus vivement la scolastique et Aristote, si l'on voulait n'envisager que la nature même du mal, et ne pas considérer l'art du sophisme comme moins dangereux parce qu'il a des formes plus souples et plus élégantes.

S'occuper de notions et de mots vides de sens,

ce qui arrive toujours lorsqu'on a perdu la vérité, telle est véritablement la maladie héréditaire de l'esprit humain; soit que, se manifestant comme un vain art ou une science inutile, cette préoccupation exerce une influence plus dangereuse sur la vie, soit qu'elle demeure concentrée dans l'étroite enceinte de l'école : dans ces deux cas, un esprit de secte opposé à la vérité l'accompagne toujours.

La philosophie du moyen âge n'avait, en général, qu'un seul défaut : il consistait en ce que cette philosophie n'était pas entièrement chrétienne, et en ce que le génie du christianisme n'avait pas encore entièrement pénétré toutes les facultés, toutes les connaissances et toutes les notions humaines. Dans la philosophie que les Européens modernes reçurent des anciens, philosophie que j'ai déjà partagée en deux classes principales, savoir : les Platoniciens et les Aristotéliciens; dans cette philosophie, dis-je, il y avait deux germes qui pouvaient conduire à diverses aberrations. L'un est celui des subtilités; je l'ai déjà exposé : on y fut conduit par la dialectique des anciens, ainsi que par Aristote. L'autre était renfermé dans le platonisme, et pouvait facilement conduire à l'extase, dès que la pensée et la croyance s'étaient affranchies de toute entrave, dont aucun autre genre d'activité humaine ne peut cependant se passer. Ce germe produisit la seconde espèce de philosophie du moyen âge, celle des Mystiques. Aussi long-temps qu'ils se bornaient au sentiment religieux, et qu'ils obéissaient à leur vocation intérieure, s'efforçant, dans un pieux silence, d'atteindre la perfection évangélique, ils étaient sur un terrain ferme et assuré, sur celui des vérités chrétiennes, et faisaient beaucoup de bien, non-seulement à leurs contemporains, mais encore à l'univers catholique de tous les siècles. Tel fut notre Thomas A'Kempis. Cette méthode, si opposée à la scolastique, était incontestablement la meilleure, et même la seule véritable. Cependant, chez les Mystiques purement religieux du moyen âge, on trouve, en même temps qu'une grande piété de cœur et qu'une profonde ferveur de sentiment, des traces de négation et d'annihilation panthéistiques incompatibles avec l'esprit du christianisme, et qui même détruisent son essence; mais aussitôt qu'ils voulaient embrasser le domaine de la science, leur sentiment ne suffisait plus, et ils recouraient, surtout pour la connaissance de la nature, à d'autres sources qui n'étaient ni assez claires ni assez sûres. Le platonisme, joint à beaucoup d'autres traditions orientales connues ou tenues secrètes, ouvrait un champ trop vaste à l'imagination; et dans les sciences naturelles surtout, cette philosophie était presque toujours unie aux croyances astrologiques et au goût pour les secrets de la magie. Ce fut surtout le cas en Allemagne, et je dois d'autant plus le rappeler, qu'aujourd'hui ces opinions y regagnent beaucoup d'influence, et deviennent généralement dominantes. De même qu'autrefois des hommes célèbres commençaient le récit de leur vie par une élévation à Dieu ou par toute autre pensée pieuse, de même il revient actuellement en usage d'entrer en matière par la nativité et par les jugemens astrologiques. Je suis bien éloigné de vouloir nier les phénomènes qui passent pour merveilleux et mystérieux, non parce qu'ils ne sont soumis à aucune règle, parce qu'ils sont incohérens et incompréhensibles, mais parce qu'ils appartiennent à un ordre de choses et à une région plus élevée et cachée, et que je vois de savans naturalistes en faire l'objet de leurs investigations. Je dis seulement que de pareilles influences sidérales, si tant est qu'elles soient réelles, doivent nécessairement rester subordonnées à un sens chrétien éclairé, qui seul peut expliquer et diriger ces forces mystérieuses, afin d'éviter toute fausse application et les dangers qui en seraient la conséquence.

Que si on accorde à ces apparitions et à ces puissances astrales assez de pouvoir pour que la liberté de l'homme soit soumise à l'influence des esprits, la croyance à l'astrologie devient le tombeau de la religion. C'est là ce que notre Schiller nous fait voir dans le caractère admirable qu'il a tracé d'un héros dominé par cette croyance. C'est surtout parce que l'abus en est si facile, et que la communication en est si dangereuse, que les choses de cette nature ont été souvent traitées comme des mystères. Je trouve qu'il n'est même pas historiquement invraisemblable qu'un Albert le Grand, qu'au quinzième siècle le grand mathématicien Nicolas de Cusa, l'estimable évêque Trithémius, puis Reuchlin, l'homme de son siècle le plus versé dans toutes les sciences de l'Orient, aient su beaucoup de choses qui aujourd'hui même ne sont pas encore généralement connues. Ce serait aussi une grande injustice que de méconnaître l'esprit vaste, les connaissances, les intentions louables et les excellens principes des hommes que je viens de nommer, parce qu'à leurs connaissances se joignaient les erreurs du temps; erreurs qui semblent reprendre leur empire dans notre siècle. Il en est d'autres, à la vérité, qui ne sont point demeurés aussi purs, et qui prouvent avec quelle facilité les erreurs ou même les connaissances de ce genre peuvent dégénérer en charlatanisme ou en un mysticisme trompeur, ou du moins en être souillées. Il me suffira de nommer Agrippa. Paracelse n'en est point exempt; mais l'Allemagne eut aussi, dans des temps plus reculés, beaucoup de philosophes mystiques plus purs et qui n'étaient animés que du sentiment religieux. Aucune langue moderne n'a été formée d'aussi bonne heure pour la haute philosophie et pour les matières de l'intelligence, et n'y a été appliquée d'aussi bonne heure que la langue allemande. Depuis le treizième siècle jusqu'à la réformation, il y eut un très-grand nombre de ces écrivains dans les deux dialectes allemands; ils étaient en relation, formaient une espèce d'école, et se nommaient serviteurs de la sagesse, ou de la céleste *Sophia*, par laquelle ils entendaient la vertu céleste et plus haute, à laquelle ils tendaient de tous leurs efforts, et à l'amour de laquelle ils sacrifiaient leur vie. De tous ces philosophes, je n'en citerai qu'un seul, qui est très-important pour l'histoire de la langue : c'est le prédicateur ou le philosophe Tauler, que long-temps encore après la réformation les catholiques et les protestans se sont disputés à l'envi, jusqu'à ce qu'il finît aussi par tomber dans l'oubli. Les savans alsaciens, qui, à une époque où ils appartenaient politiquement depuis long-temps à la France, se montrèrent encore véritablement allemands en approfondissant l'histoire et la langue allemande, ont aussi le mérite d'avoir, dans les temps modernes, appelé l'attention sur ce philosophe oublié, et d'avoir signalé sa haute importance pour la langue. Si l'on compare sa langue à celle dont on se servait du temps de Luther ou cent ans après lui, pour des matières analogues, la différence est à peu près aussi grande que celle qui existe entre la douce harmonie des plus beaux poèmes chevaleresques du treizième siècle, de celui des Niebelungen par exemple, et les vers rauques et durs du seizième siècle. Ainsi donc, l'époque la plus reculée n'a pas été sous ce rapport la plus barbare. Au contraire, de même que son esprit et ses intentions étaient meilleurs, de même aussi la langue y avait un plus haut degré de pureté. Si donc aujourd'hui l'on reproche quelquefois à la nation allemande sa tendance au mysticisme, ce défaut remonte beaucoup plus haut que ne le savent eux-mêmes ceux qui le blâment; car on pourrait prouver par des documens et des pièces historiques qu'il existait déjà au douzième siècle, et qu'il date même presque du temps de Charlemagne. Bien loin de blâmer ce penchant, nous devons au contraire y voir la plus grande louange que l'on puisse donner à la direction intellectuelle suivie par une nation, puisque, dans la marche historique du développement intellectuel depuis les temps les plus reculés jusqu'à nos jours, ce sont les Allemands qui, après les Indiens et les Grecs, occupent le troisième rang parmi les nations métaphysiciennes. En effet, le goût pour la métaphysique ou la science des choses divines, ainsi que la direction qui en est résultée, a conduit les trois peuples que je viens de nommer, dans toutes les hauteurs et dans tous les abîmes, dans toutes les voies et dans tous les détours que comportent de semblables recherches; et cette disposition ne leur est jamais venue du dehors, mais a toujours été innée en eux.

On remarque dans la philosophie du moyen âge, de même que dans celle des temps modernes, une influence très-forte et très-décisive du caractère national. L'Angleterre et la France ont produit, dans les temps anciens et modernes, des penseurs très-profonds, ainsi que d'audacieux sceptiques et d'habiles sophistes. Les Italiens se distinguent dans les temps anciens par un attachement solide aux vérités de la foi; mais surtout par un penchant pour une philosophie plus élevée, plus intellectuelle, et souvent même extravagante, comme en Allemagne. La tendance au platonisme est visible même dans leurs poètes. Pour tout dire en un mot, c'est en Angleterre et en France que l'une des principales méthodes de la réflexion et de la pensée, la philosophie rationelle et expérimentale dont Aristote tenait le sceptre parmi les anciens, a trouvé, dans le moyen âge, de même que dans les temps modernes, le plus d'influence et de partisans : c'est pourquoi, malgré la rivalité politique de ces deux nations, elles ont plus souvent été d'accord dans leurs idées, dans leurs jugemens et dans leurs opinions, qu'on ne serait porté à le croire au premier aspect. L'Italien, passionné pour les beaux-arts, et l'Allemand, que la nature a doué d'une sensibilité profonde, ont le même penchant pour une philosophie plus platonique; aussi ne peut-on, malgré toute la différence de leur origine, de leur langue et de leurs mœurs, méconnaître une certaine sympathie entre ces deux peuples.

CHAPITRE XI.

Considérations générales sur la philosophie avant et après la réformation. — Poésie des peuples catholiques, des Espagnols, des Portugais et des Italiens. — Garcilaso, Ercilla, Camoëns, Le Tasse, Guarini, Marino et Cervantes.

J'ai examiné dans le chapitre précédent l'état de la civilisation générale et la marche de la philosophie, peu de temps avant la réformation, et dans le premier siècle qui l'a suivie. Je vais maintenant résumer les résultats essentiels de cet examen dans les réflexions générales suivantes.

Avant la restauration de la littérature ancienne, et avant la réformation, l'art de disputer avec subtilité sur des mots, qu'on appelait aristotélique, était dominant parmi la plupart des savans, et dans tous les établissemens d'instruction publique de l'Europe; mais, outre cette vaine philosophie de mots, une autre philosophie plus élevée, qui se rattachait en partie à celle de Platon et en partie à celle des Orientaux, était répandue au quinzième siècle en Allemagne et en Italie. Elle pouvait conduire à de grandes erreurs; mais l'ensemble en était du moins sur une voie meilleure; d'ailleurs elle était beaucoup plus riche que l'autre, et infiniment plus profonde. On remarque sa supériorité dans la manière même dont elle était enseignée, et dans la personne de ceux qui l'enseignaient; elle ne dominait point dans les universités, ni dans les écoles; elle ne formait pas de secte; c'était une véritable philosophie dans le sens que les anciens attachaient à ce mot, amour de la vérité et de la sagesse. On ne la recherchait et répandait que pour elle-même; et il n'y avait que des hommes se sentant irrésistiblement appelés à acquérir les plus hautes connaissances, qui s'en occupassent. Elle avait pour partisans les plus grands naturalistes et mathématiciens, les hommes qui avaient la connaissance la plus vaste de l'antiquité grecque, et en Italie ainsi qu'en Allemagne, les premiers orientalistes du quinzième siècle. L'étude nouvelle que l'on fit de la littérature grecque ne produisit en général aucune influence sur la philosophie; si ce n'est qu'avec tous les trésors et tous les monumens de l'antiquité, elle fournit à la philosophie mystique, qui se rapprocha davantage de celle de Platon, une nouvelle matière et un nouvel aliment, ainsi que des auxiliaires et des instrumens pour s'enrichir et se développer d'une manière toujours plus audacieuse. Toutefois elle donna en même temps lieu à une foule d'erreurs nouvelles, ou plutôt au renouvellement de toutes les rêveries néoplatoniciennes et orientales. Ainsi l'une des principales philosophies de cette époque gagna à la restauration de l'ancienne littérature, sous le rapport de l'étendue des connaissances et du développement; mais en même temps il lui devint plus facile de propager des opinions extravagantes : donc elle gagna autant en bien qu'en mal. La restauration des lettres exerça une influence encore plus grande sur l'autre philosophie, sur celle d'Aristote. Jusqu'alors les scolastiques ne l'avaient ni étudiée ni conçue dans toute sa pureté; ils y avaient mêlé beaucoup d'idées de Platon, les subordonnant toujours immédiatement au christianisme. Lorsqu'on apprit à connaître la philosophie d'Aristote toujours davantage, par les sources mêmes et par tout l'ensemble de la culture intellectuelle des Grecs, ce fut assurément un grand avantage pour la forme; du moins on écarta les formules scolastiques, et on donna à une telle philosophie une forme plus convenable et plus digne de l'enseignement classique de l'antiquité et de la sagacité critique de l'auteur; mais plus on approfondissait l'esprit de la philosophie grecque, plus souvent on vit quelques-uns de ses partisans obligés, par leur système, d'en venir à des conséquences inconciliables avec la morale et la religion; d'admettre et d'adorer, par exemple, comme cause première, au lieu de Dieu, une âme générale du monde, et de nier surtout l'immortalité de l'âme. C'est ce qui arriva à plusieurs partisans d'Aristote, surtout en Italie, dans les quinzième et seizième siècles. Les efforts tentés à cette époque par quelques partisans de la littérature ancienne, pour renouveler d'autres systèmes de l'antiquité, comme par exemple celui des Stoïciens, n'eurent pas une aussi grande influence sur la marche de la philosophie. Platon et Aristote ont marqué et ouvert d'une manière si décisive les deux voies principales de la pensée et des connaissances humaines, qu'ils ont conservé et dû conserver même dans les siècles suivans leur supériorité. Les autres systèmes de l'antiquité n'ont de mérite que par leur relation avec ceux de ces deux grands philosophes; ce ne sont que des déviations momentanées, qui viennent bientôt se confondre dans les deux voies principales dont nous venons de parler. C'est pourquoi les efforts que l'on fit pour renouveler le stoïcisme et d'autres philosophies de l'antiquité eurent peu de succès, et ne produisirent d'autre résultat que d'augmenter encore la diversité et la fermentation des opinions. Il n'y a que le plus funeste de tous les systèmes de l'antiquité, celui d'Épicure, le matérialisme grossier qui fait tout dériver et naître d'atômes corporels, qui fut très-goûté dès le dix-septième siècle, et qui, dans le dix-huitième, produisit une véritable secte, principalement en France, mais également dans le reste de l'Europe, à cause de l'usage général de la langue française.

Souvent on appelle d'une manière générale le quinzième et le seizième siècle une époque où les sciences furent restaurées et même rappelées à la vie. Assurément ce fut une restauration, du moins pour la connaissance de la littérature grecque et de l'antiquité; connaissance qui, à la vérité, ne porta point la science historique à son apogée, mais qui du moins lui fit faire de grands progrès. On ne saurait prétendre que cette époque fût celle de la renaissance de l'esprit humain et des sciences, car on ne pourrait appeler de ce nom qu'un changement qui ne serait pas simplement un enrichissement produit par une action extérieure, mais un réveil soudain après un état de stupeur antérieur et une nouvelle vie jaillissant de l'intérieur. La réformation n'a pas produit non plus dans la philosophie un semblable changement complet, animant l'esprit d'une nouvelle vie. Les deux méthodes philosophiques principales, celle de Platon et celle d'Aristote, demeurèrent absolument les mêmes. Cependant la réformation a puissamment influé sur la marche ultérieure, le développement et la propagation de ces deux méthodes. Luther lui-même paraît avoir eu une très-faible connaissance de cette philosophie platonicienne orientale, qui, avant lui et de son temps, avait tant de partisans en Allemagne. Au contraire, il détestait souverainement la scolastique et Aristote son prétendu fondateur, qu'il avait coutume de n'appeler qu'un *païen mort*. Cependant Mélanchton, l'ami le plus intime et le successeur immédiat de Luther, en redevint partisan; ce fut même lui qui rendit à Aristote et à la philosophie scolastique purifiée sa prépondérance. Voici quelle en fut la cause : la philosophie plus élevée et toute spirituelle qui, aussitôt que le centre de vérité chancelle, ouvre la porte au fanatisme et à tous les genres d'erreurs, avait produit cet effet de la manière la plus énergique, surtout en Allemagne, dans les premiers temps anarchiques de la réformation. Il en résulta une défiance générale contre cette philosophie. Celle d'Aristote redevint alors généralement dominante dans les deux partis, en Espagne comme en Allemagne, parce que l'on pouvait d'autant plus facilement rattacher cet ancien système de formules à l'une et à l'autre croyance, qu'on s'en servait d'une manière plus inepte; et quoiqu'il s'y joignît une connaissance plus exacte de la nature des langues anciennes et de l'antiquité qu'auparavant, le mal n'en était pas moins toujours le même; c'étaient toujours les vaines disputes de mots qu'une meilleure philosophie était à la veille de bannir au quinzième siècle, et qui subsistèrent depuis cette époque dans tous les pays où les sciences et les lettres étaient cultivées, jusqu'au milieu et même jusqu'à la fin du dix-septième siècle. En Italie, la philosophie plus audacieuse, qui prit véritablement alors le caractère de l'opposition la plus dangereuse et la plus sauvage, fut opprimée, et plusieurs talens distingués, tels que Jordanus Brunus, furent les victimes de cette lutte. En Allemagne et en Angleterre, la philosophie plus élevée, fut sinon positivement opprimée, du moins bannie et persécutée, et exclue du cercle général de la culture scientifique : mais elle n'en fut que plus cultivée et conservée par des traditions ou associations secrètes, et même adoptée par certains individus du peuple; de l'une et de l'autre manière, elle devait être exposée à une grande confusion et à une grande barbarie, et ne pouvait point parvenir à un développement et à une influence universelle. A la vérité, les dons de la nature et de la divinité sont ouverts à chacun. Le génie de la méditation et des connaissances les plus élevées n'est point restreint aux professions éclairées, et est tout-à-fait indépendant de l'érudition et de l'instruction. Un grand nombre de philosophes grecs, les plus distingués même, étaient des hommes d'une naissance peu relevée et n'ayant d'autre mérite que les facultés dont la nature les avait doués, et leur force de réflexion. Le plus sage des Grecs, Socrate, n'était point un savant et ne voulait point l'être. Ceux qui enseignèrent les premiers le christianisme étaient des hommes du peuple; et cependant nous les voyons versés dans les plus hautes matières et dans les plus grands mystères de la méditation. Dans tous les âges on vit de pareils hommes : il y a en général dans l'esprit énergique et peu distrait du peuple, une force morale et souvent aussi une force intellectuelle admirable. On a vu souvent de très-médiocres hommes du peuple fonder des Etats et des sectes, sauver la patrie, propager la religion et lui rendre une vie nouvelle, lorsqu'ils se sentaient inspirés et poussés par leur vocation, ainsi que l'histoire de l'Eglise catholique en offre tant d'exemples. Il est vrai que le plus souvent ce fut par des actions, et non par des écrits, qu'ils obtinrent ces résultats. Que si nous considérons le génie de l'invention et le don de la parole, et si nous comparons également sous ce rapport la philosophie à la poésie, nous trouverons que le génie n'est point une prérogative des savans. Si un Shakespeare, qui cependant était un poète tout-à-fait populaire, a pu atteindre une hauteur et une profondeur d'exposition, dans laquelle les poètes les plus habiles et les plus savans n'ont encore jamais pu le suivre ni l'égaler, on conçoit aussi qu'en Allemagne, un homme du peuple ait pu épuiser toutes les hauteurs et toutes les profondeurs de cette philosophie plus élevée et secrète, alors exclue du cercle des savans qui se bornaient à parler et à écrire. Cette observation s'applique à un homme dont le nom seul excite la colère des hommes éclairés, et qui, pour les hommes polis, est synonyme de folie, à Jacques Bœhme, que l'on appelle le philosophe teutonique, qui, de son temps, eut beaucoup de partisans zélés, non-seulement en Allemagne, mais encore en Hollande et en Angleterre; partisans au nombre desquels se trouvait ce roi Charles d'Angleterre, si célèbre par ses malheurs.

J'ai déjà dit plusieurs fois que dans mon opinion on ne pouvait considérer l'existence d'une poésie populaire, que comme une preuve du désordre et de la décadence de la véritable poésie: celle-ci, en effet, doit aussi peu être abandonnée exclusivement au peuple qu'aux savans, elle doit être, au contraire, commune au peuple, aux hommes instruits et à toute la nation. Si la poésie populaire ne peut point échapper à toutes les conséquences fâcheuses de cette division, ou à la négligence et à la barbarie qui en dérivent, à combien plus forte raison ne doit-il pas en être de même d'une philosophie populaire, dont la notion elle-même contient déjà quelque chose de contradictoire? Quelque grande que soit la perfection dans laquelle le génie des individus puisse se conserver dans un état de choses aussi défavorables, telle n'est cependant pas la place que la philosophie doit occuper en général. Ce n'est point ici le lieu d'exposer et d'expliquer d'une manière plus complète le premier système remarquable de ce philosophe teutonique ; de tous les écrivains et théologiens protestans de cette époque, c'est celui qui se distingue le plus par ses pensées pieuses, réservées et chrétiennes. Les nombreux développemens de l'âme dans la vie intérieure forment l'objet principal de ses méditations. Une curiosité plus élevée le conduisit de bonne heure au-delà des limites de la doctrine et de la foi protestantes, et dirigea presque exclusivement son esprit vers l'aurore d'un meilleur avenir, d'un nouveau temps et d'une glorification universelle. Il s'appliquait principalement à découvrir dans les sept sources cachées de la nature et de ses forces intérieures, la magnificence de la révélation divine dans les miracles de la création ; et pour ces profondeurs et ces sources secrètes de la nature, il était doué d'une clarté de jugement, d'un entendement intime, qui n'a pas été donné à tout le monde, et d'un don d'intuition qui lui était tout-à-fait particulier. Il est à remarquer seulement que, bien que le système de Bœhme porte l'empreinte d'un esprit profondément original, puisant tout en lui-même, il n'est cependant pas tout-à-fait étranger à d'autres formes de la philosophie secrète, qu'à cette époque on voit chaque jour acquérir une plus grande influence. Il est facile de concevoir qu'alors la soif insatiable de la vérité ait cherché d'autres voies plus secrètes et éloignées de la vaine science de mots des philosophes savans ; voies dans lesquelles une foule d'opinions et de découvertes, de connaissances, de folies et d'erreurs, semblent s'être promptement développées. Quand le lien visible et invisible de l'Eglise fut rompu pour quelques pays de l'Europe, un lien invisible, d'un autre genre ou d'une autre nature, en prit ou du moins en dut prendre la place. Il est dans la connaissance de la vérité, des degrés élevés et des degrés inférieurs : les degrés élevés peuvent difficilement être généraux dans un état de choses où l'humanité combat encore. Je veux bien admettre que, suivant l'opinion de Lessing, il y ait parmi les connaissances humaines des connaissances secrètes, c'est-à-dire des connaissances qui sont telles en vertu de leur nature particulière, parce que celui qui les a connues ou conservées peut n'avoir point le dessein de les communiquer prématurément d'une manière générale, et parce que d'ailleurs il pourrait se trouver privé des moyens nécessaires pour le faire. L'existence de pareilles traditions peut être historiquement démontrée dans presque tous les temps, et l'on parviendra difficilement à jamais empêcher que des vues et des convictions de ce genre ne se transmettent point invisiblement sous telle ou telle forme. Mais alors même qu'une pareille tradition serait la vérité pure, et ne contiendrait aucun mélange de fausses recherches faites d'après de vains secrets, cependant il faudrait toujours condamner cette opposition entre la vérité secrète et la vérité patente. A l'époque de la réformation, tous les hommes animés de bonnes intentions considérèrent même la séparation visible de l'Eglise, comme le plus grand malheur, parce qu'elle avait pour résultat de scinder la grande famille des peuples chrétiens, et de briser le corps de l'humanité. S'il pouvait y avoir une Eglise invisible, qui fût en contradiction avec l'Eglise visible, cette scission serait encore plus effrayante; elle ressemblerait à une séparation du corps et de l'âme, et nous menacerait d'une dissolution générale. Mais il n'en est pas ainsi, le corps et l'âme de l'humanité ne sont point encore séparés, et la vérité n'est qu'une. Quiconque a abandonné le rocher sur lequel elle repose, n'édifiera point son temple. Les merveilles de la nature et les secrets de la science et du monde des esprits, ne sont que des rayons isolés du flambeau céleste de la révélation divine, qui est et a été, depuis le commencement jusqu'à la fin des temps, dans l'Eglise de Dieu : et comme ces rayons sont arrachés de l'arbre de vie, de la vraie foi, leur lumière, quelque éclatante, quelque éblouissante qu'elle soit d'ailleurs, ne peut que s'obscurcir et s'éteindre. L'école et la science, de même que leur continuation et leurs rapports exotériques et ésotériques, peuvent et doivent même dans tous les âges être séparées de l'Eglise et de la religion, dans leur constitution extérieure, dans leurs formes et dans leurs applications vivantes; mais elles ne doivent être qu'un dans l'esprit intérieur, puisque la parole de vie qu'elles ont mission d'annoncer et de faire connaître, est partout la même, partout une.

Tels furent les résultats de la réformation sur la philosophie. Cette manière platonico-orientale et plus spirituelle de philosopher, que les plus grands hommes de l'Italie et de l'Allemagne avaient publiquement établie au quinzième siècle, fut supprimée de nouveau après la réformation dans le seizième et le dix-septième siècles, abandonnée au peuple et à quelques enthousiastes, ou concentrée seulement en secret, et non sans subir de grandes altérations et sans fortement dégénérer. Cependant l'ancienne science de mots et de subtilités logiques, que l'on appelait aristotélique, domina ouvertement chez les savans du jour, jusque vers le milieu et la fin du dix-septième siècle, pendant près de deux siècles encore, lorsqu'elle fut bannie par d'autres systèmes dont j'examinerai le mérite dans la suite, parce que leur influence s'est étendue jusqu'à nos jours, et que leur entier développement appartient au dix-huitième siècle.

Il faut donc exposer les effets de la réforme sur la civilisation et sur la science, dans un sens historique, droit et général, d'une toute autre manière que ne le fait l'étroit esprit de parti qui, d'ordinaire, loue tout sans restriction. C'est surtout d'après son essence intérieure, et non d'après ses effets et ses résultats, qu'il faut juger une époque de cette importance dans l'histoire de l'humanité. Si l'on représente le plus souvent l'essence de cette époque comme le réveil de la raison, et le moyen âge comme le siècle de l'imagination, ce jugement est juste; mais il faut en faire une application plus directe pour éviter d'en déduire de fausses conséquences. Assurément, il y a toujours dans chaque siècle une des forces élémentaires de la conscience humaine qui prédomine, dont on fait un plus fréquent usage, que l'on dirige vers un dernier but général, et qui forme le caractère particulier de l'époque. C'est ainsi que dans la troisième période de l'histoire du monde, qui comprend les temps qui se sont écoulés depuis Constantin jusqu'à la réformation, par conséquent douze siècles environ, que nous considérons comme la transition du monde de l'antiquité dans le monde nouveau, et que nous appelons le moyen âge; l'élément qui a prédominé a été l'imagination, non celle des anciens païens, mais une imagination toute nouvelle et chrétienne ayant d'autres formes. C'est de cette nouvelle floraison, de cette renaissance de l'une des forces élémentaires de l'esprit humain, que proviennent les productions les plus originales de cette époque. Qu'on se garde bien toutefois d'entendre que par là je veuille dire que les autres forces de l'esprit et de la volonté ne se sont point alors également manifestées par de grands travaux et de grands ouvrages; mais seulement que l'une d'elles a dominé toutes les autres, d'où l'on découvre facilement ses rapports avec les autres élémens, dans les détails de son développement, d'après toute sa gradation dans les diverses périodes de cette époque. En vain l'on essaierait d'arguer des subtilités dialectiques des scolastiques, pour nier cette prééminence de l'imagination au moyen âge ; c'est en effet lorsqu'une force élémentaire de l'esprit domine dans l'ensemble d'une époque, que les forces contraires ont coutume de se concentrer davantage comme une exception chez quelques individus, et forment ainsi un contraste d'autant plus saillant. C'est ainsi que, dans notre siècle raisonneur, la poésie et l'imagination apparaissent d'autant plus qu'elles sont isolées; et il en était de même alors de la scolastique. En effet, tout développement actuel a ses lacunes et a ses défauts particuliers. Que si la quatrième époque de l'esprit humain, qui commence avec le seizième siècle, est justement désignée comme la période de la raison, est-il bien vrai que la raison ne date que d'alors? ou que son réveil n'ait été qu'une rechute dans la raison païenne, dans l'ancien orgueil et dans l'ancienne licence, au lieu d'une plus grande lumière répandue par les connaissances et les opinions chrétiennes, dans un développement intellectuel mieux combiné, et au milieu de progrès toujours croissans? Mais n'était-il pas alors aussi inutile que criminel, d'abord de détruire les croyances, puis d'exposer les connaissances et les croyances à trois cents années d'interminables discussions, qui ont eu pour résultat de corrompre et de rendre incertaines les premières, d'en isoler les secondes pour les frapper de mort et de stérilité? Il était tout aussi inutile de détruire tout d'un coup ce sanctuaire du souvenir, et tout le charme de vie dont une pieuse et naïve imagination a soin de le revêtir, pour accomplir les destinées de la nouvelle période de l'esprit humain. D'ailleurs, si le moyen âge a eu ses erreurs, si on ne peut comparer son élément prédominant qu'à un astre de nuit; du moins n'a-t-il pas perdu la vraie route, comme il est arrivé à la lumière éclatante de la raison, pendant toute la première moitié de sa période, quand elle se fut une fois éloignée de Dieu. Aussi bien le mal n'est point dans le caractère raisonneur des temps modernes : puisque la raison, étant une force élémentaire de l'esprit humain, devait comme toutes les autres, quand le temps en serait venu, prédominer à son tour dans le cycle du développement intellectuel; mais bien dans le mauvais usage que l'homme, être essentiellement libre, a fait de cette force. En effet, au lieu de l'employer dans une aimable concorde à une plus haute glorification du christianisme, gage précieux des traditions et des révélations divines, il ne l'a guère employé que dans un esprit de discorde et de division, jusqu'à ce qu'enfin de nos jours le remède est sorti de la grandeur même du mal.

De même qu'à cette époque de discorde les diverses nations de l'Europe se séparèrent de plus en plus les unes des autres; de même il y eut entre les diverses sciences et les diverses études une scission funeste sous plus d'un rapport. Cette scission fut surtout funeste à l'étude de l'antiquité, et l'empêcha de porter de bons fruits et d'influer sur la vie. Les premiers qui donnèrent une nouvelle vie à cette étude étaient des philosophes et des hommes qui connaissaient le moyen âge et le temps où ils vivaient, aussi bien que l'antiquité, et qui unissaient les sciences orientales aux connaissances grecques. Voilà pourquoi chaque chose leur paraissait en général davantage occuper sa véritable place dans l'histoire de l'univers. Mais lorsque la scission fut opérée, lorsque la philosophie fut bannie, supprimée ou eut dégénéré, que le moyen âge fut oublié, les savans qui n'étaient plus chez eux, dans leur monde et dans leur nation, concentrèrent entièrement leurs regards sur l'antiquité grecque et romaine, qu'ils admiraient sans pouvoir cependant en comprendre les véritables beautés. Les poètes et les artistes seuls les saisirent avec quelque vivacité; comme l'érudition classique n'était alors jamais unie à la philosophie, on vit naître parmi les savans une stupide superstition de mots qui ne fit place qu'au dix-huitième siècle à une connaissance plus vivante des anciens.

On peut regarder comme désavantageux même pour l'art et pour la poésie, qu'ils aient été entièrement séparés de la philosophie, que la culture de l'imagination ait été plus ou moins séparée de celle de l'esprit, et que la dernière ait même souvent agi hostilement contre la première. Cependant dans ces temps orageux, à la fermentation et aux commotions desquels la philosophie et l'histoire furent obligées de prendre part, la poésie et les arts furent, pour ainsi dire, le seul asile où l'esprit et le sentiment purent se développer librement dans toute leur beauté.

La poésie des pays catholiques, l'espagnole, l'italienne, la portugaise, forment dans ce siècle un tout intimement lié; aussi les embrasserai-je d'un seul coup d'œil. Les Espagnols eurent de bonne heure leur poème national du Cid; leur poésie de troubadours fleurit au quinzième siècle, plus tard par conséquent que chez aucune autre nation. L'esprit de la chevalerie, et le genre de poésie qui s'y rattache, se conserva dans ce pays beaucoup plus long-temps que partout ailleurs. Les livres chevaleresques des Espagnols, qui étaient pour la plupart originaux (qualité que les autres nations possédèrent à un moindre degré), se distinguèrent par un style orné et fleuri, et par un goût marqué pour des expositions douces et tenant du genre de l'idylle; tel est du moins le caractère du plus ancien et du plus connu de ces ouvrages, de l'Amadis. Ainsi se confirme la remarque que nous avons déjà faite à l'occasion de la poésie chevaleresque, et surtout de l'ancienne poésie chevaleresque allemande : que le goût pour le genre suave et tendre en poésie est souvent propre à des caractères héroïques et à des nations très-belliqueuses. Aux livres chevaleresques se joignit, de très-bonne heure, chez les Espagnols ainsi que chez les Portugais, le roman pastoral, genre favori de ces peuples. La poésie en général, et les chants des troubadours en particulier, furent favorisés au quinzième siècle dans leurs progrès par deux hommes, Villena et Santillana, les premiers du royaume par leur naissance, leur rang et leur influence. D'ailleurs dès son origine la poésie espagnole fut plus cultivée par les nobles et par les chevaliers, que par les savans ou par de simples artistes. Il n'est point de nation qui compte parmi ses poètes autant d'hommes qui aient tiré l'épée pour leur patrie. La poésie que nous appelons espagnole devrait plus justement, dans les temps les plus reculés, être appelée poésie castillane; car elle n'appartenait dans l'origine qu'à cette province; et plusieurs autres pays de la péninsule ibérique avaient leur poésie particulière, entièrement distincte de la poésie castillane. En Catalogne florissait une poésie qui, pour l'idiôme, est considérée comme appartenant à la poésie provençale. Le dernier chant connu de cette poésie était consacré à la gloire héroïque et à la triste destinée de Charles de Viane, le dernier de ses princes, que le peuple semble avoir aimé. C'était le frère aîné du premier lit, et l'héritier présomptif de ce Ferdinand qui, plus tard, régna en Castille sous le nom de Ferdinand le Catholique, et qui pour cela était considéré dans quelques pays de l'Aragon comme plus qu'étranger. L'Aragon tomba de plus en plus sous le joug. Avec l'indépendance du pays disparut la poésie qui lui était propre; et de même que la Castille devint le pays dominant, de même on vit se réunir dans la poésie castillane toutes les beautés poétiques qui auparavant existaient éparses dans les diverses provinces de ce pays si poétique. Il n'y eut que les Portugais qui, formant un peuple et un royaume à part, conservèrent dans la péninsule leur langue et leur poésie particulières; cependant le Portugal continua à entretenir avec la Castille un commerce intime, dont l'origine remontait à une époque très-reculée. Beaucoup de Portugais écrivaient en castillan; il est une foule de choses qu'on considère comme provenant de l'ancienne Castille et qui viennent des Portugais. La poésie des deux nations a une si grande analogie, qu'il n'est point facile de distinguer ce qui pour l'invention appartient plus à l'une qu'à l'autre. Les Arabes contribuèrent aussi à enrichir la poésie espagnole ainsi qu'à l'embellir. Il est vrai que les anciens poèmes castillans sont tout-à-fait purs d'une pareille influence arabe ou de ces inspirations orientales : l'esprit et la langue en sont au contraire sévères et unis, sincères et simples. On peut dire avec d'autant plus d'assurance qu'il n'y a rien d'arabe dans cette ancienne poésie espagnole, que cette influence des Arabes se montre plus clairement et plus visiblement dans le temps plus rapproché de nous où elle a eu réellement lieu.

La scission qu'occasiona la diversité de croyance, et l'antipathie respective qui en résulta entre les dissidens et ceux qui demeurèrent fidèles aux anciennes doctrines, suffisent pour expliquer comment une pareille influence, déterminée par une cause toute particulière, n'a pu être visible plus tôt. Lorsque Isabelle et Ferdinand le Catholique; je nomme Isabelle en premier lieu, parce qu'elle était animée d'un zèle tout particulier pour voir son Espagne chérie affranchie du joug des étrangers et des ennemis de sa croyance; lorsque, dis-je, Isabelle et Ferdinand conquirent Grenade avec leurs chevaliers, et que dans ce moment glorieux, après sept siècles d'esclavage, l'Espagne se vit de nouveau libre et s'appartint à elle-même, le royaume arabe de Grenade était divisé en deux partis, à la tête desquels se trouvaient deux nobles familles : l'une d'elles, celle des Abencérages, passa du côté des Espagnols et embrassa le christianisme; l'autre s'enfuit chez les Maures d'Afrique. Il existe une foule de romances qui célèbrent la gloire et les hauts faits des Abencérages, leur haine contre les Zégris, et les derniers combats des Arabes de Grenade. Ce sont des chants orgueilleux, où sont peints l'amour le plus brûlant, et le désir de la gloire le plus effréné; des chants héroïques ébauchés, où règne la sensibilité la plus délicate; simples sous le rapport de la langue, mais non dénués cependant d'un certain feu oriental tout-à-fait arabe d'après leur contenu; et semblables à la poésie primitive de ces peuples, autant que nous la connaissons, comme chant lyrique de famille. Dans ces romances, les plus belles, à mon avis qui existent en espagnol, et en général dans toute autre langue moderne, l'esprit arabe et la couleur orientale ne sauraient être méconnus; et elles ont incontestablement exercé la plus décisive influence sur toute la poésie ultérieure des Espagnols. C'est ainsi que la poésie espagnole fleurit avec une magnificence et une richesse toujours croissantes sur le sol de l'ancienne Castille, s'enrichissant des inventions portugaises, et se parant des fleurs provençales; empruntant aussi plus tard la vivacité des couleurs arabes. Sous Charles-Quint, qui couronna l'Arioste comme le premier poète de l'Italie, la poésie des Italiens, beaucoup plus savante que celle des Espagnols, fut introduite en Espagne par Garcilaso et Boscan, qui eurent toutefois égard à la langue et à la poésie nationales, et ne renoncèrent point complètement à la marche qu'elle avait suivie jusqu'alors. La nation espagnole y était tellement attachée, que l'introduction de la méthode plus savante des Italiens éprouva d'abord beaucoup de contradictions; cependant elle obtint par la suite beaucoup de succès. Aucune poésie n'a été formée d'élémens aussi divers que la poésie espagnole; mais ces élémens n'étaient point hétérogènes, ni inconciliables. C'étaient des manifestations individuelles de l'imagination et des sentimens qui ne formaient un accord parfait que lorsqu'elles étaient réunies, et qui prêtaient à l'art de la poésie chez les Espagnols le charme le plus élevé du romantique. Cette poésie est non-seulement riche, elle est encore une par l'esprit et la création, et ne fait qu'un avec le caractère et le sentiment de la nation.

Depuis cette glorieuse époque de Ferdinand le Catholique et de Charles-Quint, aucune littérature ne fut aussi complètement nationale que celle des Espagnols. Si l'on considère les productions de la littérature d'après les principes d'une théorie générale de l'art, la discussion sur les avantages ou les défauts, de même que sur le mérite d'un ouvrage en particulier ou d'une littérature entière, est interminable. Aussi la plupart du temps le sentiment naïf se perd-il dans les discussions, et la première impression s'oublie-t-elle entièrement. Mais il est un point de vue plus simple pour apprécier le mérite d'une littérature, et d'où la question peut se décider avec plus de facilité et de sûreté : c'est le point de vue moral qui rapporte tout à la question de savoir si une littérature est entièrement nationale, parfaitement adaptée à la prospérité nationale et à l'esprit national. Sous ce rapport, presque toutes les comparaisons seront à l'avantage des Espagnols. Que l'on prenne la poésie et la littérature des Italiens, qui, considérés uniquement comme œuvres de l'art, l'emportent sur tant d'autres littératures, sous le rapport du style et de la beauté des images, ainsi que de la profondeur des pensées : combien n'est-elle pas inférieure, sous le rapport de la nationalité, à la poésie espagnole? Quelques-uns des premiers poètes de l'Italie, par exemple Boccace, l'Arioste, Guarini, n'offrent dans leurs ouvrages rien qui ait du rapport à la nation, et ne sont animés d'aucun sentiment pour la prospérité nationale ; ou bien on n'aperçoit que des manifestations individuelles de ce genre, comme dans

Pétrarque ; et encore dans ces manifestations, le patriotisme a souvent pris une direction entièrement fausse, témoin son admiration pour Rienzi et ses rêves du rétablissement de l'ancienne Rome. Le Dante et Machiavel sont les plus nationaux des auteurs italiens ; mais le premier, animé d'une grande partialité pour les Gibelins, n'a point un caractère national assez général. Au contraire, le publiciste de Florence est très-dangereux par ses principes politiques, et plutôt en opposition avec toute manière de penser véritablement nationale.

Combien sous ce rapport la littérature et la poésie espagnoles paraissent grandes! Tout y respire le sentiment national le plus noble, tout y est sévère, moral et profondément religieux, alors même qu'il n'est pas précisément question de morale et de religion. On n'y voit rien qui soit de nature à égarer le sentiment, à changer la manière de voir et faire disparaître la manière de penser ; partout on découvre un seul et même esprit d'honneur, de morale sévère et de foi solide. J'ai déjà parlé de la richesse des Espagnols en ouvrages historiques bien écrits, ainsi que de leur éloquence mâle, qui se développa de bonne heure, et se maintint toujours de même. Mais leurs poëtes aussi sont de véritables Espagnols.

On pourrait dire que l'art seul est capable de remarquer entre eux la différence de la langue et de l'exécution. Autrement il n'existe, pour ainsi dire, dans tous leurs auteurs qu'une seule manière de penser, la manière espagnole. Ce grand mérite de nationalité de la littérature espagnole, doit être vivement pris en considération; car on ne l'a que trop souvent jugée d'après l'art des anciens ou des Italiens, et même seulement d'après les exigences du goût français. Sous le rapport du mérite de la nationalité, la littérature espagnole occupe le premier rang, et la littérature anglaise peut-être le second. Ce n'est pas que la littérature anglaise soit moins riche, mais c'est parce qu'elle contient beaucoup plus d'élémens de la lutte d'efforts anti-nationaux et des changemens. Malgré ces influences opposées, l'unité nationale de la littérature anglaise se maintient plutôt intentionnellement et comme le reste d'une loi hautement reconnue, qu'elle n'est le produit spontané du sentiment et du caractère. Je suis, au reste, bien éloigné de considérer ce point de vue national comme le seul à l'aide duquel on doive juger du mérite d'une littérature; au contraire, je m'efforcerai de démontrer par la suite comment c'est précisément le combat intérieur qui donne à la littérature française et à la littérature allemande une grande partie de cet intérêt puissant qu'elles inspirent : c'est-à-dire toutes les fois qu'il ne s'agit pas de vains intérêts temporels et de buts politiques, mais que le combat est celui de la renaissance qui doit former une nouvelle époque de vie spirituelle dans la connaissance générale de ce qui est de Dieu et de la science purifiée, sublime paix intellectuelle.

On considère Garcilaso, contemporain de Charles-Quint, ainsi que quelques autres poètes de la même époque, comme des modèles pour la beauté de la langue et pour la noblesse du goût. Il est vrai aussi de dire qu'il a donné en cela un heureux exemple, qu'il a été d'autant plus nécessaire de rappeler plus tard aux esprits, que l'imagination de quelques poètes tombait davantage dans l'afféterie et la monstruosité; mais je ne saurais admettre que Garcilaso et d'autres poètes de la même époque aient porté la langue poétique au plus haut degré de perfection : comme, par exemple, Virgile chez les Romains et Racine chez les Français. Ses poésies sont même plutôt d'heureuses expansions d'un sentiment plein d'amour, que de grands ouvrages classiques. Un poète lyrique et pastoral peut bien désigner l'époque de cet heureux et brillant développement d'une langue et d'une poésie; mais il est impossible qu'il l'embrasse dans toute sa perfection, parce que les poésies lyriques sont d'une étendue trop bornée et d'un contenu trop restreint. Il n'y a qu'un poëte épique ou dramatique qui puisse devenir ainsi une règle générale et durable pour l'art et pour la langue de sa nation. A cette époque même la vie des Espagnols était encore si chevaleresque et si riche, leurs guerres en Europe étaient si glorieuses et si importantes, leurs aventures sur l'Océan et dans le nouveau monde si remarquables et si séduisantes pour l'imagination, que le romantique d'invention et de fiction des anciens livres des chevaliers devait paraître de bien peu de prix en comparaison de ces réalités. On commença alors généralement à rejeter de la poésie épique les inventions fantastiques des anciens poèmes chevaleresques; mais en cela les Espagnols tombèrent dans l'extrême opposé, en rendant leurs poèmes trop historiques; du moins en est-il ainsi à l'égard de l'essai épique le plus remarquable qui ait été tenté dans leur langue, l'*Araucana* d'Ercilla, qui chante les guerres des Espagnols avec un peuple d'Amérique très-vaillant et passionné pour son indépendance. La constitution du pays et de ses sauvages habitans, les déserts et les phénomènes naturels, les combats et les batailles sont tracés avec une vérité qui fait sentir partout que le poète a tout vu de ses propres yeux et y a joué un rôle. Il y a dans le premier poème épique des Espagnols de nombreux passages d'une très-grande beauté poétique; mais on y remarque en général trop de descriptions versifiées, de voyages et de combats. Il faut que le poème épique réunisse la vérité et la grandeur de l'histoire, ainsi que le jeu libre de l'imagination dans le merveilleux; que ce merveilleux soit fabuleux, ou qu'il se manifeste dans le domaine de l'histoire. Le Cid demeure donc le seul grand poème national que possèdent les Espagnols. Le poète portugais Camoëns fut en cela plus heureux qu'Ercilla. Les Espagnols s'étaient emparés des déserts de l'Amérique : l'Inde, ce pays si riche, était tombée en partage à sa nation; et c'était un sujet bien plus heureux pour le poète. On sent dans l'ouvrage de Camoëns, qu'il était lui-même guerrier, marin, aventurier, et qu'il aspirait à faire le tour du monde. Il veut être vrai, et commence son poème héroïque d'une manière opposée à celle dont l'Arioste avait commencé le sien. Il espérait triompher de la richesse des fictions de celui-ci par l'ascendant de la vérité, en ennoblissant par sa poésie des actions ou des exploits bien au-dessus de tout ce que l'Arioste avait chanté concernant son Roger, personnage imaginaire. Le poème de Camoëns, surtout au commencement, a quelque rapport avec celui de Virgile, qu'à cette époque on considérait comme une règle générale pour l'épopée d'un genre élevé et sérieux, mais dont l'influence entravait cependant beaucoup le génie. De même que le navigateur audacieux abandonne bientôt la côte et s'élance sur la vaste étendue de l'Océan, de même Camoëns ne tarde pas à perdre de vue son modèle, dans ce poème où il fait le tour du monde avec Gama, à travers les dangers et les tempêtes, jusqu'à ce qu'il ait atteint son but, et que les joyeux vainqueurs mettent le pied sur la terre désirée. De même que des parfums délicieux viennent récréer les sens du nautonnier et le soulager de ses peines au milieu des flots, en lui annonçant la proximité de l'Inde; de même une enivrante vapeur s'exhale de ce poème écrit sous le ciel du midi, et qui en réflète tous les feux. Bien que le style en soit simple, que le plan et la conception de l'auteur soient graves, cependant son poème l'emporte de beaucoup, pour la vivacité des couleurs et pour la richesse de l'imagination, sur celui de l'Arioste, auquel Camoëns pourrait enlever la palme du génie. Il ne se borne pas, en effet, à chanter Gama et la découverte de l'Inde, la domination et les exploits des Portugais dans ce pays : son poème contient en outre tout ce que l'histoire ancienne de sa nation présente de beau, de noble, de grand, de chevaleresque et de touchant, coordonné en un seul tout. Ce poème embrasse toute la poésie de sa nation. De tous les poèmes héroïques des temps anciens et modernes, il n'en est point qui soit national à un aussi haut degré. Jamais, depuis Homère, poète n'a été honoré et aimé de sa nation autant que Camoëns; de sorte que tout ce que cette nation, déchue de sa gloire immédiatement après lui, a conservé de sentimens patriotiques, se rattache à ce seul poète, qui peut à juste titre nous tenir lieu de beaucoup d'autres, et même d'une littérature tout entière. C'est au commencement et à la fin de son poème que Camoëns se montre avec le plus de dignité comme poète. Il y parle avec amour et inspiration du jeune roi Sébastien, qui fut si malheureux, et qui entraînait un royaume naguère si florissant, dans sa funeste destinée ; mais en l'exhortant et en l'avertissant sérieusement, comme il convenait à un vieillard inspiré qui avait pendant si long-temps porté les armes, de parler à son roi.

Le Tasse est un peu plus moderne que Camoëns. Ce poète se rapproche davantage de nous, et par sa langue, et par le sujet de son poème, qui est on ne peut plus heureusement choisi, parce que les croisades unissent toute la plénitude du genre chevaleresque et du genre merveilleux au sérieux de la vérité historique. Ses contemporains étaient encore plus capables que nous de comprendre son mérite; car à cette époque durait encore l'ancien combat entre le christianisme et la puissance de Mahomet; sous Charles-Quint, des héros et des guerriers espagnols se flattaient encore de l'espoir de regagner les conquêtes que Godefroy avait perdues dans la Terre-Sainte; ce qui n'était pas, il est vrai, impossible, et pouvait même, puisque la marine espagnole dominait exclusivement dans la Méditerranée, paraître moins difficile que de faire rentrer dans de justes limites la puissance formidable des Turcs sur le continent européen. Ce poète, aussi avide de gloire qu'il était animé de pieux sentimens, était inspiré d'un enthousiasme non-seulement poétique, mais encore religieux, pour la cause sacrée du christianisme. Toutefois il n'a pas su atteindre la hauteur de son sujet; et il en a si peu épuisé les richesses, qu'il n'en a pour ainsi dire qu'effleuré la superficie. Il est vrai de dire aussi qu'il était entravé à certains égards par la forme que Virgile avait donnée au poème épique; c'est pourquoi on trouve dans son poème certains passages relatifs aux ressorts épiques, qui ne lui ont pas entièrement réussi. Cependant la même idée d'une forme nécessaire pour un poème épique n'a pas empêché Camoëns de mêler au sien tout ce qui pouvait ennoblir son poème national épique, ni d'épuiser entièrement son sujet; mais le Tasse n'y aurait que difficilement réussi, alors même qu'il aurait eu des idées plus justes sur l'art épique. Il appartient à la classe des poètes qui ne peignent dans leurs ouvrages qu'eux-mêmes et la beauté de sentimens dont les a doués la nature, et qui ne sont pas en état de clairement embrasser dans leur esprit un monde, de s'y perdre et de s'y oublier. Les plus beaux passages de son poème sont ceux qui, considérés isolément ou comme épisodes, seraient également beaux dans tout autre ouvrage, et qui n'appartiennent pas entièrement au sujet. Les charmes d'Armide, la beauté de Clorinde, et l'amour d'Herminie, voilà les passages qui nous captivent dans le Tasse; voilà des formes à l'égard desquelles le poète allemand fait dire au Tasse lui-même ces belles paroles:

Es sind nicht Schatten, die der Wahn erzeugte;
Ich weiss es, sie sind ewig, denn sie sind (1).

---

(1) Ce ne sont pas des ombres, nées du délire de l'imagination : je le sais, elles sont éternelles, car elles sont.

Les poésies lyriques du Tasse brûlent du feu de la passion et de l'enthousiasme de l'amour le plus malheureux; plus que le petit poème pastoral qui a pour titre l'Aminte, ce feu peut nous conduire à la source de ces belles poésies avec lesquelles la froideur habile de Pétrarque forme un contraste si singulier. Le Tasse est un poète tout-à-fait sentimental; et comme l'Arioste est extrêmement pittoresque, de même le style et les vers du Tasse ont un charme de beauté musicale qui a surtout contribué à en faire le poète favori des Italiens, avantage dont il jouit auprès du peuple plus que l'Arioste. On a souvent chanté des épisodes et d'autres passages détachés de son poème ; et, comme les Italiens n'ont pas à proprement parler de romances du genre de celles des Espagnols, ils ont divisé leur poème épique en romances. Ce sont les plus harmonieuses, les plus nobles, les plus poétiquement belles et les plus ornées que puisse posséder une nation. Cette manière de concevoir leur poète et de le présenter par fragmens, était peut-être la meilleure pour le plaisir et pour le sentiment; car on ne perdait pas beaucoup au plan de tout l'ouvrage considéré dans son ensemble. Le Tasse fait voir combien il était peu satisfait de ses idées sur l'art épique, par les nombreux changemens qu'il a faits à ses ouvrages, et par les essais qui ne lui ont point réussi. Son premier fut un poème chevaleresque; à une époque où les beaux jours de la chevalerie étaient déjà passés, il voulut refaire entièrement sa Jérusalem délivrée, à laquelle il est redevable de la plus belle partie de sa gloire. Il sacrifia les passages les plus beaux, les plus attrayans et les plus aimables, à sa sévérité de mœurs, et voulut y substituer une froide allégorie continuée dans tout l'ouvrage. Il essaya en outre un poème épique chrétien sur la création. Ce n'est pas pour la première fois que je ferai observer combien il doit être difficile, même pour le poète le plus heureux, de développer un petit nombre de sentences mystérieuses de Moïse en autant de chants complets. Déjà, à l'occasion du Dante, j'ai parlé des tentatives faites pour traiter poétiquement un pareil sujet, et je ne fais mention ici du poème du Tasse que parce que c'est précisément le modèle qu'avait Milton. Dans ce poème de la création, le Tasse renonça même à l'usage de la rime, dont cependant le charme donne à ses chants une grande partie de leur prix, et qu'un poète mania rarement aussi facilement que lui. Telle était sa sévérité envers lui-même; en voyant tant de beautés dans son ouvrage, on ne devrait donc pas le juger aussi rigoureusement pour quelques jeux d'esprit ou concetti : que restera-t-il de la poésie, si on lui refuse d'être ou d'oser être un jeu de l'imagination? Si l'on prétend analyser et juger chaque pensée avec autant de sévérité, il ne restera plus à la fin que la maigre prose; et encore dans la prose, pour peu qu'on veuille l'analyser sévérement, même dans les ouvrages des écrivains les plus purs, on trouve çà et là des images qui, prises à la rigueur, ne sont pas entièrement justes, et qui ont même quelque chose de faux. Dans le Tasse, plusieurs de ces jeux d'esprit sont non-seulement pleins de sens, mais encore d'une grande beauté comme images; de pareils jeux d'esprit sont surtout permis à un poète du sentiment et de l'amour. On en trouve jusque dans les poèmes critiques des anciens, que l'on a coutume de toujours présenter à l'imagination mobile des poètes romantiques comme la tête de Méduse, pour les effrayer par un épouvantail de rigidité classique.

Si maintenant nous considérons le Tasse uniquement comme poète sentimental et harmonique, nous ne saurions le blâmer d'être, dans un sens, monotone, et d'être aussi continuellement sentimental. Cette uniformité est inséparable de la poésie qui est essentiellement lyrique. Si dans le Tasse cette teinte de l'élégie est répandue même dans l'exposition des beautés sensibles, j'y trouve plutôt une beauté qu'un défaut. Mais s'il faut qu'un poète épique soit plus riche, qu'il soit varié, qu'il embrasse un monde d'objets, l'esprit du présent et du passé, sa nation et la nature entière; il ne faut pas non plus qu'il soit toujours monté au même ton, mais qu'il sache toucher et faire vibrer chaque corde du sentiment. Sous le rapport de cette richesse épique, Camoëns est infiniment au-dessus du Tasse. Son poème héroïque contient aussi un grand nombre de passages empreints d'un sentiment d'élévation et d'amour qui sont comparables aux plus beaux passages du Tasse. Malgré le luxe des conceptions méridionales et l'attrait sensible qui y est répandu, on y entend surtout retentir la voix plaintive de l'élégie et de la douleur; aussi mérite-t-il le nom de poète héroïque romantique, parce qu'il est entièrement pénétré du feu et de l'enthousiasme de l'amour. Il unit la plénitude pittoresque de l'Arioste à la magie musicale du Tasse, et y joint en outre le grandiose et la gravité du véritable poète héroïque, que le Tasse désirait plus être qu'il ne l'était réellement.

Je n'ai donc pas besoin d'ajouter que, parmi ces trois grands poètes épiques modernes, l'Arioste, Camoëns et le Tasse, la palme appartient, selon moi, au second. J'avouerai cependant volontiers que dans de pareils jugemens le sentiment individuel domine toujours plus ou moins ; car on ne peut ramener à des principes et à des idées fixes qu'un très-petit nombre des élémens qui constituent le mérite d'un poète, pour en tirer des inductions ; quant au reste, c'est au sentiment à en décider. Je rappellerai à ce propos l'anecdote connue du Tasse, à qui on demandait quel était, à son avis, le plus grand poète de l'Italie, et qui répondit avec quelque humeur que l'Arioste était le second. L'amour de la gloire fut toujours, chez les poètes, un sentiment très-irascible ; et c'est ainsi que ceux qui aiment un poète de préférence sont jaloux de sa gloire.

La langue poétique italienne avait déjà dans le Tasse tout ce qu'elle pouvait emprunter de noblesse et de dignité à l'ancienne langue romaine, sans renoncer à sa nature et à sa beauté particulières. Après lui, la poésie italienne tendit toujours davantage vers l'antique, non-seulement pour le style et pour la forme, mais encore pour le choix des sujets. Guarini, le dernier grand poète italien de l'époque encore florissante, Guarini, qui fut aussi un poète érotique comme le Tasse, est dans les poèmes lyriques, et à en juger par des passages isolés, plus riche de pensées que le

Tasse. Son style est d'ailleurs presque toujours plus serré, et souvent sublime. La comédie arcadienne de Guarini, le *Pastor fido*, est pleine de l'esprit de l'antiquité, et même grande et noble comme le drame des Grecs; quoiqu'on n'y voie aucune trace d'imitation servile, et que le poète n'y exprime que ses propres sentimens et son amour. Si donc le théâtre n'est point, en général, la partie brillante de l'ancienne littérature des Italiens; si les essais qu'ils ont tentés dans des temps plus reculés pour rétablir la tragédie ancienne, ont en grande partie échoué, et n'ont produit aucun résultat parce qu'ils n'ont fait qu'imiter froidement leurs modèles, du moins peut-on admettre; par forme de compensation, qu'ils ont atteint une grande et originale perfection dans un genre tout particulier, perfection qui d'ailleurs a été reconnue par les autres nations. Il n'y a point de poète qui ait été plus traduit, plus lu et plus généralement admiré que Guarini, qui fut aussi admiré en France comme un modèle, jusqu'à l'apparition du Cid de Corneille. Comme drame, cet ouvrage n'était pas propre à fonder une scène ni à ouvrir une carrière nouvelle; si on le considère comme tel, on y trouvera même des défauts. Au contraire, la poésie lyrique des Italiens n'a pris nulle part un essor plus vigoureux que dans quelques chœurs et autres passages de ce poème. J'ai déjà parlé, à l'occasion du Tasse, de la frivolité de pensées des poètes érotiques romantiques, et de ce que l'on appelle des concetti. Les mêmes principes servent en général à les expliquer et à les justifier dans Guarini, à l'exception de quelques passages qui ne sont plus naturellement frivoles ou naïfs, mais étudiés, et par conséquent moins heureux. Guarini a des passages dont la noblesse et la gravité de style ne seraient point indignes d'un grand poète de l'antiquité ; mais il est déjà sur la limite du style noble, et d'un goût désordonné, que l'on trouve dans toute sa plénitude dans Marino. Celui-ci a fondu tout ce qu'Ovide ou les poètes érotiques de l'antiquité présentent de fantasque et d'efféminé, avec les jeux d'esprit qu'on remarque dans les ouvrages de Pétrarque, du Tasse et de Guarini ; et les a combinés en un océan de douceurs poétiques, qui doivent d'autant plus répugner au goût, que ces frivolités ne sont ni naturelles ni le résultat de son sentiment particulier, mais le plus souvent imitées.

Ainsi finit l'ancienne poésie des Italiens, parce qu'elle crut avoir trouvé, dans les poésies érotiques des anciens, un faux point de réunion entre leur mythologie, leur art et leur style, et le sentiment de l'amour qui domine dans la poésie romantique.

Dans leur isolement, la littérature et la poésie espagnoles se maintinrent plus long-temps et se développèrent avec plus de bonheur. En Espagne, l'imitation de l'antique pouvait moins facilement prendre le dessus, et gagner une influence généralement pernicieuse, parce que le sentiment national régnait avec trop de vivacité et de puissance. Ce sentiment dirigea aussi la poésie vers le présent. Le roman parvint en Espagne à une perfection que l'on n'a vue chez aucune autre nation, et la scène y acquit une richesse presque incalculable, ainsi qu'une forme toute particulière.

Dans la poésie, la langue espagnole ne peut, à proprement parler, désigner de préférence aucune époque comme plus parfaite et comme normale; car, bien que dans des temps plus rapprochés de nous on se soit souvent trouvé fondé à citer Garcilaso et quelques autres anciens poètes comme classiques dans la langue, cela n'était cependant vrai que dans un sens restreint. La langue poétique des Espagnols resta, à proprement parler, toujours libre. On y a souvent prodigué trop d'art et de poésie; mais elle ne fut jamais soumise à une règle reconnue, si ce n'est à celle de la mesure des syllabes. Cela est d'autant plus remarquable, qu'au contraire la poésie des Espagnols était déjà, à une époque reculée, formée de la manière la plus régulière et déterminée de la manière la plus sévère. La précision la plus rigoureuse est tellement devenue pour elle une seconde nature, que, tandis qu'ordinairement dans les autres langues, la prose manque de clarté par suite de la négligence des écrivains, la prose espagnole n'a pas d'autre défaut que de tomber dans la subtilité par trop d'exactitude et de précision, défaut que les Espagnols appellent *ahudeza*. Cependant ce défaut ne se trouve point dans les meilleurs écrivains, parmi lesquels Cervantes passe pour le premier et le plus parfait. Chez cet auteur, la prose espagnole a en effet atteint son plus haut point de perfection, et est demeurée une règle comme il n'en existe pas pour la langue poétique. Elle y a une liberté qui fut peut-être très-favorable à la vivacité et au développement de l'imagination riche et inventive de cette nation.

Le roman de Cervantes mérite sa célébrité et l'admiration de toutes les nations de l'Europe, dont il est l'objet déjà depuis deux siècles, non-seulement par la noblesse du style et par la perfection de l'exposition ; non-seulement parce que, de tous les ouvrages d'esprit, c'est celui qui est le plus riche d'invention et de génie ; mais encore parce que c'est un tableau vivant et tout-à-fait épique de la vie et du caractère des Espagnols. C'est pourquoi ce roman a toujours un attrait et un mérite nouveaux, tandis que tant d'imitations qu'on en a faites en Espagne, en France et en Angleterre, ont déjà vieilli et sont tombées ou près de tomber dans l'oubli. Ce que j'ai déjà dit, à une autre occasion, des productions poétiques de l'esprit, que dans ce genre le poète doit justifier sa vocation et son droit à toutes les libertés qu'il veut prendre, par un riche cortége de poésie dans les accessoires, dans l'exposition, dans la forme et dans la langue, trouve ici son application. Aussi ont-ils grand tort, ceux qui n'envisagent dans le roman de Cervantes que la satire, et veulent laisser de côté la poésie. Sans doute cette poésie n'est pas toujours entièrement du goût des autres nations, parce qu'elle a un caractère tout-à-fait espagnol. Mais quiconque saura se placer dans cet esprit et le comprendre, trouvera que le plaisant et le grave, l'esprit et la poésie sont réunis de la manière la plus heureuse dans ce riche tableau de la vie, et que l'un ne reçoit tout son prix que de l'autre. Le reste des ouvrages en prose de Cervantes, dans des genres déjà connus, un roman pastoral, des nouvelles, un roman de pélerin qu'il écrivit en dernier lieu, réunissent plus ou moins les avantages du style et de l'invention du Don Quichotte, mais ne tiennent la plus grande partie de leur mérite que de leur rapport avec cet ouvrage unique dans son genre, et d'autant plus inimitable qu'on l'a plus imité. Il jette un lustre tout particulier sur la littérature espagnole, et c'est à juste titre que les Espagnols s'enorgueillissent d'un roman si essentiellement national, qu'aucune autre littérature ne possède un ouvrage pareil; roman que l'on pourrait presque comparer à un poëme épique, parce qu'il est le tableau le plus riche de la vie, des mœurs et du génie de la nation; et qui, aux yeux de beaucoup de personnes, en est un véritable, d'un genre tout particulier et nouveau.

CHAPITRE XII.

Du roman. — Poésie dramatique des Espagnols. — Spenser. — Shakespeare et Milton. — Siècle de Louis XIV. — Tragédie française.

Malgré la perfection qui le distingue, le roman de Cervantes est devenu très-dangereux pour les autres nations qui l'ont imité, et qu'il a égarées. Le Don Quichotte, cet ouvrage unique dans son genre, a fait naître tous les romans modernes, et a produit chez les Français, les Anglais et les Allemands, une foule d'essais infructueux pour élever à la dignité de la poésie une exposition prosaïque de la réalité présente. Abstraction faite du génie de Cervantes, qui pouvait assurément se permettre certaines licences qu'il ne serait pas prudent de conseiller à d'autres d'imiter, les relations au milieu desquelles il écrivait et composait en prose, étaient infiniment plus favorables que celles qui environnaient ses successeurs. A l'époque où l'auteur écrivait, la vie réelle était encore plus chevaleresque et plus romantique en Espagne, que dans tout autre pays; l'absence même d'une organisation politique perfectionnée, ainsi que la vie libre et sauvage dans les provinces, pouvaient être plus favorables à la poésie.

Dans tous ces essais que l'on a faits pour élever à un genre de poésie la réalité espagnole, par la plaisanterie et par le merveilleux, ou par le génie et le sentiment, nous voyons toujours les auteurs chercher, d'une manière ou d'une autre, un lointain poétique, soit dans la vie d'artistes de l'Italie méridionale, comme on le voit souvent dans les romans allemands; ou dans les forêts et les déserts de l'Amérique; comme les étrangers ont essayé de le faire de diverses manières. Alors même que le sujet est entièrement puisé dans le pays et dans la sphère de la vie civile nationale, l'exposition n'en tend pas moins toujours, aussi longtemps qu'elle reste telle et ne dégénère point en un jeu du caprice de l'esprit et du sentiment, à s'affranchir de la réalité qui la gêne, et à gagner quelque accès dans un domaine où l'imagination puisse se mouvoir avec plus de liberté, quand bien même il ne s'agirait que d'aventures arrivées à des voyageurs, de duels, d'enlèvemens, d'une bande de voleurs, ou des événemens et des récits d'une troupe de comédiens ambulans.

Dans ces romans, dans le plus grand nombre

même des meilleurs et des plus célèbres, l'idée du romantique est tout-à-fait synonyme de ce qui est contraire à l'ordre public. Je me souviens à ce propos du mot d'un profond penseur, qui prétendait qu'avec une police parfaite, lorsque l'Etat est entièrement fermé, et que le passe-port même du voyageur est muni d'une biographie détaillée et d'un portrait fidèle, un roman était chose impossible, parce que la vie réelle ne saurait offrir de quoi fournir un sujet vraisemblable pour un roman; opinion qui, si elle est bizarre en elle-même, n'est cependant pas sans fondement si on l'applique au genre bâtard dont nous parlons.

Déterminer le rapport juste et vrai de la poésie avec le présent et avec le passé, c'est là une question qui a trait aux profondeurs et à l'essence même de l'art. D'ailleurs, à l'exception de quelques aperçus et de quelques définitions tout-à-fait générales sur l'art et sur le vrai considérés en eux-mêmes, il n'est le plus souvent question dans nos théories que des formes de la poésie, dont la connaissance est sans doute nécessaire, mais évidemment insuffisante. A peine existe-t-il une théorie sur les matières propres à la poésie, quoiqu'une pareille théorie dût être d'une grande importance pour le rapport qui existe entre la poésie et la vie réelle. Je me suis efforcé dans cet ouvrage de remplir cette lacune, et de donner une semblable théorie partout où j'en ai trouvé l'occasion. Quant à ce qui concerne l'exposition des choses réelles dans la poésie, il faut avant tout que je rappelle à mes lecteurs que les choses réelles ne sont point ingrates, difficiles à traiter ou inadmissibles pour l'exposition poétique, parce qu'elles sont toujours en elles-mêmes communes et d'une nature moins bonne que le passé. A la vérité, ce qui est commun et peu poétique paraissait avec plus de force et d'énergie dans la proximité et dans le présent; dans le lointain et dans le passé, où l'on n'aperçoit distinctement que les grandes figures, il se perd davantage dans le fond du tableau; mais un poète véritable pourrait triompher de cette difficulté, car son art consiste précisément à présenter sous un nouveau jour et avec des couleurs poétiques, ce qui passe pour commun et de tous les jours, en lui prêtant un sens plus profond et quelque chose de plus significatif. La clarté du présent gêne, limite et entrave toujours l'imagination; et lorsque, par le choix du sujet, on lui donne inutilement d'aussi fortes entraves, il est à craindre qu'elle ne se dédommage d'autant plus d'un autre côté, sous le rapport de la langue et de l'exposition.

Pour expliquer de la manière la plus succincte mon opinion sur ce point, je rappellerai à mes lecteurs les observations que j'ai déjà faites plusieurs fois sur les sujets religieux et chrétiens. Le monde invisible, la divinité et les esprits purs ne sauraient être traités et exposés comme sujets principaux. La nature et l'humanité sont les véritables sujets de la poésie. Mais ce monde supérieur et invisible peut partout être rattaché à cette matière terrestre : de même aussi l'exposition indirecte de la réalité et du présent est la meilleure et la mieux appropriée à la poésie. Le plus vif éclat de la vie de la jeunesse et l'éclat le plus sublime de la passion, la riche plénitude d'une contemplation claire du monde, peuvent être facilement transportés dans le passé et dans les traditions plus ou moins bornées d'une nation, y obtiennent un champ infiniment plus libre et y paraissent sous un jour plus pur. Le plus ancien poète du passé que nous connaissions, Homère, a en même temps exposé dans ses vers le présent le plus vivant et le plus brillant. Tout poète véritable retrace dans le passé son propre siècle, et lui-même dans un certain sens. Tel me paraît être le rapport véritable et juste de la poésie avec le temps. Elle ne doit exposer que ce qui est éternel, ce qui est beau et intéressant en tous lieux et toujours; mais elle ne saurait le faire sans voile. Pour atteindre ce but, elle a besoin d'une base matérielle; et cette base, elle la trouve dans sa propre sphère, dans la tradition ou dans les souvenirs nationaux et dans le passé. Mais elle embellit le tableau du passé de toute la richesse du présent, s'il est poétique, en conduisant jusqu'à sa fin dernière le dédale de la vie humaine, en faisant pressentir généralement dans son miroir magique une plus haute explication de toutes choses. Elle entre même dans l'avenir et conserve le caractère d'une exposition véritablement sensible de l'éternité ou du temps accompli, en réunissant tous les temps, le présent, le passé et l'avenir. Même dans le sens philosophique, l'éternité n'est point l'absence ou la simple négation du temps; c'est au contraire toute sa plénitude sans division, dans laquelle se trouvent réunis tous ses élémens, où le passé redevient le présent, et où la vie du présent porte déjà en elle-même une plénitude d'espérance et un riche avenir.

Lorsque je dis que je considère, en général, l'exposition indirecte de la réalité comme parfaitement appropriée à la poésie, je ne prétends nullement prononcer la condamnation de tous les ouvrages poétiques dont les auteurs ont choisi la méthode opposée. Il faut savoir distinguer l'artiste de ses œuvres. Le véritable poète reste homme de talent alors même qu'il s'est égaré dans une fausse route, et même dans des ouvrages qui, par suite de leur nature primitive, ne pouvaient pas réussir entièrement. Milton et Klopstock sont honorés comme de grands poètes, quoiqu'on ne puisse nier qu'ils ont essayé de résoudre un problème véritablement insoluble.

C'est ainsi que l'on ne saurait refuser un grand talent d'exposition, à Richardson, qui essaya d'élever à la hauteur de la poésie la réalité moderne d'une autre manière que les imitateurs de Cervantes; et qu'on ne peut méconnaître en lui une tendance très-élevée, quoiqu'il n'ait pu atteindre le but auquel il visait, à cause de la méthode qu'il avait adoptée. En Espagne, l'art poétique se montre avec autant d'avantage et avec infiniment plus de richesse sur le théâtre que dans les romans. La poésie lyrique de sentiment est le fruit d'un amour solitaire et de l'enthousiasme. Alors même que, ne se bornant pas à elle-même et aux objets qui l'environnent de plus près, elle paraît publiquement et porte ses regards sur le siècle et la nation, elle n'en a pas moins été comprise dans la solitude. Mais la poésie héroïque suppose une nation réellement héroïque ou qui l'ait été, une nation ayant des souvenirs, un passé glorieux, une tradition, une manière de voir et de penser originairement poétique, une mythologie. La poésie lyrique et la poésie épique appartiennent plus à la nature qu'à l'art; mais l'art poétique dramatique appartient à l'état ainsi qu'à la vie politique et sociale, et a par conséquent besoin aussi d'un grand centre de vie politique et sociale pour théâtre de ses développemens. C'est du moins le rapport le plus naturel et en même temps le plus favorable; quoique, par la suite, des écoles placées dans une sphère d'action plus bornée que celle des capitales, principal siége de l'art dramatique, puissent rivaliser avec ces dernières, ou même les surpasser. On conçoit déjà, par ce que je viens de dire, qu'à Madrid, à Londres et à Paris, le théâtre ait brillé pendant plus d'un siècle, et ait été porté au plus haut degré de perfection (chaque théâtre dans son genre), et se soit trouvé riche, avant qu'un véritable théâtre ait pu naître et se développer en Italie et en Allemagne. En effet, bien que Rome ait été de toute antiquité la capitale du monde chrétien, et Vienne depuis le quinzième siècle le siége de l'empire d'Allemagne, ces deux villes ne formaient cependant point le centre de leur nation, comme les trois capitales de l'Europe occidentale dont nous venons de parler.

De même que la monarchie espagnole fut, jusqu'au milieu du dix-septième siècle, la plus grande et la plus brillante de l'Europe ; de même que l'esprit national des Espagnols était le plus développé ; de même aussi leur théâtre, miroir vivant de la vie nationale, jeta de très-bonne heure le plus vif éclat. Le reste de l'Europe a toujours reconnu cette richesse et cette plénitude d'invention ; mais on a moins rendu justice à la forme particulière, au véritable sens et au véritable esprit du théâtre espagnol. N'eût-il d'autre avantage que d'être entièrement romantique, il serait déjà remarquable par cela seul ; et l'on s'instruirait beaucoup en examinant, avec cet exemple, quel genre de poésie dramatique peut naître de la poésie chevaleresque en général, et de la direction particulière que l'imagination a prise dans l'Europe moderne et au moyen âge. Le théâtre d'aucune autre nation ne peut aussi bien servir d'exemple pour cela que le théâtre espagnol, parce qu'il est demeuré libre de toute influence et de toute imitation des anciens ; tandis que, dans la formation de leur théâtre, les Italiens et les Français sont partis de cette idée qu'il fallait rétablir la tragédie et la comédie grecques dans toute leur pureté. Ce modèle a même exercé une influence décisive sur le drame anglais, quoique seulement par Sénèque ou les anciennes pièces françaises.

Que si nous considérons le théâtre espagnol dans Lope de Véga, son auteur le plus célèbre, et celui qui lui donna des lois, ces avantages généraux ne nous apparaîtront que dans un jour douteux; et nous n'aurons pas, en général, fort bonne opinion de l'excellence du drame espagnol, tant ses nombreuses pièces de théâtre sont conçues et composées d'une manière légère et superficielle. De même que dans les productions lyriques d'un poète, il règne et doit régner parmi les ouvrages dramatiques d'un artiste une certaine uniformité qui facilite beaucoup les productions et en multiplie le nombre : non-seulement les ouvrages dramatiques d'un poète, mais encore ceux de tout un siècle, de toute une nation, sont souvent basés sur une seule idée commune, qui est la même dans tous, avec cette seule différence que dans chaque ouvrage en particulier elle est traitée d'une manière différente, et envisagée sous un autre point de vue, comme autant de variations sur un seul et même thème, ou comme autant de solutions différentes du même problème. Or, si le poète a clairement saisi cette idée, s'il a déterminé la forme qui lui était nécessaire pour son idée et son théâtre, s'il est maître de sa langue et de la manifestation extérieure, il peut facilement arriver qu'il produise un grand nombre d'ouvrages, même sous une forme très-savante, sans qu'il soit nécessaire qu'il néglige pour cela son plan et son exécution. C'est ainsi que les grands poètes tragiques anciens ont exécuté cent et même un plus grand nombre de drames. Néanmoins le nombre des pièces de théâtre composées par Lope de Véga dépasse toutes les bornes de la fécondité dramatique licite, de quelque manière que l'on fasse pour les compter. Sans doute il s'est vu plus souvent dans la nécessité d'ébaucher et d'improviser cette grande quantité d'ouvrages, qu'il ne lui a été possible de les travailler. J'accorderai que, jusqu'aux temps les plus récens, parmi les auteurs dramatiques de toutes les nations qui écrivent beaucoup et avec une grande rapidité, Lope est le premier, et se montre le plus poète, par la richesse de l'invention, l'éclat de l'exposition, la poésie de sa langue et la richesse de son imagination; avantages qui sont si communs chez les poètes de sa nation, qu'à peine peut-on encore lui en tenir compte. Considérée en elle-même, cette composition dramatique si rapide ne saurait être approuvée, même avec le talent et l'imagination de Lope, ni sous le rapport de l'art ni sous celui de la morale. Il est d'autant plus nécessaire que le théâtre soit soumis à des règles sévères et assujéti à un ordre rigoureux, qu'aucun autre genre n'est autant exposé à la négligence et à la barbarie, et que dans aucun autre genre il n'est aussi facile au poète et au public de s'égarer et de se perdre réciproquement. Les exemples qui prouvent avec quelle facilité un poète dramatique de génie, comme Lope, peut faire franchir à son siècle toutes les bornes, avec quelle facilité il peut même, sans aucune qualité brillante, à l'aide de la routine seule et par quelques effets pathétiques, amener le public à oublier toutes les exigences et toutes les idées plus élevées, sont trop nombreux pour qu'on puisse les citer. D'un autre côté, les applaudissemens du théâtre sont, pour la vanité d'un poète, de tous les stimulans le plus fort et le plus enivrant. C'est le plus souvent le public lui-même qui confirme son poète dramatique favori dans ses défauts, et qui fait qu'il s'y abandonne à jamais sans but et sans frein. Cette tendance à la barbarie démagogique et à l'anarchie dans l'art dramatique, qui cependant avait atteint chez eux un si haut degré de perfection, avait déjà été remarquée de bonne heure par les anciens, qui le lui reprochèrent souvent.

Avec quelque chaleur que l'on puisse défendre l'improvisation dans la poésie populaire ou dans tout autre ordre d'idées, cela ne saurait s'appliquer au drame. Le drame ne peut réussir que comme art, et alors même que l'exécution pourrait avoir lieu promptement et cependant réussir, il faut du moins que le plan soit bien médité et tracé avec prudence; sans cela le théâtre ne nous montrera tout au plus que le phénomène fugitif de la vie, de ses vicissitudes et de ses passions, sa surface brillante dénuée de tout sens et de toute idée plus profonde. On a coutume de placer Lope de Véga, ainsi que plusieurs autres auteurs dramatiques espagnols moins connus, au degré le plus bas de l'art dramatique. En comparant leurs productions à la décadence beaucoup plus grande du théâtre chez les autres nations, nous trouverons que leurs ouvrages, quel que soit l'éclat poétique dont ils brillent, ne satisfont en aucune façon aux exigences plus élevées. Il n'y a peut-être rien qui prouve d'une manière plus incontestable, combien il est rare que ces exigences de l'art deviennent claires et générales, soit chez les individus, soit chez des nations entières, que l'exemple de tant de gens qui considèrent Lope de Véga et Calderon, malgré l'immense intervalle qui les sépare, comme des auteurs à peu près du même mérite. Que si l'on veut saisir d'une manière générale l'esprit du théâtre espagnol, il faut le considérer dans sa perfection, c'est-à-dire dans Calderon, le dernier et le plus grand des poètes espagnols.

Avant lui on voyait d'un côté la barbarie et de l'autre l'afféterie, et souvent l'une et l'autre dominer généralement dans la poésie espagnole. Le mauvais exemple donné par Lope ne resta point borné dans ses effets au drame; enivré par les succès du théâtre, il eut de même que d'autres poètes d'une grande fécondité, la vanité de vouloir s'essayer et briller dans tous les genres, dans ceux même pour lesquels il ne possédait aucune espèce de talent. Non content d'être considéré comme le premier sur le théâtre, il voulut en outre écrire des romans comme Cervantes, des poèmes héroïques et chevaleresques comme l'Arioste et le Tasse; de sorte que sa méthode barbare et extrêmement négligée se répandit hors des limites du théâtre; tandis que Gongora et Quevedo poussaient à l'excès l'afféterie dans l'expression et dans le style. Calderon fut témoin d'une pareille décadence; il naquit même au milieu d'elle, et il fallut qu'il sauvât d'abord la poésie de sa nation d'un semblable chaos pour la conduire à son but le plus élevé, en l'ennoblissant de nouveau et en l'épurant aux feux de l'amour.

Il y a quelque chose de bien remarquable dans cette marche de la poésie espagnole qui, précisément après l'époque de la plus grande barbarie et d'un art faux, atteignit de nouveau l'apogée de l'art véritable, et finit dans l'éclat le plus brillant d'une florissante beauté. Ce fait confirme l'opinion et la théorie communes sur la marche nécessaire de l'art; et ce qui n'est pas moins instructif, c'est de voir qu'à cette époque, l'imagination et la poésie brillèrent en Espagne d'un éclat nouveau, se relevèrent de cette dégradation où les avaient précipitées un goût fantasque et une afféterie morte, et renaquirent de leurs propres cendres comme le phénix: surtout quand on considère le fait dans ses rapports avec la littérature et la poésie de notre siècle et de notre nation.

Mais pour exposer l'esprit du théâtre espagnol tel qu'il paraît avec toute sa perfection dans Calderon, il est nécessaire que je dise quelques mots de la nature particulière de l'art dramatique en général, d'après mes idées particulières. Ce n'est que pour le premier et pour le plus bas degré de l'art dramatique, que je puis admettre les expositions dans lesquelles l'auteur saisit et nous représente uniquement la surface brillante de la vie et les phénomènes fugitifs du riche tableau de l'univers. L'art reste à ce point aussi longtemps que l'ensemble se borne à la manifestation extérieure, et que cette manifestation n'est présentée que systématiquement comme tableau pour l'œil et pour le sentiment passionné; alors même qu'on aurait atteint par l'exposition le plus haut degré de pathétique dans la tragédie et le plus vif éclat de toute culture et de tout raffinement social dans la comédie. L'art dramatique arrive à son deuxième degré de perfection lorsqu'on voit régner et s'exprimer dans les expositions dramatiques, outre le pathétique et les effets pittoresques, une pensée et un sens plus profonds où non-seulement les détails, mais encore l'ensemble, sont rigoureusement caractérisés, où l'on représente la vie et l'univers dans toute leur diversité, dans leurs contradictions et dans leurs embarras bizarres, et où enfin l'on expose comme énigme l'homme et son existence; énigme dont on ne peut trouver le mot. Si ce sens profond, si ce caractère énergique étaient l'unique but de l'art dramatique, non-seulement Shakespeare mériterait d'être appelé le premier poëte dramatique, mais à peine pourrait-on lui comparer, même de loin, dans cet art, un seul auteur parmi les anciens et les modernes. Selon moi, l'art dramatique a encore un autre but bien plus sublime : il ne doit pas seulement exposer l'énigme de l'existence, mais aussi en donner l'explication; il doit faire sortir la vie de la complication du présent, et la conduire à travers cette complication jusqu'au dernier développement et jusqu'à la décision finale. De cette manière, l'exposition de l'art dramatique pénètre dans l'avenir et place sous nos yeux les secrets de l'homme intérieur. Sans doute tout cela diffère entièrement de ce que dans la tragédie on nomme communément la catastrophe. Combien n'y a-t-il pas d'ouvrages dramatiques célèbres auxquels manque ce dernier dénoûment, ou qui n'en ont que la forme extérieure sans l'esprit ni l'essence! Ici je rappellerai pour plus de brièveté les trois Mondes du Dante, où le poète nous retrace avec énergie, dans l'abîme de la corruption, une série de natures vivantes : nous conduisant ensuite à travers les degrés intermédiaires, où l'espérance se mêle à la douleur, jusqu'au degré le plus élevé de la perfection. Ceci est tout-à-fait applicable au drame, et dans ce sens le Dante pourrait être appelé un poète dramatique. Seulement il se borne à donner toute une série de catastrophes sans les développemens qui ont dû les précéder; développemens qu'il ne fait qu'indiquer brièvement ou qu'il suppose arbitrairement. De même qu'il y a trois espèces de dénoûmens des destinées humaines, de même aussi je divise en trois espèces l'exposition dramatique élevée et sérieuse, qui ne se borne point à envisager et à représenter le phénomène de la vie; mais qui en saisit le sens profond et l'esprit, et le conduit jusqu'au but de son développement. Ce sont trois genres principaux : suivant que le héros se précipite sans espoir de salut dans l'abîme d'une perdition totale, ou qu'avec une satisfaction et une réconciliation mêlées, le tout se termine d'une manière presque douloureuse, ou suivant que de la mort et des souffrances jaillit une vie nouvelle et la purification de l'homme intérieur. Pour rendre clairement significatif le drame, qui est basé sur la perte totale du héros, il me suffira de rappeler, parmi les tragédies modernes, Macbeth, Wallenstein et le Faust de la tradition populaire. L'art dramatique des anciens a une prédilection marquée pour le dénoûment tout-à-fait tragique, qui est d'ailleurs conforme à leurs opinions sur une fatalité qui régit tout. Cependant une pareille tragédie est peut-être d'autant plus parfaite, que la perte du héros n'est point amenée par une destinée extérieure arbitrairement déterminée, par un décret d'en haut; mais que c'est dans un abîme intérieur qu'il se perd librement par degrés, ainsi que cela arrive dans les tragédies nommées plus haut.

Tel est le genre dominant en général chez les anciens; cependant on trouve aussi dans les deux plus grands poëtes tragiques de l'antiquité de magnifiques exemples de ce dénoûment de la tragédie, que j'appellerai le dénoûment moyen ou la réconciliation. C'est ainsi qu'Eschyle, après avoir découvert à nos yeux l'abîme de toutes les souffrances et de tous les crimes dans la mort d'Agamemnon et dans la sinistre vengeance d'Oreste, termine, dans les Euménides, ce grand tableau dramatique par le sentiment de réconciliation qui naît de l'absolution finale du malheureux par un décret plus doux des dieux. Sophocle, après nous avoir exposé l'aveuglement et la chute d'OEdipe, la catastrophe épouvantable et le fratricide de ses fils, les longues douleurs de ce vieillard aveugle et de sa fille Antigone, fidèle soutien de sa vieillesse, a l'art de nous présenter sous un si beau jour la mort d'OEdipe comme un passage dans les bras des dieux miséricordieux, qu'il ne nous laisse que le sentiment d'une douce émotion, plus mélancolique que touchante. On trouve d'ailleurs de nombreux dénoûmens de ce genre, tant chez les anciens que chez les modernes; mais ils sont rarement aussi grands et aussi beaux que ceux que je viens de citer.

La troisième espèce de dénoûment dramatique qui fait jaillir une glorification spirituelle des souffrances les plus fortes, convient de préférence au poète chrétien; et dans ce genre Calderon est le premier et le plus grand de tous. On peut s'en convaincre dans ses ouvrages sérieux d'un contenu historique ou tragique, comme l'Adoration de la Croix et le Prince Constant. Ce petit nombre d'exemples choisi dans la foule de ses productions, suffit pour justifier cette proposition. Cependant ce cachet chrétien n'est point dans les sujets, mais bien dans la manière de sentir et de traiter son sujet qui est particulière à Calderon, et qui domine généralement dans ses ouvrages, là même où la matière n'offrait pas le moyen de faire naître une vie nouvelle de la mort et des souffrances. Tout est cependant imaginé dans l'esprit de cet amour et de cette glorification chrétienne; tout est vu dans sa lumière, tout est peint de ses couleurs célestes. Calderon est, sous tous les rapports, dans toutes les circonstances et parmi tous les auteurs dramatiques, le poète dramatique chrétien par excellence, par cela même aussi le plus romantique.

Ce qui a donné ainsi un caractère particulier au développement et à toute la forme de la poésie chrétienne, c'est qu'elle a été précédée partout par une poésie païenne dont les souvenirs n'ont jamais entièrement péri chez les nations, après même qu'elles furent devenues chrétiennes; et que d'un autre côté elle n'avait pas besoin du fondement naturel d'une mythologie qui lui fût propre. On chercha alors, par deux voies différentes, à amener l'accord de la poésie et du christianisme. Prenant le christianisme pour point de départ, on s'efforça de développer une symbolique qui comprît non-seulement la vie, mais encore le monde et la nature; qui unît à la pure lumière de la vérité tout l'éclat et toute la plénitude de la beauté spirituelle, et qui pût par conséquent tenir lieu, pour l'art chrétien, de la mythologie païenne. C'est cette voie, qui prenant pour point de départ une symbolique toute chrétienne, l'introduit dans le monde et dans la vie, qu'a choisie l'ancienne école allégorique des poètes italiens; c'est là ce qui les différencie des poètes romantiques, dont ils ont grand soin au reste de se séparer. Cependant, si ces efforts pour créer une symbolique complète et chrétienne pour la vie, le monde et la nature, ont réussi à la peinture, il n'en a jamais été de même de la poésie; du moins les résultats n'en ont-ils pas été généralement satisfaisans, pas même dans le Dante, et encore moins dans les tentatives postérieures du Tasse et de Milton. L'autre voie pour la poésie nouvelle, c'est lorsqu'elle ne prend pas pour point de départ l'ensemble d'un poème cosmogonique chrétien embrassant tout; mais seulement les détails tels qu'ils se présentent à elle, la vie, l'histoire traditionnelle, les légendes particulières, les fragmens même de l'ancienne mythologie païenne, quand il est possible de leur donner une interprétation spirituelle et élevée; c'est lorsqu'elle s'efforce d'enfermer ces retentissemens poétiques dans le domaine de la beauté spirituelle, d'après des idées chrétiennes. C'est sur cette voie que domine et excelle Calderon; comme le Dante marche sur l'autre le premier d'entre les poètes chrétiens; et c'est cette seconde voie qui est le caractère véritablement distinctif du romantique, si tant est que nous le distinguions de l'allégorie chrétienne.

Comme en général la poésie espagnole n'a point subi l'influence des poésies étrangères et est demeurée purement romantique, que la poésie chevaleresque chrétienne de cette nation dans le moyen âge, jusqu'à l'époque de la civilisation nouvelle, a duré le plus long-temps et a reçu la forme la plus savante; c'est ici le lieu le plus propre pour déterminer la nature du génie romantique en général. Indépendamment de son rapport intime avec la vie que j'ai déjà signalé, ce qui le distingue comme poésie vivante de tradition, de la simple poésie allégorique de pensées, c'est le sentiment d'amour qui y domine avec et par le christianisme, dans lequel la souffrance même n'apparaît que comme un moyen de glorification. Le sérieux tragique de l'ancienne théogonie des temps païens se résout en un jeu brillant de l'imagination, pour la manifestation duquel on choisit, parmi les formes extérieures de l'exposition et du langage, celles qui répondent le mieux au sentiment d'amour intérieur et au jeu de l'imagination. Le romantique ne désignant dans ce sens que la véritable beauté et la véritable poésie chrétienne, il faudrait, à proprement parler, que toute poésie fût romantique. Au fait, le génie romantique n'est nullement en contradiction avec ce qui est ancien et vraiment antique. La tradition de Troie et les chants d'Homère sont entièrement romantiques. Il en est de même de tout ce qu'il y a de véritablement poétique dans les poèmes indiens, persans, et dans les anciens poèmes de l'Orient et du Nord. Cette école du Nord et ses poésies ne se distinguent de ce qui est vraiment romantique que par un moindre degré de beauté chrétienne et par une imagination moins réglée; mais là où la vie plus élevée est envisagée et exposée avec sentiment et avec un enthousiasme prophétique, on voit toujours jaillir quelques étincelles de cet amour divin dont le centre et l'harmonie ne se trouvent pour nous que dans le christianisme. De faibles manifestations de ce sentiment sont disséminées et répandues même dans les tragiques anciens, malgré la manière sombre et lugubre dont ils envisageaient l'univers. L'amour intérieur éclate partout dans de nobles caractères, au milieu même des erreurs et de vains fantômes. Dans Eschyle et dans Sophocle, ce n'est pas seulement l'art qui est grand et admirable, mais encore leur intention et l'esprit dont ils sont animés. Ce n'est donc pas dans les poètes de l'antiquité pleins d'imagination, mais bien dans ceux qui sont savans et étudiés, que manque le romantique. Ainsi le romantique n'est nullement opposé à ce qui est ancien, mais seulement à ce que nous avons faussement établi sous ce nom, à ce qui n'est qu'imitation des formes des anciens, sans aucun amour intérieur; de même que, d'un autre côté, le genre romantique est opposé au genre moderne, c'est-à-dire à ce genre qui cherche à fonder toute son influence sur la vie, en la rattachant entièrement au présent, et en se renfermant dans la réalité : de sorte qu'il ne saurait éviter de tomber sous le joug du temps et de la mode, quelque pures que soient d'ailleurs l'intention et la matière.

Mais, dans le domaine du romantique et parmi tous les poètes qui l'ont exploité, Calderon est celui qui se rapproche le plus de l'ancienne école allégorique des Italiens, de même que Shakespeare est celui qui se rapproche le plus de l'école du Nord; et par allégorie il faut entendre ici la notion de toute figure et de toute symbolique chrétiennes, comme expression, voile ou miroir du monde invisible, d'après les idées chrétiennes que nous nous en faisons. C'est l'esprit ou l'âme de la poésie chrétienne ; la tradition romantique ou la vie nationale en est le corps ou la matière extérieure. Calderon, prenant pour point de départ l'idée de la diversité de la vie, n'a pas moins complètement saisi que le Dante cette symbolique chrétienne. Il en a exposé tout l'ensemble; il a essayé de lui donner une seule et même forme. Mais dans Calderon, qui est comme le dernier retentissement du moyen âge catholique, cette renaissance et cette glorification chrétienne de l'imagination qui caractérisent en général son esprit et sa poésie, ont atteint leur apogée. La poésie chrétienne allégorique n'est point une simple poésie populaire dispersée en mille fragmens et le plus souvent inconnue, ou consistant uniquement en formes extérieures : c'est la poésie de l'invisible. Son essence est de réunir ce qui était séparé chez les anciens, c'est-à-dire la sévère symbolique des mystères, et la mythologie particulière, ou la nouvelle poésie héroïque; c'est que tout en elle est entièrement symbolique. Et cette symbolique est celle de la vérité, fondée qu'elle est ou qu'elle doit être, d'un côté sur la profondeur psychologique, et de l'autre sur les mystères naturels de l'âme, comme dans Shakespeare, tandis que de l'autre côté elle est conduite à la glorification chrétienne, comme dans Calderon.

Il est d'ailleurs très-facile de concevoir qu'entre ces trois genres de dénoûment et d'exposition dramatiques, celui de la perte, celui de la réconciliation et celui de la glorification, il puisse se trouver plusieurs degrés et plusieurs combinaisons. Ce n'est que pour rendre plus claire la notion de l'art dramatique supérieur, qui ne se borne point à effleurer le phénomène extérieur et la surface de l'existence; mais qui en pénètre l'essence et va jusqu'au but décisif de la vie, que nous avons cru nécessaire d'exposer à nos lecteurs les trois genres principaux de dénoûment qui en effet ont souvent un aspect tout-à-fait particulier. Le contraste même entre les anciens et les modernes n'est pas tranché, ainsi que nous en avons souvent fait la remarque, mais repose uniquement sur une prépondérance, sur un plus ou un moins. Chez les anciens on pourrait trouver à faire des rapprochemens, même pour une exposition tragique qui se termine par une glorification; de même que l'on trouve chez les modernes des tragédies qui ont pour dénoûment la perte totale du héros, et qui, sous le rapport de la force, méritent d'être mises au même rang que celles des anciens, chez qui ce genre de dénoûment était le plus ordinaire.

Puisque l'exposition dramatique pénètre si avant dans les profondeurs du sentiment et dans les mystères de la vie morale, il est facile de voir qu'en ce genre les anciens méritent, en général, de nous servir de modèle, et d'exciter notre enthousiasme par la perfection admirable qu'ils ont atteinte dans leur genre; mais aussi, qu'ils ne peuvent en aucune façon nous servir de règle et d'exemple pour l'imitation, en ce qui concerne les spécialités. Aussi bien, il ne saurait exister dans le drame et dans la haute tragédie de règle que toutes les nations doivent et puissent suivre. La manière de sentir de divers peuples chrétiens unis par les nœuds d'une religion commune diffère même encore trop souvent sur le point où il faut toucher et mettre dans tout son jour le véritable centre de la vie intérieure, pour qu'il n'y ait point folie à exiger un accord général, ou à soutenir qu'à cet égard une nation puisse donner des lois à une autre. Du moins faut-il dans la haute tragédie et dans le drame, que chaque nation invente elle-même ses règles et ses formes, parce que le drame est entièrement lié à la vie intérieure et à la manière particulière de sentir de chaque nation.

Je suis donc bien éloigné de reconnaître que le drame espagnol, ou Calderon, doive sans aucune restriction servir de modèle à notre scène ou de le recommander comme tel; quoique la haute perfection que la tragédie et la comédie chrétiennes ont atteinte par les efforts de ce grand et divin maître doive apparaître dans un brillant lointain comme un modèle inimitable pour quiconque osera tenter l'entreprise périlleuse d'arracher le théâtre à l'espèce de langueur dont il est frappé en ce moment. Nous pouvons encore moins employer la forme extérieure du drame espagnol, qu'il faut bien savoir distinguer de la forme intérieure; car celle-ci, dans laquelle domine un développement plus lyrique, se rapproche plus de notre sentiment que la concision épique-historique de Shakespeare. Cette richesse de fleurs et d'images que prodigue une imagination méridionale, peut être goûtée là où la nature est aussi riche et aussi abondante ; mais il est de toute impossibilité de l'imiter. On pourrait appliquer en partie aux pièces du théâtre de Calderon qui ont pour sujet des allégories chrétiennes, les observations que j'ai faites en diverses occasions sur l'exposition poétique de sujets mystiques en général.

S'il est un reproche à faire à Calderon, considéré comme poète romantique dans tous les genres de drame, ce serait de nous conduire trop rapidement au dénoûment, qui produirait souvent un plus grand effet si le poète nous tenait plus long-temps dans le doute et s'il caractérisait plus souvent l'énigme de la vie avec cette profondeur qui distingue Shakespeare ; s'il ne faisait pas naître presque toujours en nous, dès le principe, le sentiment de la purification, et s'il ne nous y retenait pas continuellement. Shakespeare est tombé dans le défaut opposé; poète sceptique, trop souvent, il expose l'énigme de l'existence comme telle dans tout le développement de son intrigue dramatique sans y ajouter de dénoûment. Et alors même qu'il conduit l'exposition jusqu'au dénoûment, c'est plutôt le dénoûment tragique des anciens qui fait voir le héros périssant, ou un dénoûment intermédiaire composé d'élémens divers et qui présente une satisfaction incomplète. Il lui arrive très-rarement de choisir la glorification, comme Calderon. Considéré sous le point de vue de son sentiment intime et de sa méthode, Shakespeare est, non un poète grec, mais un ancien poète du Nord plutôt qu'un poète chrétien. Il y a un sens profond dans Shakespeare, qui ne ressort pas précisément dans chacune de ses manifestations poétiques, mais qui en est la base invisible, l'âme cachée. C'est dans ce mystère que réside le charme particulier des tableaux de la vie qu'il nous offre. Cet élément plus profond de la poésie de Shakespeare existe encore pour l'art moderne et recevra plus tard son complet développement, alors que la poésie, prenant une voie plus sublime, n'exposera plus les apparitions fugitives de la vie, mais la vie mystérieuse de l'âme même, dans l'homme comme dans la nature. Sous ce rapport, on peut dire que Shakespeare étend la profondeur de son pressentiment de la nature au-delà des bornes de la nature; tandis que pour la clarté de l'exposition visible, nous devons le considérer, après le poète espagnol, comme un modèle.

Le drame espagnol et sa forme pourraient servir de règle, du moins en un point; je veux dire qu'en Espagne, la comédie et en général le théâtre, sont tout-à-fait romantiques et par cela même véritablement poétiques. Là tous les efforts tentés pour élever à la dignité de la poésie l'exposition de la réalité prosaïque, par des subtilités psychologiques ou de l'esprit de salon, sont restés inutiles; et quiconque a occasion de comparer ce que les autres nations possèdent de pièces d'intrigues ou de caractère, avec le charme entraînant des pièces de Calderon et même des autres pièces du théâtre espagnol, trouvera à peine les expressions capables de rendre l'énorme différence qui existe entre cette richesse poétique et la pauvreté de notre théâtre, et surtout ce que nous y considérons comme de l'esprit.

La poésie des peuples méridionaux et restés fidèles au catholicisme était, au seizième et même au dix-septième siècle, dans une harmonie parfaite; du moins elle avait une marche absolument semblable. Dans les autres pays, le protestantisme occasiona dans la poésie une interruption remarquable; car dès qu'il devint dominant, on rejeta, on méconnut, et on finit par oublier en même temps que l'ancienne croyance un grand nombre de traditions poétiques et d'histoires, d'idées, d'images et de notions symboliques et figurées qui s'y rattachaient. Mais si parmi les pays protestans, l'Angleterre est celui qui demeura le plus fidèle à l'ancienne Eglise sous le rapport de la constitution du clergé, des cérémonies et de la discipline extérieure, ce fut aussi là qu'on vit refleurir la poésie sous une forme plus habile et plus savante, avec le plus vif éclat, et se rattachant tout-à-fait au genre romantique des peuples catholiques du midi de l'Europe. Spenser, Shakespeare et Milton confirment cette observation. Je n'ai pas besoin de rappeler à mes lecteurs combien dans ses compositions Shakespeare aimait le romantique des anciens temps chevaleresques, ainsi que les brillantes couleurs des imaginations méridionales; Spenser est même un poète chevaleresque, et, comme Milton, il imitait des modèles romantiques, surtout des modèles italiens. Plus la littérature se rapproche de nous, plus elle acquiert de richesses dans les temps modernes, et plus je sens la nécessité de restreindre mes observations aux seuls poètes et aux seuls auteurs dont les noms marquent l'apogée de la langue et de la civilisation d'une nation, et qui, par cela même, sont aussi les plus importans et les plus instructifs pour les autres peuples. Au fait, ces trois poètes, les plus grands que l'Angleterre ait produits, épuisent tout ce qu'il y a de grand et de remarquable à l'époque ancienne de leur poésie, c'est-à-dire dans les seizième et dix-septième siècles.

Le poëme chevaleresque de Spenser, qui a pour titre la Reine des fées, nous retrace entièrement le génie romantique tel qu'il dominait encore à cette époque en Angleterre du temps d'Élisabeth, de cette reine vierge qui n'aimait que trop à se voir diviniser sous de pareilles allusions mythologiques et poétiques. Spenser a une grande richesse d'images; ses poésies légères sont attrayantes et ont toute la douceur de l'idylle; en un mot, ses ouvrages respirent tout-à-fait le génie de l'ancienne poésie des troubadours. La marche de la langue anglaise fut donc exactement opposée à celle de la langue allemande. Chaucer, qui écrivait au quatorzième siècle, offre quelque analogie avec notre poésie allemande du seizième siècle. Au contraire, dans les temps qui sont plus près de nous, Spenser se rapproche entièrement de la douce harmonie et de la pureté des anciens chants des troubadours. Dans toute langue qui, comme celle des Anglais, est née de la combinaison d'élémens divers ; il y a toujours un double idéal, suivant que le poète incline vers l'un ou l'autre élément de sa langue. De tous les poètes anglais Spenser est, sous le rapport de la langue, celui qui se rapproche le plus des Allemands ; tandis qu'au contraire, dans cette variété d'élémens dont se compose la langue anglaise, Milton a donné la préférence à l'élément latin de cette langue. Dans la poésie de Spenser, il n'y a que la forme de l'ensemble qui ne soit pas heureuse. L'allégorie dont il a fait choix, et qui sert de base à tout son ouvrage, n'est point une allégorie vivante, comme celle que l'on trouve dans les anciens poèmes chevaleresques, où les aventures et les histoires symboliques cachent un sens profond, concernant le héros religieux et les mystères de sa sainte vocation ; c'est une allégorie morte, une pure classification de toutes les notions de vertu d'une doctrine morale ; bref, une allégorie que l'on ne devinerait et que l'on ne pressentirait point sous le voile de l'histoire, si l'auteur n'en donnait l'explication en termes arides.

L'admiration de Spenser pour Shakespeare, qui dans ses poésies lyriques et pastorales s'attachait entièrement à ce modèle, peut lui donner un plus grand mérite à nos yeux. Ce n'est que dans ce genre, qui était pour Shakespeare la véritable poésie, tandis que le théâtre, où il excellait, ne semble avoir été considéré par lui que comme une occupation inférieure et comme une application moins noble de cette même poésie, parce qu'elle était destinée à la masse du peuple; ce n'est, dis-je, que dans le genre lyrique que l'on apprend à connaître pour la première fois, d'une manière parfaite, ce grand poète, d'après la manière de sentir qui lui était particulière. Il est si peu vrai que ce Shakespeare, qui sait remuer d'une manière si terrible les passions, qui expose avec tant de vérité et caractérise avec tant de vigueur la nature humaine grossière, ait été lui-même un homme rustre et dominé par des passions sauvages, ou grossier dans ses manières, que le sentiment de délicatesse le plus exquis règne au contraire dans ses poésies. C'est précisément parce que ce sentiment est aussi intime et aussi profond, et d'une délicatesse qui va quelquefois jusqu'à l'originalité, que si peu de personnes le goûtent. Ses poésies lyriques sont cependant de la plus haute importance pour quiconque veut bien comprendre ses ouvrages dramatiques : elles nous font voir qu'il y exposait presque toujours, non ce qui parlait à son imagination et à son cœur, non ses propres sentimens ou sa manière d'être particulière, mais le monde tel qu'il le voyait. Le tableau qu'il nous présente du monde est d'une fidélité parfaite, sans flatterie, sans ornemens, et d'une vérité qu'il serait difficile de surpasser. Si l'esprit, la sagacité et la profondeur de l'observation, en tant qu'elles sont nécessaires pour comprendre la vie d'une manière caractéristique, tenaient le premier rang parmi les qualités du poète, il serait difficile à tout autre de marcher à cet égard l'égal de Shakespeare. D'autres poètes ont cherché à nous transporter pour quelques instans dans un état idéal de l'humanité. Lui au contraire expose avec une clarté qui tient souvent de la rudesse, l'homme dans sa dégradation profonde, ainsi que cette désorganisation dont l'empreinte se trouve dans toutes ses actions, dans son inaction et dans ses pensées, ainsi que dans ses efforts. Sous ce rapport, on pourrait souvent l'appeler à très-juste titre un poète satirique; l'énigme de l'existence et de la dégradation humaine, telle qu'il la conçoit, serait susceptible de produire une impression toute différente, et bien plus profonde que cette foule de poètes que l'on appelle satiriques, et qui ne composèrent que sous l'inspiration de la mauvaise humeur et de la passion. On voit d'ailleurs briller partout dans Shakespeare le souvenir et la pensée de la grandeur et de l'élévation primitive de l'homme, grandeur dont cette grossièreté et cette méchanceté ne sont qu'une déviation et une chute ; à toute occasion, le sentiment de délicatesse propre à l'auteur, ainsi que la grandeur d'âme du poète, se manifestent par le plus vif éclat de l'enthousiasme patriotique, d'une haute philanthropie ou d'un amour brûlant.

pas vrai

Il n'y a pas jusqu'à la passion de l'amour dans de jeunes cœurs, qui, dans son Roméo, ne semble être une inspiration de la mort; et cette manière de considérer la vie qui lui est particulière, manière si sceptique et si désolante, donne à son Hamlet ce caractère énigmatique qui produit le même effet qu'une dissonance qui n'a point été sauvée; dans Lear, la douleur et la souffrance sont poussées jusqu'à la folie. C'est ainsi que ce poète, qui semble très-modéré et très-réfléchi, en qui l'esprit domine, qui procède toujours avec sagesse, on pourrait même dire avec un froid calcul, est, dans son sentiment le plus intime, de tous les poètes anciens et modernes, le plus tragique et le plus profondément douloureux.

Il considérait le théâtre comme fait pour le peuple, et dans le principe surtout il le traita entièrement sous ce point de vue. Il s'attacha à la comédie populaire telle qu'il la trouva, créa le théâtre, et le développa ultérieurement, d'après cette pensée et ses besoins ; mais il introduisit, dans les premiers essais informes de sa jeunesse, dans la naïve et franche comédie populaire, la grandeur gigantesque, la terreur, et même ce qu'il y a de plus épouvantable. D'un autre côté, il était prodigue de ces expositions et de ces aperçus de la dégradation humaine, où les spectateurs ordinaires voyaient et voient encore de la plaisanterie, tandis que dans son esprit, dont la portée était si grande et la pensée si profonde, ces idées se rattachaient à un tout autre sentiment, à celui d'un amer mépris ou d'un douloureux intérêt. Les jeux et les chansons populaires exerçaient une grande influence sur la forme extérieure de ses ouvrages ; mais il n'était pas aussi dénué de connaissances, et encore moins aussi dénué d'art qu'on l'a toujours supposé depuis Milton, en le considérant comme le fils de la nature. Il est vrai qu'à l'égard de son sentiment intime, il n'y avait que les accens profonds de la nature qui fussent capables d'exciter cet esprit original, concentré en lui-même, et peu communicatif. L'endroit où il avait encore le plus de rapport avec les autres hommes, était le sentiment pour sa nation, dont il transporta l'époque héroïque et glorieuse des guerres contre la France dans une série de tableaux dramatiques empruntés à de vieilles chroniques pleines de sincérité, tableaux qui se rapprochent du poème épique par les sentimens de gloire et de nationalité qui y dominent.

Tout un monde se déroule dans les ouvrages de Shakespeare; quiconque les comprendra, quiconque en pénétrera l'esprit, ne s'arrêtera point aux formes extérieures des ouvrages de ce poète, ni ne se laissera influencer par ce qu'on en a dit, alors que l'on ne comprenait point l'intention de l'auteur. Bien plus, cette forme paraîtra même bonne et excellente dans son genre, parce qu'elle est dans un accord parfait avec l'esprit de l'auteur et s'y attache comme une enveloppe qui lui convient parfaitement. La poésie de Shakespeare a beaucoup de rapports avec l'esprit allemand, et il est compris plus qu'aucun autre poète étranger par les Allemands, qui le considèrent presque comme un poète national. En Angleterre même, l'analogie apparente que quelques autres poètes anglais d'un moindre mérite ont avec Shakespeare, en ce qui concerne la forme extérieure, produit de graves méprises. Or, quelque attrayante que soit pour nous la poésie de Shakespeare, sa forme peut d'autant moins servir de type et de règle exclusifs pour notre théâtre, que cette manière même de sentir, propre et particulière à Shakespeare, telle qu'il la possède et qu'il en sait faire usage, est, à la vérité, très-poétique, mais n'est sous aucun rapport la seule bonne ni celle qui réponde exclusivement au but que l'on doit se proposer dans la poésie dramatique. Notre drame allemand est basé sur le même principe, ou du moins sur un principe historique et épique à peu près semblable à celui de Shakespeare. Il y a même plus : comme dans l'ensemble et dans les détails il n'a jamais qu'un but, il tend uniquement à partir de ce point pour s'efforcer de plus en plus d'arriver à la hauteur d'un développement purement lyrique, ainsi qu'on peut le voir dans les essais et dans les tableaux tragiques les plus importans que nous ayons encore eus, développement dans lequel Calderon a atteint d'une toute autre manière le degré de perfection pour la notion chrétienne de la vie et de ses apparitions. Voilà pourquoi, dans l'application, Calderon nous paraît être plutôt que Shakespeare l'apogée du beau romantique et lyrique et d'une imagination chrétienne; bien que nous n'osions jamais méconnaître ni abandonner avec ingratitude le sol et le fondement que nous partageons avec ce dernier, et d'où s'est élevée notre poésie allemande. Parmi les poètes romantiques, Calderon est celui qui se rattache davantage à l'ancienne école chrétienne allégorique ; il a transporté dans le drame l'esprit de cette symbolique chrétienne et catholique ; Shakespeare au contraire appartient plutôt à l'école du Nord. Notre poésie moderne allemande a toujours eu et a encore une égale disposition pour toutes deux. Mais la profondeur de Shakespeare est un élément qui, touchant au sublime de la poésie, appartient cependant plutôt à l'épopée, parce qu'il n'est que décomposé, divisé, profané dans le développement et dans la proximité dramatiques. Nous avons déjà eu occasion de remarquer ce défaut ; et comme il est séduisant, nous devons d'autant plus le craindre et l'éviter, que d'autres, en voulant imiter Shakespeare, tombent dans le vice d'une exposition trop circonstancielle et par conséquent prosaïque. D'ailleurs, il est impossible qu'à la longue on ne cesse pas d'obtenir ainsi l'approbation générale. La brillante symbolique de Calderon ne pourrait même que produire de malheureuses imitations sur notre scène, qui jusqu'à ce jour a pourtant offert la réunion confuse des opinions, des sensations et des aperçus les plus divers ; elle ne produirait presque d'autre impression que celle d'une profanation. Et cependant ce qu'il y a dans Calderon de beau lyrique, est le but vers lequel tendent sciemment ou non les poètes dramatiques de notre époque.

La poésie chevaleresque si vive et si gaie de Spenser, la poésie si vivante et si libre de Shakespeare, furent néanmoins bannies et même persécutées lorsque le fanatisme, qui, sous Élisabeth et même encore après elle, n'avait existé que comme un mal caché, enseveli au fond du cœur de ceux qu'il agitait, éclata tout-à-coup avec violence sous Charles Ier et ne tarda pas à tout dominer. Shakespeare surtout fut un sujet de haine pour les puritains, qu'à la vérité il paraît n'avoir point aimés; de même qu'aujourd'hui encore il est un sujet d'horreur pour les méthodistes et pour d'autres sectes semblables, tant répandues de nos jours en Angleterre. Cependant cette époque de puritanisme a produit un poète qui mérite d'être rangé parmi ceux du premier ordre. Les fanatiques regardaient comme illicite la poésie qui chante le monde et la nature; dès lors il fallut que la poésie se dirigeât exclusivement vers le genre religieux, pour répondre à l'esprit de l'époque, ainsi qu'on le voit dans la gravité uniforme de Milton. Son poème épique se ressent des difficultés communes à toutes les poésies chrétiennes dont les mystères de la religion forment le sujet. Il est singulier qu'il n'ait point compris que, par lui-même, le Paradis perdu ne formait pas un tout, un ensemble, que ce n'était que le premier acte de l'histoire chrétienne; encore que son dessein fût de le considérer sous un point de vue poétique et d'envisager la création, la chute de l'homme par le péché et la rédemption comme un grand drame. Toutefois il a voulu réparer cette lacune par le Paradis recouvré, qu'il composa plus tard. Mais ce poème est, en comparaison de son grand ouvrage, d'un contenu trop faible pour que l'on puisse le considérer comme en étant la fin. Milton, à cause de son protestantisme, a dû rester inférieur aux poètes catholiques qui, tels que le Dante et le Tasse, lui servirent de modèle; parce qu'il lui était interdit de faire usage d'une foule d'histoires, de traditions et d'images symboliques dont ces derniers pouvaient disposer à leur gré pour l'ornement de leur poésie. Il chercha par contre à enrichir sa poésie des fables et des allégories du Talmud et de l'Alcoran, ce qui ne peut certainement convenir à un poème chrétien et sérieux de ce genre. C'est pourquoi le mérite de ce poème épique n'est pas tant dans le plan de l'ensemble que dans les beautés de détail et surtout dans la perfection du langage poétique. Ce qui a valu à Milton l'admiration générale que lui a vouée le dix-huitième siècle, ce sont des passages de son poème où il nous dépeint de la manière la plus brillante l'innocence et la beauté qui régnaient dans le paradis, puis le tableau de l'enfer et la manière originale dont il caractérise ses habitans, qu'il nous dépeint, d'une manière large et presque antique, comme les géans de l'abîme. On pourrait douter qu'il ait été avantageux en général à la langue poétique anglaise de pencher de plus en plus vers le latin plutôt que vers l'allemand, de suivre plutôt Milton que Shakespeare ; mais puisqu'il en a été ainsi, on n'en doit pas moins regarder Milton comme le plus grand poète sous le rapport du style et sous d'autres encore, et comme type du langage poétique sublime dans le genre religieux. Cependant il est difficile qu'une langue née comme la langue anglaise de la combinaison d'élémens si divers, reçoive une règle tout-à-fait sûre; car il est de son essence, sinon de flotter toujours entre deux extrêmes opposés, du moins de s'agiter entre ces deux extrêmes avec une liberté qu'il n'est guère possible de limiter, et de pouvoir s'approcher tantôt de l'un et tantôt de l'autre. Cependant ce n'est que dans Shakespeare que l'on peut apprendre à connaître toute la richesse de la langue anglaise, qui est si énergique dans cette combinaison d'élémens divers et dans ses différentes gradations.

Après l'époque de la domination des puritains, un autre genre de barbarie s'introduisit dans la littérature et dans la langue anglaises : le goût français, goût très-corrompu, y devint généralement dominant. Ce ne fut que vers la fin du dix-septième siècle, qu'avec le rétablissement de la liberté, l'on vit aussi renaître le génie ; mais le goût étranger avait fait de tels progrès que les grands poètes anciens que nous venons de caractériser ne revirent le jour qu'au commencement du dix-huitième siècle, et qu'il fallut alors les arracher à l'oubli et les produire de nouveau à la lumière.

Dans les derniers temps de la maison de Bourgogne, sous François Ier et au seizième siècle, la littérature française possédait, en mémoires et en monumens historiques, cette richesse dont elle fut abondamment pourvue à toutes les époques de l'histoire de France ; elle abondait en confessions historiques ou en tableaux tracés d'après nature, qui nous transportent entièrement dans les mœurs, dans les rapports sociaux, en général dans l'esprit des temps retracés, soit par une exposition animée des détails, soit par le grand nombre de traits tirés immédiatement de l'expérience et de la méditation originale. On vit aussi se développer dès lors ce talent particulier qui consiste à exposer d'une manière aimable et polie une philosophie frivole sur les matières de la vie. En ce qui concerne ces deux genres, je ne rappellerai que Commines et Montaigne. L'ancienne langue française est en général prolixe, négligée; souvent même sa marche est embarrassée dans la structure des périodes; mais à cette prolixité et à cette négligence, telles qu'elles existent dans Montaigne et dans d'autres bons écrivains du vieux temps, se joint assez souvent quelque chose de naïf et de naturel, qui a maintenant d'autant plus d'attraits que plus tard la langue française a été soumise à des règles plus sévères. Quoique Marot et Rabelais ne fussent pas dénués de talent, ils prouvent cependant combien en général, au seizième siècle, la langue française était loin de pouvoir rivaliser avec le perfectionnement savant ainsi qu'avec le style des autres langues, même dans la poésie et dans les productions de l'esprit; et combien elle était encore éloignée à cette époque de ce goût si noble auquel elle parvint plus tard. En jetant un coup d'œil général sur l'état négligé, altéré, et même à certains égards encore barbare de l'ancienne littérature et de l'ancienne langue françaises, on ne peut s'empêcher de considérer comme ayant été nécessaire et bienfaisant dans ses effets le grand changement que l'une et l'autre éprouvèrent par l'académie que fonda Richelieu. C'était là évidemment un joug de fer destiné à arrêter les progrès de l'anarchie dans la langue et dans la littérature, de même que Richelieu les avait arrêtés dans l'état politique de la France. Cette entreprise réussit parfaitement et fut couronnée d'un plein succès, quant au but que l'on s'en promettait et qui était le perfectionnement général de la langue : c'est ce qu'on voit généralement dans la prose. Non-seulement les écrivains du premier ordre et les plus remarquables, mais on pourrait même dire tous ceux des derniers temps du dix-septième siècle, se distinguent par le cachet particulier d'un style noble. Que l'on se rappelle ce grand nombre de lettres, de mémoires écrits même par des femmes, et tant d'ouvrages qui n'étaient nullement destinés à l'impression et qui ne proviennent point d'auteurs dans la véritable acception de ce mot; tous se distinguent par ce cachet particulier d'un goût noble qui se perdit presque entièrement au dix-huitième siècle. Parmi les poëtes, Racine atteignit dans la langue et dans la versification une perfection harmonique, telle qu'on n'en trouve pas, selon moi, de semblable dans Milton et dans Virgile, et que plus tard on n'a plus atteinte dans la langue française. Il eût été à désirer pour l'ensemble de la poésie qu'à côté de cette perfection savante on eût laissé un peu plus de liberté à la langue poétique, et qu'on n'eût point rejeté, méprisé, oublié d'une manière absolue et sans distinction l'ancienne poésie française des temps chevaleresques, qui a cependant produit des choses si belles et si pleines de charmes, soit sous le rapport de l'invention, soit sous celui de la langue. N'aurait-on pas pu, ainsi qu'on l'a fait chez les Italiens et chez d'autres nations, allier un style plus savant et plus sérieux au génie poétique des temps chevaleresques ? Alors la poésie et la langue françaises eussent reçu quelque chose de plus de cet essor romantique et de cette ancienne liberté poétique, que Voltaire regretta si souvent pour elle et qu'il tâcha de lui rendre en partie, quoique sans succès. Cependant un pareil oubli et une pareille proscription en masse de tout ce qui a existé antérieurement est inséparable de tout grand changement dans la littérature. C'était une révolution : aussi, dès le commencement, resta-t-il une foule de contradictions; et il y eut contre cette domination de fer une opposition tacite qui bientôt éclata avec plus de force, lorsque sous le régent et sous Louis XV on commença à trouver toujours plus de charmes, même en littérature et pour la langue, à la liberté des Anglais, que l'on considérait comme un fruit défendu. La manière irrégulière et en partie mal calculée dont on satisfaisait ce désir et dont on introduisait et rendait dominant le goût étranger, fit naître cette altération de goût qu'on remarqua sous les princes dont je viens de parler, et qui alla toujours en augmentant jusqu'à ce qu'enfin, et même avant la révolution, elle prit les traits de la plus barbare anarchie, qu'on n'a fait rentrer dans les règles accoutumées que tout récemment, et que l'on a replacée alors non sans peine sous le joug de l'ancienne obéissance.

La dernière moitié du dix-septième siècle est la véritable époque florissante et classique de la poésie française. Ronsard, qui écrivait au seizième siècle, n'est que le précurseur éloigné des grands poètes qui fleurirent sous Louis XIV; et Voltaire qui écrivait au dix-huitième siècle, et qui essaya de donner à la poésie de ce siècle ce qui lui manquait encore, quoique ses efforts ne fussent pas toujours couronnés du même succès, leur a succédé sans cependant leur ressembler tout-à-fait. Le défaut essentiel de la poésie des

Français provient de ce que chez eux aucun poème national épique, véritablement classique et parfait, n'a précédé le perfectionnement des autres genres de poésie. Ronsard essaya de donner un poème épique à la France; il n'est pas sans verve et sans élan poétique, mais son style est plein d'une emphase de mauvais goût; car il arrive souvent qu'en voulant sortir tout d'un coup de la barbarie, l'on tombe dans le défaut opposé, qui consiste à être trop recherché, trop savant et trop artificiel. De tous les poètes qui, chez les Français, de même que chez d'autres nations, ont voulu donner à leur langue une forme tout-à-fait antique, Ronsard est celui dans lequel ce défaut se trouve au plus haut degré. Le choix du sujet dans sa Franciade, ne peut aussi que paraître manqué. Si un poète français avait choisi pour sujet d'un poème épique un fait tiré des annales de l'ancienne histoire nationale, cette idée de faire descendre les Francs des héros Troyens, idée fabuleuse à la vérité, mais généralement répandue dans le moyen âge, eût toujours pu facilement trouver place comme épisode, dans un semblable poème chevaleresque historique; mais vouloir faire toute une épopée de cette vieille tradition, c'était là une pensée vraiment malheureuse. Les exploits et les destinées de saint Louis pourraient, sous plus d'un rapport, être considérés comme le sujet le plus favorable pour un poème épique sur l'ancienne France, parce que les exploits et les destinées de ce monarque étaient en harmonie avec tout ce qu'il y a de romantique, et qu'à la gravité de la vérité et à la dignité d'un héros également sacré sous le rapport du sentiment religieux et du sentiment national, se joignait une vaste carrière ouverte au jeu de l'imagination. La seule difficulté provenait de ce que les croisades de saint Louis n'avaient pas entièrement réussi. Quant à la Pucelle d'Orléans, que Chapelain choisit pour sujet d'un poème épique, la difficulté consistait en ce que l'héroïne qui avait sauvé la France avait été plus tard trahie par ses concitoyens, dont elle avait excité la haine et l'envie, après en avoir été d'abord presque divinisée; et en ce qu'elle avait été livrée par ses ennemis à une mort ignominieuse. Ronsard éprouva en littérature le même sort que nous voyons souvent dans l'histoire être celui des héros français, car de son temps on lui voua une admiration sans bornes, on alla même jusqu'à faire son apothéose; mais bientôt après l'idole fut brisée, et on le méprisa autant qu'on l'avait précédemment admiré. Cependant Ronsard ne doit point être entièrement oublié dans l'histoire de la poésie française; car il est incontestable que le grand Corneille, l'ami et l'admirateur de Chapelain, appartient encore à certains égards, pour la langue surtout, à cette ancienne école de Ronsard, ou du moins la rappelle quelquefois.

La tragédie des Français est, à proprement parler, la partie la plus brillante de leur littérature, et c'est aussi celle qui a toujours et à juste titre le plus attiré l'attention des autres nations. Leur tragédie répond d'une manière si parfaite aux besoins de leur caractère national et à leur manière particulière de sentir, qu'il est facile de concevoir pourquoi ils en font si grand cas, quoique les sujets de l'ancienne tragédie française ne fussent jamais tirés de l'histoire nationale. A la vérité, on ne saurait disconvenir que tous ces Grecs, tous ces Romains, ces Espagnols et ces Turcs, que leur tragédie nous représente, ont adopté, outre la langue française, plusieurs qualités du caractère français. Dans la poésie, cette métamorphose et cette appropriation de ce qui est étranger ne sauraient en aucune manière être blâmées. Il n'est cependant pas moins bizarre que la tragédie française nous représente toujours des héros étrangers, et jamais de héros nationaux. Cela s'explique par l'absence d'un poème épique qui eût parfaitement réussi, et qui eût été généralement répandu. Ajoutons à cela que la plupart des sujets tragiques tirés de l'ancienne histoire de France, et représentés sur un théâtre qui était principalement destiné à la cour, n'eussent produit qu'un mauvais effet, à cause des souvenirs qu'ils eussent rappelés ou des odieuses allusions qu'ils eussent offertes. Mais ce n'en fut pas moins une lacune, parce qu'aucun genre de poésie sérieuse, et la tragédie moins que tout autre, ne devait rester totalement étranger au sentiment national. Voltaire reconnut ce défaut et s'efforça de remédier au mal en transportant sur la scène des sujets tirés de l'histoire de France, et surtout des temps de la chevalerie romantique. La première tragédie de ce genre qu'il composa n'obtint point un entier succès lorsqu'elle fut représentée; et ce ne fut que plus tard qu'elle trouva un plus grand nombre d'imitateurs. Mais dans l'essai qu'il tenta d'une tragédie réellement romantique, Voltaire a été plus heureux qu'aucun autre auteur français.

Quoique les sujets de la tragédie française ne soient point nationaux, à quelques légères exceptions près, elles répondent cependant toutes d'une manière si parfaite à l'esprit et au caractère français, tant sous le rapport de l'action, que de la manière de sentir, que je me plais à reconnaître la tragédie française comme un genre de poésie tout-à-fait national, original et parfait; quoique je ne puisse me résoudre à penser que la tragédie française doive servir de forme et de règle, au théâtre des autres nations, car je crois que chaque nation doit se créer pour son théâtre, des règles et des principes particuliers.

Que si un grand nombre de personnes considèrent la forme de la tragédie française comme une imitation de la tragédie grecque, et la jugent de ce point de vue, les poètes français en sont eux-mêmes la première cause, parce que, dans les préfaces de leurs tragédies, ils sont les premiers à nous le rappeler. Sous ce rapport, Racine nous apparaît encore de la manière la plus avantageuse. Il parle des Grecs avec cette connaissance profonde qu'il serait difficile de trouver dans d'autres écrivains français; et quoiqu'aujourd'hui ses jugemens à leur égard ne soient pas toujours satisfaisans, parce que depuis ce poète les Grecs sont devenus de plus en plus l'objet principal de toutes les investigations, il parle cependant partout en vrai poète et en homme convaincu de la dignité et de l'art admirable de leurs poètes. Dans ses préfaces, Corneille s'occupe presque toujours d'Aristote et de ses commentateurs, qui assez souvent le gênent beaucoup, jusqu'à ce qu'il parvienne à capituler d'une manière ou d'une autre, ou à conclure une paix honteuse avec ces terribles adversaires de la liberté poétique. On ne peut souvent s'empêcher de regretter que ce puissant génie ait été obligé d'agir au milieu d'entraves si étroites, presque toujours inutiles et qui ne lui convenaient sous aucun rapport. Les préfaces et les remarques de Voltaire tendent toujours au même but. Il s'efforce de prouver que la nation française, et particulièrement le théâtre des Français, occupent le premier rang, tant dans l'univers d'autrefois, que dans le monde d'aujourd'hui ; que Corneille et Racine laissent encore beaucoup à désirer, nonobstant la grande perfection qu'ils ont atteinte. Le lecteur n'a pas alors beaucoup de peine à deviner quel est l'homme que ses talens appellent à donner à l'art ce dernier degré de perfection, et à surpasser ces deux poètes. Depuis Lessing on a si souvent répété que la forme de la tragédie grecque, que l'ouvrage connu d'Aristote, tel que le concevaient les poètes français, les a trop entravés ; que dans la loi des trois unités, surtout de celle de temps et de lieu, beaucoup de choses ne sont que le résultat d'un simple malentendu, sont d'ailleurs inexécutables et n'ont aussi jamais été exécutées comme on le désirerait, et répugnent à la nature de la poésie, dans laquelle il ne faut jamais calculer la possibilité physique avec une rigueur mathématique, mais dont il faut juger la vraisemblance, qui n'est point une vraisemblance historique, mais une vraisemblance poétique, d'après l'impression de l'imagination ; qu'il serait inutile de renouveler une lutte déjà épuisée : je ne me permettrai que d'ajouter une observation historique. Parmi les hommes qui à cette époque exerçaient de l'influence, Boileau est celui dont l'esprit fut le plus ami des entraves. On peut se faire une juste idée de son influence funeste sur la poésie française, puisqu'on le voit au moment de maltraiter Corneille autant que Chapelain. Le précepte qu'il nous donne, et suivant lequel de deux vers qui riment, il faut autant que possible commencer par faire le second ; le prix infini qu'il attachait à cet artifice grossier et purement mécanique, me paraissent caractériser l'homme. Il suppléait par une plaisanterie, qui n'était pas toujours des meilleures, au jugement, au sentiment de l'art qui lui manquaient ; et à la poésie, par des rimes bien sonores. Aussi ne puis-je pas être d'un autre avis que Racine, lorsque dans une lettre adressée à son fils, il dit de Boileau : « C'est un fort galant homme, mais il n'entend rien du tout à la poésie. »

Une autre règle fondamentale selon ce maître de l'art, était ce précepte si connu et emprunté d'Horace, suivant lequel, pour paraître un jour dans un état de maturité convenable, un ouvrage de l'esprit a besoin précisément d'autant d'années qu'il faut de mois pour la naissance de l'homme; mais nonobstant cette règle du prétendu législateur, nous ne douterons pas que l'Athalie de Racine et le Cid de Corneille, les deux plus beaux ouvrages, à mon avis, de la poésie française, n'aient été produits par une inspiration soudaine et comme d'un seul jet, et non lentement et péniblement élaborés. Ces deux créations, les plus grandes peut-être que possède la scène française, démontrent mieux à quelle hauteur le théâtre est parvenu en France, et où il s'est arrêté dans sa méthode d'imitation de la tragédie des anciens.

L'élément lyrique et le chœur forment la partie essentielle dans la tragédie des anciens. L'ensemble du drame en est soutenu et y est subordonné, en sorte que quiconque vise à ce but doit nécessairement y donner toute son attention. C'est ce que les commentateurs modernes d'Aristote n'ont pas aperçu, quoique Aristote lui-même le reconnaisse clairement et nettement. Le Cid de Corneille porte partout le caractère lyrique, et cet excès de l'enthousiasme lui donne cette force magique contre laquelle sont venus expirer les traits de la critique et de l'envie. Mais dans son Athalie, Racine a fait revivre sur la scène française le chœur des anciens avec une poésie sublime, et, à ce qu'il me paraît, d'une manière très-heureuse, quoiqu'avec des modifications et avec une certaine originalité. Si la tragédie française avait persisté à suivre cette voie tracée par Racine et Corneille dans les ouvrages qui furent le produit de leurs inspirations les plus sublimes, elle se serait rapprochée davantage de celle des anciens sous le rapport de l'élévation et de l'élan poétique; beaucoup d'entraves et de limites étroites, qui n'avaient été le résultat que d'un malentendu prosaïque, seraient tombées d'elles-mêmes, et elle se serait mue avec infiniment plus de liberté, avec une forme qui alors eût sans doute été toute différente.

Mais comme en général on s'habitua toujours davantage à laisser de côté l'élément lyrique des tragédies anciennes, il en résulta une grave méprise, surtout en ce qui concerne les sujets mythologiques qui avaient aussi été traités par les anciens, et qui eussent à peu près rempli une tragédie. Lorsque l'on mit de côté l'élément lyrique, l'action ne fut plus assez riche; en conséquence, pour remplir le vide qui en résultait, on eut recours à ces moyens qui, chez les anciens, avaient déjà servi au même but à l'époque de la décadence de l'art tragique. On compliqua l'action par des intrigues qui répugnent entièrement à la dignité et à la nature de la tragédie; ou bien l'on fit tout consister dans la rhétorique des passions, et tout sujet tragique n'y prête que trop. C'est là, à proprement parler, le côté brillant de la tragédie française. Sous ce rapport, elle a une haute et presque incomparable énergie; et c'est par là qu'elle répond si bien au caractère et au génie d'une nation chez laquelle la rhétorique a conservé et conserve encore toujours une très-grande influence dans toutes les relations; et qui, même dans celles de la vie privée, a une tendance marquée vers une pareille rhétorique des passions. Cette rhétorique des passions est bien jusqu'à un certain point un élément nécessaire et indispensable pour la représentation dramatique; mais cet élément ne doit point dominer partout aussi exclusivement que dans la tragédie française. Du moins serait-il déraisonnable de vouloir faire à d'autres nations, qui peut-être ont plus le sentiment de la poésie qu'elles n'ont de talent inné pour la rhétorique, une règle de ce qui n'est fondé que sur l'originalité du caractère national français.

La prédilection des Français pour ce pathétique de la tragédie est si grande, qu'ils admirent et jugent leurs tragédies par les détails, beaucoup plus que par l'ensemble; et si nous jetions les yeux sur cet ensemble, si nous considérions les pièces dont le dénoûment est vrai et poétique, nous trouverions que, sous ce rapport aussi, la tragédie française se rattache davantage à l'antiquité, et se termine presque toujours par la destruction complète du héros, sans aucun tempérament, ou par une réconciliation encore mêlée de tristesse. Mais bien que le poète chrétien doive viser à ce but de préférence à tout autre, rarement on y voit la victoire suivre le combat, comme dans l'Athalie de Racine, où la mort et les souffrances donnent naissance à une vie nouvelle, plus divine et plus pure; comme dans l'Alzire de Voltaire, que je considère comme son chef-d'œuvre, et où il se montre véritablement poète et tout-à-fait digne de ses deux prédécesseurs.

CHAPITRE XIII.

Philosophie du dix-septième siècle. — Bacon, Hugo Grotius, Descartes, Bossuet, Pascal. — Changement dans les opinions. — Esprit du dix-huitième siècle. — Tableau de l'athéisme français et de l'esprit révolutionnaire.

Le dix-septième siècle fut riche en grands écrivains, non-seulement dans le domaine des belles-lettres, dans le poème et dans l'art de l'éloquence, mais encore dans les sciences et dans la philosophie. Cette philosophie et cette manière de penser du dix-huitième siècle, qui se répandit sur toutes les parties de la littérature, et qui a même exercé une influence si décisive sur les destinées de l'humanité et des nations, a été déterminée par quelques profonds penseurs du dix-septième siècle, quoique l'on se soit en partie considérablement écarté de l'esprit, des intentions et des vues primitives des premiers inventeurs et des fondateurs célèbres de cette nouvelle manière de penser. Il est nécessaire que je caractérise à grands traits Bacon, Descartes, Locke et quelques autres héros du dix-septième siècle, pour que je puisse exposer nettement et faire bien comprendre à mes lecteurs tous les résultats intellectuels et moraux que Voltaire et Rousseau ont produits, non-seulement sur la France, mais encore sur toute l'Europe, et en général sur l'esprit du dix-huitième siècle.

On vit pendant le seizième siècle se prolonger la lutte des forces rivales, et ce ne fut que vers la fin de ce siècle que l'esprit humain commença à se remettre et à revenir de la secousse violente qu'il avait éprouvée. Ce ne fut que le dix-septième siècle qui vit éclore ces nouvelles méthodes d'observation et de réflexion, auxquelles on venait d'ouvrir la carrière, après le rétablissement de l'ancienne littérature, après l'extension donnée aux sciences naturelles et à la géographie, après la commotion générale et la scission dans la croyance religieuse opérée par le protestantisme. Des auteurs que je viens de nommer, Bacon est celui qui mérite de nous occuper le premier; il est devenu le père de la physique nouvelle, en ramenant l'ardeur du savoir et le génie de l'investigation, des vaines subtilités de mots de l'école morte, à l'expérience, à la pratique et surtout à la nature vivante. Il a fait et terminé des découvertes nombreuses et véritables; il en est une foule d'autres qu'il a déterminées ou pressenties, et presque devinées. Fécondées par ce génie rare et puissant, toutes les sciences basées sur l'expérience ont fait des progrès immenses et ont été totalement changées; c'est par là que les lumières générales, on pourrait même dire, toute la manière de vivre de l'Europe moderne, ont pris une forme toute autre, qui a eu en grande partie ce philosophe pour premier fondateur. Ce fut sans doute une chose blâmable, dangereuse et même effrayante dans ses effets et dans ses résultats extrêmes, lorsqu'au dix-huitième siècle les successeurs et les adorateurs de Bacon voulurent, en s'armant de ses doctrines, tirer de l'expérience et du monde des sens, ce qui ne pouvait y être contenu : la loi de la vie et des actions, l'ensemble des croyances religieuses et l'espérance; et lorsqu'ils rejetèrent avec un froid mépris, comme extravagante, toute espérance et tout amour que l'expérience sensible paraissait ne point confirmer sur-le-champ. Or tout cela était contraire à l'esprit, à la manière de penser, et aux vues du fondateur de cette philosophie. Je ne rappellerai ici de lui que cette seule sentence, qui, aujourd'hui même, n'a pas encore vieilli : « Que la philosophie qui s'arrête à la superficie des choses, et qui ne fait qu'effleurer les objets sur lesquels elle s'exerce, conduit à l'incrédulité et à l'athéisme ; tandis que l'adoration de la divinité, et la ferme croyance en elle, puisées à des sources plus profondes, confirment et fortifient tout puissamment. » Non-seulement en matière de religion, mais encore dans les sciences naturelles, ce profond penseur croyait beaucoup de choses que ses partisans et ses admirateurs des temps postérieurs eussent condamnées comme une pure superstition. On ne saurait non plus dire que ce n'était là que croyances mortes, admises sans examen, ou un préjugé de son éducation et de son siècle, dont il n'était pas encore parvenu à se dépouiller ; car ses opinions sur de pareilles matières du monde intellectuel portaient pour la plupart l'empreinte de son esprit clairvoyant et éminemment original. Il avait autant de sensibilité dans l'âme que d'invention dans l'esprit ; et de ce que le monde de l'expérience s'était montré à lui sous un jour tout nouveau, il n'était pas résulté que cette région supérieure et digne du monde intellectuel, qui est bien au-dessus de l'expérience sensible ordinaire, eût disparu ou fût devenue invisible à ses yeux. L'opinion suivante, qu'il a émise sur l'essence véritable d'une vue de la nature, philosophique et vraie, prouvera combien lui-même eut peu de part, je ne dirai point au matérialisme grossier de ses successeurs, mais même au panthéisme, né au dix-huitième siècle, en France et même çà et là en Allemagne, des sciences naturelles qui avaient fait tant de progrès et qui s'étaient enrichies de tant d'observations. Il prétend que la philosophie de la nature des anciens était vicieuse, en ce qu'ils considéraient la nature comme une image de la Divinité, tandis que, conformément à la vérité et d'après les doctrines du christianisme, l'homme seul peut être appelé une image du Créateur ; parce que la nature n'est point un miroir, ni un reflet, ni une image de la Divinité, mais bien l'ouvrage de ses mains. Bacon entend ici par philosophie de la nature des anciens, ainsi qu'on le voit même par le résultat général qu'il lui attribue, non tel ou tel système en particulier, mais en général ce que les anciens savaient et pensaient de mieux en philosophie naturelle, et par là il voulait peut-être parler non-seulement de leur science de la nature proprement dite, mais encore de leur mythologie et de leur religion naturelle. Si d'après la doctrine du christianisme, Bacon accorde à l'homme seul la prérogative d'être appelé une image de la Divinité, il ne faut point entendre cela comme si cette dignité et cette noble qualité appartenaient à l'homme, parce qu'il est le point culminant, le véritable éclat et l'essence intellectuelle la plus variée de la nature ; mais selon lui, cette similitude et cette ressemblance lui sont échues en partage immédiatement par l'effet de l'amour et d'un souffle de la Divinité. Cette expression figurée, « la nature n'est point un miroir où se réfléchit la Divinité, ni son image, mais l'œuvre de ses mains, » alors qu'elle est comprise dans toute sa profondeur, renferme l'explication parfaite du véritable rapport qui existe entre le monde des sens et le monde intellectuel, la nature et la Divinité. Elle signifie avant tout que la nature ne s'est point produite elle-même, mais que Dieu l'a créée pour un but déterminé; et, en général, ces expressions simples de Bacon sur la philosophie de la nature des anciens, sur la philosophie proprement dite, et sur celle du christianisme, constituent une règle facile à concevoir et clairement exprimée pour saisir le véritable milieu entre une adoration de la nature qui oublie Dieu, et cette sombre haine de la nature où tombe assez souvent une raison bornée, qui, uniquement concentrée sur la nature morale, se trouve hors d'état de s'expliquer la nature et ne comprend, par conséquent, que très-imparfaitement les choses divines. La juste distinction et le véritable rapport entre la nature et la Divinité sont le point important, non-seulement pour la pensée et pour les croyances de l'homme, mais encore pour la conduite et pour la vie. Ce sujet et la sentence de Bacon qui contient le résultat proprement dit de toute sa manière de penser sur la nature, méritaient d'autant plus que j'en fisse mention, qu'aujourd'hui encore la philosophie se porte vers l'un ou vers l'autre de ces deux points extrêmes : celui d'une divinisation de la nature, qui ne distingue point le Créateur de ses œuvres, ni Dieu de l'univers; ou d'un autre côté, celui de la haine et de la dénégation de ces contempteurs de la nature, dont la raison est exclusivement concentrée sur leur moi. Le juste milieu entre ces deux erreurs opposées, ou la véritable intuition de la nature, se manifeste à la vérité immédiatement par le sentiment de notre alliance intime avec elle, mais en même temps aussi par le sentiment de l'intervalle immense qui nous sépare d'elle et nous élève au-dessus d'elle, puis par l'investigation religieuse et l'admiration de tout ce qui dans la nature annonce quelque chose d'autre et de plus élevé qu'elle, existant seul et par soi-même; signes qui, pleins d'amour ou terribles, annoncent comme un code muet, ou comme un oracle, la main qui la créa ou le but pour lequel elle a été créée.

L'influence que Hugo Grotius exerça, dans le dix-septième siècle et dans une grande partie du dix-huitième, sur le monde pratique et politique, ainsi que sur la morale des nations dans leurs rapports respectifs, ne fut pas moindre que celle de Bacon sur la philosophie et sur l'esprit humain en général; et ce fut évidemment une influence très-heureuse et très-salutaire. En effet, le lien religieux qui auparavant unissait les nations de l'Occident en un seul corps politique étant alors rompu, la politique de Machiavel, qui ne tenait aucun compte de la justice et de ce qui est sacré parmi les hommes, devenant toujours de plus en plus la règle d'après laquelle on agissait, ce fut un bienfait immense que de donner de nouveau à l'Europe, qui s'épuisait elle-même dans les guerres civiles, un droit général pour les peuples séparés par leurs croyances religieuses, enflammés par les passions, égarés et abusés par une politique fallacieuse. Aussi la doctrine de Grotius fut-elle reconnue désormais comme règle. C'est une pensée consolante, qu'un savant, un penseur ait pu, sans aucune autre puissance que celle de son génie et d'une volonté noblement inspirée, devenir ainsi le véritable fondateur d'un droit des gens nouveau. De même qu'il s'est acquis par là l'estime de son siècle, il a mérité la vénération et la reconnaissance de la postérité. Considéré comme système, le droit des gens fondé et introduit par Hugo Grotius et ses successeurs paraîtra très-défectueux, et ne pourra que difficilement soutenir l'épreuve des objections d'un sceptique. Le lien religieux de l'ancienne union politique des Etats de l'Europe ne pouvait, à proprement parler, être remplacé. Dans l'absence de ce lien, désormais rompu, la justice ne fut principalement fondée que sur la destination et les dispositions sociales innées chez l'homme, et qui lui appartiennent aussi essentiellement que nécessairement. Plus les successeurs de Grotius fondèrent le droit général sur la nature et sur la raison exclusivement, et le puisèrent à ces sources détournées; plus, en agissant ainsi, ils mirent de côté la relation de la justice avec sa source première, et plus il était impossible que la théorie du droit des gens et même la diplomatie ne s'égarassent pas d'un côté dans un dédale de subtilités et de controverses en partie insolubles, et d'un autre côté, ne fussent point poussées à des conséquences tout-à-fait barbares et erronées. En effet, que n'a-t-on pas fait du droit naturel et de la politique fondés sur la raison, dans la dernière moitié du dix-huitième siècle, tant sous le rapport de la théorie que sous celui de la pratique ? Ce fut toutefois un grand bonheur que ce droit des gens, de nouveau répandu et généralement reconnu depuis Grotius, pût opposer une digue suffisante, du moins pendant tout un siècle et même plus, au torrent de la désorganisation qui commença à exercer ses ravages de 1648 à 1740. De graves et publiques injustices furent à la vérité commises de la part d'un Etat à l'égard d'un autre; mais ces injustices excitèrent des réclamations générales. C'était déjà un grand avantage que la puissance et la cupidité fussent gênées par diverses formalités juridiques, et fussent obligées d'observer du moins une apparence de justice. De 1740 à 1772, les effets bienfaisans de cet état de choses se firent encore sentir, et même, quoique à un moindre degré, depuis l'époque où la justice européenne éprouva une seconde atteinte grave et générale, jusqu'aux temps plus récens où l'on a vu changer totalement les rapports des Etats et des peuples, et en même temps mettre de côté les règles suivies jusqu'alors, mais que l'on ne trouvait plus applicables.

Parmi les écrivains qui ont exercé l'influence la plus grande et la plus décisive sur le monde pratique et sur les rapports politiques de l'Europe, apparaît en première ligne Grotius; et son influence fut la plus salutaire de toutes, soit que nous la comparions à celle que Machiavel exerça avant lui, soit à celle que Rousseau obtint après lui.

Outre la peine qu'il s'était donnée pour rétablir et faire reconnaître la justice et sa théorie, Hugo Grotius travailla avec la même énergie de volonté à présenter la vérité de la religion soutenue des preuves les plus convaincantes et les plus irrésistibles. Un des résultats indirects du protestantisme fut que la religion continua d'être un objet de controverse, et qu'on la traita par conséquent toujours davantage comme affaire d'esprit; ce qui d'ailleurs existait déjà primitivement dans l'esprit du fondateur de la deuxième secte des Protestans, c'est-à-dire dans l'esprit de Calvin. Dans cet essai, qui parut de plus en plus un besoin de l'époque, Grotius a trouvé plusieurs successeurs, et l'intention qu'il eut en le composant est incontestablement des plus louables ; mais, envisagé en lui-même, cet ouvrage pourrait plutôt être considéré comme une preuve que le sens religieux devait avoir déjà beaucoup perdu, puisque ce qui, d'après sa nature particulière, ne peut être qu'une chose de sentiment et de croyance, commença à être traité plutôt comme une chose du ressort de l'esprit, et à être considéré comme objet d'une discussion savante; enfin, puisque jusqu'aux vérités de la religion, tout fut décidé comme un procès, et qu'on voulut, ainsi que Pascal l'essaya plus tard, donner à celles-ci une solution satisfaisante comme à un problème de géométrie. Je ne saurais trouver la philosophie et la manière de penser de Descartes aussi méritoires que celles de ces deux hommes. Son influence sur son siècle, ainsi que sur le siècle suivant, fut plutôt dangereuse et de nature à égarer les esprits que salutaire et vraiment avantageuse pour les sciences. En général, Descartes me paraît fournir la preuve que l'on peut être comme lui (et son siècle le reconnaissait effectivement pour tel) un grand mathématicien, d'après la méthode usitée et pratiquée jusqu'à présent pour cette science, sans être pour cela un très-habile philosophe. A la vérité, les hypothèses et les tourbillons dont il prétendait faire dériver en physique non-seulement les individualités de la nature, mais encore l'origine de l'univers, sont depuis long-temps oubliés. En général, son système n'a joui que d'une vogue passagère, et ne s'est point généralement répandu hors de France. Malgré cela, ses hypothèses philosophiques et ses tourbillons n'ont pas laissé d'exercer une influence marquée et prolongée sur l'esprit du dix-septième siècle, et par cela même aussi sur l'esprit du dix-huitième. Sa méthode surtout, ou, comme il s'exprime, sa manière particulière de commencer la philosophie, a trouvé beaucoup d'imitateurs. Il voulut être penseur original dans toute la force de ce mot. Pour cela il prit le parti d'oublier entièrement toutes ses connaissances acquises, toutes ses croyances et toutes ses pensées, et de recommencer par le commencement. Il est facile de concevoir que ce penseur original n'a pas ménagé les philosophes et les savans qui l'avaient précédé; qu'il rejeta entièrement leur autorité, et considéra tous leurs efforts comme non avenus. S'il était possible de trancher tout-à-coup et au gré d'un caprice le fil de toutes les pensées qui nous ont été communiquées, pensées auxquelles le langage nous a déjà attachés d'une manière indissoluble, les suites n'en pourraient être que funestes et désorganisatrices. C'est comme si l'on croyait pouvoir, dans le monde politique, arrêter et entraver pendant quelque temps le ressort de la vie publique, et substituer tout d'un coup à la constitution telle que se l'est faite une nation dans le cours et au milieu des vicissitudes des temps, un meilleur système de rouages et de ressorts, ou bien une constitution parfaite, basée sur les principes de la pure raison d'Etat. Depuis deux mille ans, l'histoire de la philosophie constate suffisamment qu'il est aussi difficile d'atteindre la vérité par un pareil oubli et une pareille proscription subite de tout le passé, qu'une bonne constitution. La conséquence la plus naturelle est donc que l'on ne connaît point et qu'ainsi on ne saurait éviter les premiers faux pas ordinaires de l'esprit lorsqu'il essaie de rechercher la vérité avec ses propres forces; en sorte que l'esprit humain renouvelle inutilement et considère même comme des découvertes des erreurs qui ont déjà été commises un million de fois par les mêmes causes, et qui ont déjà été réfutées et modifiées à l'infini. Quant à l'oubli total de ce qui a été fait et tenté par ceux qui nous ont précédés dans le cours des temps, il est tellement impossible d'observer rigoureusement les voies de l'indépendance et d'une parfaite liberté d'esprit et de pensée, que Descartes n'est point le seul de ces penseurs indépendans méprisant et faisant table rase de tout ce qui a été dit et fait avant eux, dont les opinions les plus originales et les prétendues découvertes ne sont, en définitive, qu'empruntées à leurs prédécesseurs, quoiqu'elles soient autrement exprimées et présentées sous une forme différente, qu'elles ne soient souvent tirées que de souvenirs vagues et accompagnées d'une certaine illusion d'amour propre ; sans que leurs auteurs aient clairement et pleinement la conscience de la source à laquelle ils ont puisé. On fait un grand mérite à Descartes d'avoir distingué de la manière la plus nette l'esprit de la nature. Il doit paraître bizarre, et l'on doit trouver étonnant, que l'on ait pu considérer comme une chose si neuve et si originale la distinction reconnue et établie entre la pensée et le corps. Mais Descartes ayant conçu cette distinction d'une manière purement mathématique et très-peu satisfaisante, on n'y gagna même rien, parce que l'on s'embarrassa dans des difficultés insolubles sur la différence qui existe entre l'âme et le corps, et sur la question de savoir comment il pouvait se faire que l'âme agît sur le corps et le corps sur l'âme. En général, depuis Descartes, le propre de la philosophie fut de flotter toujours incertaine entre le moi et le monde extérieur des sens. Tantôt on voulait tout faire dériver exclusivement du moi ; tantôt on se jetait à corps perdu dans le monde des sens, pour en tirer toutes les vérités imaginables, même ces vérités morales et divines qu'il ne saurait contenir. Mais, dans l'un et l'autre cas, la connexité entre le moi et le monde extérieur des sens demeura tout-à-fait incompréhensible, parce que l'on avait entièrement perdu de vue la région supérieure divine, qui est la base de l'un et de l'autre, et dont la lumière peut seule les éclaircir et les expliquer. Il manquait à l'âme un intermédiaire pour faire parvenir l'esprit à la connaissance, et pour établir un accord dans le monde extérieur comme œuvre du Créateur. La philosophie de cette époque était en général éprise de la conscience abstraite de la pensée dialectique, dans le domaine de laquelle on ne saurait jamais trouver la vérité, et où elle ne saurait être conservée pure, quand bien même elle aurait été trouvée ou donnée auparavant. La lumière supérieure de la connaissance spirituelle, quoique inséparable de la religion, n'avait jamais été complètement produite au jour dans la science. Il ne s'en était échappé que quelques rayons isolés, interrompus, et comme dérobés à l'oppression dans laquelle était tombée toute science vivante pendant la domination du rationalisme. On fait aussi un mérite à Descartes d'avoir prouvé l'existence de Dieu par la raison, avec la même rigueur qu'un problème de géométrie. Ce mérite, si toutefois c'en est un, ne lui appartient même pas; car tout cela est littéralement emprunté aux anciens philosophes du moyen âge, qui sont du reste tant rabaissés par Descartes ainsi que par son siècle. Mais il est évident qu'ils avaient fait cela dans un sens et avec un esprit tout différent de celui de Descartes et des temps postérieurs, surabondamment confirmés par des preuves rationelles. La plus sublime des vérités, celle dont on peut d'ailleurs se convaincre tout différemment et avec non moins de solidité, celle qui était devenue l'esprit de la vie intérieure, le centre des autres convictions, même de toutes les actions et de toutes les dispositions de la vie; voilà quelle était la pensée de ces anciens philosophes. Si chaque créature ou être organisé annonce d'une manière ou d'une autre la grandeur incommensurable de l'ouvrier céleste, la raison humaine, ordinairement si fière de sa force et de son habileté, devrait ajouter ses accens à ce chœur universel, destiné à célébrer les louanges du Très-Haut; ou bien, de même que, dans les affaires humaines, on considère comme le plus grand triomphe pour une cause juste et bonne, que son ennemi et son adversaire soit inévitablement forcé d'en reconnaître malgré lui la justice et la vérité, de même aussi la raison humaine devrait rendre témoignage de la vérité divine. Mais si l'existence de Dieu, que nous apprenons à connaître d'abord par le sentiment intérieur, est prouvée exclusivement et uniquement par la raison, comme dans Descartes; il en résulte que l'on met jusqu'à un certain point Dieu dans la dépendance de sa raison, ou même qu'on l'identifie avec elle. On n'a pu jamais réussir et on ne réussira jamais à démontrer l'existence de Dieu à ceux qui ne la sentent pas et n'y croient pas, toutes les fois que cette clarté intérieure vient à manquer, ou que la conscience ne se fait plus entendre.

Les successeurs de Descartes et ses partisans formèrent en France une secte particulière dont la domination ne fut que de courte durée. Cependant il y eut des esprits qui demeurèrent indépendans et fermes dans leur conviction religieuse, quoiqu'ils adoptassent ce système en tant qu'il pouvait se concilier avec leur manière de voir. Cette observation s'applique à Mallebranche, qui ne put toutefois se tirer des difficultés insolubles que présente le système de Descartes, surtout en ce qui concerne la relation entre la pensée et son objet extérieur, ainsi que la connexité entre l'esprit et la matière. Huet se rendit célèbre comme adversaire de Descartes, comme philosophe sceptique critique et comme défenseur de la révélation; et Fénelon écrivit, dans la plus belle langue de ce siècle, ce que son esprit aimable lui inspira sans se mettre aucunement sous la dépendance de cette controverse philosophique et métaphysique. Un autre homme, dont j'ai tardé avec intention de parler jusqu'à présent, agit plus que tous ceux que je viens de citer pour maintenir en général les croyances religieuses : c'est l'homme qui, comme écrivain, est reconnu le premier que la France ait jamais produit, sous le rapport de l'éloquence et du style. Peut-être pourrait-on douter que l'éclat d'une pareille éloquence convienne aux vérités de la religion, et penser que pour la simplicité du christianisme une exposition tout-à-fait sans ornement et sans art est la meilleure de toutes; mais alors même qu'il en serait ainsi, un orateur tel que Bossuet, doué d'un esprit si juste, si pénétrant et si énergique, s'exprimant de la manière la plus noble, était un grand bienfait pour cette époque où la religion luttait et combattait encore, et où le triomphe de la vérité n'était pas encore tout-à-fait assuré. Il faut donc prendre en considération cette circonstance que l'éloquence de Bossuet ne se bornait point à des sujets uniquement du ressort de la théologie, car tout ce qui dans la vie et dans la morale, dans l'Église et dans l'État, dans la politique et dans l'histoire, peut exciter et inviter l'esprit à de profondes méditations, était chez ce grand homme en relation avec ses opinions religieuses, et appartient au cercle des sujets auxquels il a consacré sa plume.

S'il était permis de comparer sous le rapport de l'exposition et du langage, un orateur à des poètes, je trouverais dans Bossuet quelque chose qui le place au-dessus même des plus grands poètes français ses contemporains. Le parfait et le fini dans l'art et dans le style sont renfermés dans une sphère déterminée, qui tient le milieu entre le sublime, le grand, et ce qui est tout à fait poli et a par cela même du charme et de la grâce.

Des deux côtés les déviations sont faciles et se rencontrent fréquemment. Il est des poètes et des écrivains grands et sublimes, qui ne sont ni parfaits ni harmoniques en tout point. Avec une parfaite uniformité, d'autres penchent vers la recherche et vers la mollesse, ou bien manquent de la force du sublime : ils sont nobles et beaux, mais sans grandeur. C'est ce que Voltaire avait en vue quand il faisait remarquer les défauts de ses deux prédécesseurs, que toute son ambition était de surpasser dans la tragédie de sa nation. Il lui est facile de trouver dans Corneille des passages où la langue peut être présentée comme vieillie, encore rude, et comme vraiment blâmable par l'exagération et l'enflure. Je serais presque tenté de penser qu'il a craint davantage Corneille, parce que son génie avait plus de rapport avec celui de ce grand homme; et qu'il a eu la confiance intime de croire qu'il surpassait, par l'élan de la passion et par le feu qui lui était propre, Racine, dans lequel il sentait l'absence de ce sublime et de ce pathétique qu'il a portés au plus haut degré. Cependant son jugement à l'égard de Racine peut être regardé en général comme injuste. Alors même qu'on ne considérerait que la rhétorique des passions, parmi tant d'autres tragédies françaises dont les auteurs se sont proposé le même but, on en trouverait difficilement une qui sous ce rapport pût être comparée à la Phèdre de Racine. Dans Athalie respire l'élan d'une inspiration plus élevée; et dans ses autres tragédies, comme dans Bérénice, on remarque plutôt une exposition harmoniquement calme et des teintes plus douces : la nature du sujet l'exigeait. Cependant on peut accorder à Voltaire que Racine serait bien plus grand et plus parfait comme poète, si à cette perfection harmonique de langage et de versification qu'il possède, à cette noble et belle empreinte qui caractérise ses expositions et ses idées, se joignait quelquefois un peu plus de ces élans sublimes dont Corneille est souvent prodigue, et qui perdent par cela même de leur effet. Mais en ce qui concerne la langue et l'exposition, ces deux qualités se trouvent réunies dans Bossuet, autant que ce rapprochement est permis lorsqu'il s'agit d'un orateur, avec une pureté, une perfection et une noblesse de langage qui ne se démentent jamais. Il est, partout où le sujet le comporte, grand et sublime, sans cependant jamais tomber dans l'enflure. Je me range par conséquent avec plaisir de l'avis des critiques français quant au jugement qu'ils ont porté du magnifique talent de cet homme prodigieux et de ses écrits; d'autant plus que les écrits de Bossuet ne sont pas seulement un modèle de perfection pour le style et pour l'expression, mais une source riche et féconde où l'on peut puiser les vérités les plus salutaires et les plus sublimes.

On pourrait encore mettre en évidence sous un autre point de vue la supériorité de Bossuet comme orateur et comme écrivain, même sur les plus grands poètes de sa nation et de son siècle. Dans une foule de rapports essentiels la littérature française est une littérature imitée de celle des nations de l'antiquité qui furent le plus tôt civilisées, et basée en partie sur cette littérature, de même que celle des Romains était basée sur la littérature grecque. La chose n'est point blâmable en elle-même, elle est même à certains égards inévitable pour tous les peuples qui ont paru plus tard sur la scène du monde et s'y sont développés; pour ceux-là surtout dont l'esprit, tel que celui des Français et des Romains, a plutôt une tendance vers la vie pratique extérieure, que vers l'activité intérieure de l'esprit. On aurait grandement tort si l'on voulait mettre la littérature romaine sur la même ligne que la littérature grecque, en ce qui concerne le génie de l'invention. Mais je me suis déjà efforcé de démontrer à mes lecteurs comment cette littérature a un mérite tout particulier, précisément à cause des idées et des sentimens vraiment romains qui y dominent, et par la grande idée de Rome qui respire dans tous les ouvrages et dans tous les auteurs romains. Une pareille grande idée, dominant tout, donne un contrepoids intérieur et inspire au génie de la fermeté, du caractère et de la dignité. C'est là justement ce qu'opère dans Bossuet la conviction religieuse qui l'animait, l'idée de la religion catholique et de la lumière qui en émane pour l'histoire, la politique et la science; conviction qui chez lui n'était point devenue une croyance fondée sur l'habitude, mais l'âme de sa vie, une seconde nature et une manière de considérer le monde, qui embrassait avec clarté tout ce qui était placé dans la sphère de l'auteur. C'est pour cela qu'il est si original dans son genre, qu'il agit si librement et d'une manière si indépendante avec les anciens, qui furent cependant ses modèles pour le style ainsi que pour l'art oratoire, ses maîtres et ses sources pour l'histoire. Si l'esprit de Bossuet avait dominé généralement, la religion, le christianisme auraient pu être dans la France catholique, et à un plus haut degré, ce qu'était pour les Romains, même comme auteurs, l'idée de leur patrie et de Rome avec tout ce qu'elle leur inspirait, et auraient pu fournir un puissant contrepoids à la liberté intellectuelle, contre les modèles de l'antiquité qui entravaient et écrasaient souvent le génie. Mais il en a été si peu ainsi, que le poète le plus distingué, et en même temps le plus religieux que la France ait jamais produit, fut arrêté au milieu de sa carrière et empêché d'atteindre une plus grande perfection, par la discordance qui existait entre sa conviction intime et l'art dramatique qu'il traitait d'après les anciens. On sait comment Racine, qui avait adopté les opinions des jansénistes, s'égara dans son art par une austérité et une religiosité déplacées, et persista long-temps à ne pas vouloir travailler pour le théâtre, qui ne lui paraissait plus digne que de ses mépris. Ces inquiétudes morales exagérées du poète peuvent paraître estimables dans l'homme, et l'on trouve également dans sa vie privée et dans ses lettres beaucoup de traces de ce sentiment profond dont il était animé. Alors même que cette opinion, que le théâtre doit être absolument condamné, ne serait pas fondée en vérité, il est à remarquer cependant que l'art tragique et l'exposition dramatique de cette époque offraient beaucoup de choses qui dans la réalité ne concordaient point avec la doctrine et la morale chrétiennes. C'est toutefois la preuve d'une grande désharmonie ; et il eût infiniment mieux valu que Racine eût su mettre d'accord ses croyances religieuses et son art. Il essaya de le faire et en montra le moyen dans son Athalie ; mais combien sous ce rapport l'art poétique des Espagnols n'est-il pas encore infiniment au-dessus de celui des Français ! Chez ce peuple si éminemment catholique, la religion et la fiction, la vérité et la poésie furent toujours dans la plus parfaite harmonie.

Le parti des jansénistes a donné à la France plusieurs écrivains très-distingués. Je me bornerai à nommer Pascal. Mais toutes leurs controverses ont exercé en général une influence fâcheuse sur la littérature française. Il suffira d'en rappeler en peu de mots l'objet : c'était une discussion aussi ancienne que la raison humaine, et dont celle-ci est incapable de donner la solution. Elle roulait sur le libre arbitre de l'homme, et sur la question de savoir comment ce libre arbitre pouvait se concilier avec les lois impérieuses de la nature, ou avec l'omniscience et l'omnipotence du Tout-Puissant. Mais c'est précisément parce que cette controverse est entièrement du ressort de la raison humaine, que l'on n'eût jamais dû la placer sur le terrain de la religion. Aussi ses défenseurs et ses ministres n'y ont-ils jamais pris qu'une part purement négative, uniquement pour éviter les deux extrêmes, qui sont également condamnables; et lorsqu'aux cinquième et sixième siècles, la doctrine du libre arbitre et du mérite de l'homme par sa vertu fut exposée de manière à faire penser qu'il était entièrement indépendant de Dieu, et n'avait aucun besoin de son aide, les défenseurs de la vérité combattirent cette doctrine, la réfutèrent et la condamnèrent; de même qu'aux seizième et dix-septième siècle, on repoussa l'erreur opposée, qui consistait à refuser à l'homme tout esprit de liberté et de spontanéité pour faire son salut et atteindre sa destination, et à le soumettre à une prédestination absolue, doctrine conforme à celle des anciens relativement à un destin inexorable, ou à la croyance des Mahométans en un destin qui détermine tout d'avance. Cette controverse eut aussi des résultats très-fâcheux, par la manière dont elle fut conduite. Les Lettres Provinciales de Pascal sont devenues classiques dans la langue française, tant par l'esprit dont elles étincellent que par la perfection du style; mais si l'on veut les apprécier d'après leur contenu et leur esprit, elles ne méritent pas d'autre nom que celui de chef-d'œuvre de sophistique. L'auteur y déploie en effet toutes les ressources du sophisme pour représenter sous des couleurs aussi méprisables qu'odieuses les jésuites ses adversaires. Quiconque connaît l'histoire de cette époque et des opinions qui y dominèrent ne disconviendra point, même aujourd'hui, que les droits de la vérité ont à cette occasion subi de graves atteintes; mais alors même que cet écrivain distingué, qui fut le précurseur de Voltaire sous le rapport de l'esprit, du génie et de la perfection du langage, eût moins souvent blessé la vérité qu'il ne le fait, quelles conséquences funestes ne devaient pas produire cette ironie amère et cet esprit de contradiction dans le domaine de la religion! Et un homme tel que Pascal employait de pareilles armes contre les jésuites uniquement parce que ceux-ci ne pensaient pas comme lui, et qu'il les détestait personnellement; et cependant Pascal était attaché par conviction à la religion, qu'il voulait même prouver géométriquement! Mais ne pouvait-on pas tourner bientôt ces armes contre la religion elle-même? C'est effectivement ce qui arriva. L'art du sophisme, développé par Pascal avec tant d'esprit, dans le style le plus facile, devint un instrument terrible et dangereux, et un glaive tranchant entre les mains de Voltaire, qui trouva un riche arsenal dans Bayle. Déjà, avant lui, ce dernier avait fait usage de ses vastes connaissances littéraires, pour accréditer partout des doutes, des objections et des railleries contre la religion, et pour diriger de tous côtés comme une petite fusillade contre la forteresse des croyances qui n'avait pas encore été ébranlée.

En général, dans la dernière moitié du dix-septième siècle, les opinions philosophiques allèrent toujours de mal en pis; l'exemple de Hobbes prouve combien il était facile de passer de la nouvelle méthode de Bacon, et toutefois sans la faute de ce grand homme, à l'incrédulité et au matérialisme le plus décidé. Toutefois le siècle n'était pas encore assez mûr pour la doctrine illimitée du droit du plus fort, que Hobbes adopta dans toute sa plénitude. Avec ses idées athées sur le monde politique et le monde physique, il aurait dû arriver un siècle ou un siècle et demi plus tard. Au contraire Locke fut plus généralement goûté, parce que sa manière de penser n'était pas autant en contradiction avec les principes de morale et avec les sentimens moraux reconnus de son époque ; et que sa théorie, quoique poussée un peu loin, était cependant facile à concevoir ou du moins paraissait telle. C'était cependant le même système, avec cette différence toutefois qu'il était beaucoup plus dangereux, parce que sous cette forme de modération l'erreur pouvait s'accréditer d'autant plus facilement. Il est très-aisé de concevoir qu'aucun genre de croyance, qu'aucune espérance d'une vie future ne pouvaient se maintenir, du moment que l'on admettait que toute vérité est renfermée dans la sphère étroite de nos sens et de l'expérience sensible. Dans Locke même la croyance à une divinité pouvait se concilier avec ses autres opinions et pensées, parce qu'il arrive très-souvent que c'est justement celui qui fraye le premier une route nouvelle à l'esprit et qui la parcourt, qui n'aperçoit point les conséquences qui en dérivent immédiatement, ou feint du moins de ne point les apercevoir. Selon ce système, pris dans toute sa rigueur, il faut s'en rapporter exclusivement à la sensibilité, à l'expérience des sens et aux jouissances qu'ils peuvent procurer, et renoncer à toute pensée puisée à une source plus élevée. C'est ainsi que beaucoup de gens ont vécu, au compte et au nom de Locke, en s'estimant cependant des penseurs libres de tout préjugé. Mais lorsqu'on réfléchit davantage sur ce qui fait, à proprement parler, l'objet de cette expérience sensible, puis sur la puissance qu'elle assume, ou qui naît et résulte de son mélange, on voit naître une foule de doutes et de systèmes qui ont un côté bizarre, ainsi que cela arriva particulièrement en Angleterre. La question de savoir ce qu'il y a et ce qui se passe en réalité derrière ce tableau si animé du monde des sens, ne saurait être écartée, quoique l'on annonce souvent que l'on y renonce. C'est ainsi que cette doctrine si modeste d'abord, qui déclare qu'il n'y a pas d'autres connaissances que celles qui sont puisées dans les sens et dans l'expérience, n'est communément qu'un matérialisme décidé, non reconnu expressément, mais voilé. Le matérialisme prit cette tournure en France; mais il eut bientôt jeté le masque.

Newton a dû aussi contribuer indirectement, quoique son intention ne fût point telle, à la philosophie du dix-huitième siècle, en ce que les partisans de la nouvelle philosophie invoquèrent sa grande autorité, et se fondèrent sur les découvertes qu'il avait faites en physique, pour prétendre que l'on pouvait, en mettant la religion à l'écart, tout expliquer et obtenir tous les résultats possibles par la physique seule. Mais Newton et Bacon se seraient séparés avec étonnement et indignation de ceux qui les divinisèrent au dix-huitième siècle. Les successeurs philosophiques de Newton, tout en admirant son beau génie, lui ont souvent reproché son attachement au christianisme, comme une faiblesse d'esprit, étonnante dans un si grand homme. Dans plusieurs de ses sentimens sur la Divinité et sur ses rapports avec la nature, on aperçoit non-seulement un sentiment inspiré, mais un sens profond et ce cachet particulier qui prouve qu'il avait beaucoup réfléchi; souvent on y découvre des méthodes particulières sur les sujets les plus élevés de la méditation, quoiqu'il ne fût point, à proprement parler, un philosophe et qu'il ne voulût pas entendre parler de métaphysique.

Au dix-huitième siècle les Anglais, qui étaient en général supérieurs à tous les autres peuples d'Europe, tinrent aussi le sceptre dans le monde littéraire. Toute la philosophie française moderne est sortie de celle de Bacon, de Locke et de quelques autres Anglais; cependant les Français n'en adoptèrent le système que dans ses traits fondamentaux. Mais bientôt ce système prit en France une forme toute différente de celle qu'il avait en Angleterre. En Allemagne, au contraire, le nouvel essor de la littérature au milieu du dix-huitième siècle reçut principalement de la poésie et de la critique des Anglais sa première étincelle et sa direction dominante.

Ce fut Voltaire qui introduisit le premier en France la philosophie de Locke et de Newton. Il est remarquable qu'il emploie rarement la grandeur admirable de la nature, telle qu'elle se montrait alors de plus en plus à découvert par les progrès de la science, pour y puiser un motif de louer son céleste auteur, et qu'il s'en sert au contraire presque toujours pour rabaisser l'homme, pour le déprécier comme un vermisseau insignifiant, en comparaison de tous ces soleils et de toutes ces sphères étoilées : comme si l'esprit, comme si la pensée qui embrasse tout ce monde de soleils et d'astres, n'était point quelque chose de bien plus beau et de bien plus noble; comme si Dieu ressemblait à un monarque humain, qui, parmi les millions d'individus soumis à sa puissance, pourrait courir risque d'oublier les habitans d'un petit village situé à la frontière de son vaste empire et qu'il n'aurait jamais vu. En général, le dix-huitième siècle n'a fait presque continuellement qu'un usage funeste aux vérités d'un ordre supérieur, des progrès des sciences naturelles qu'il reçut du dix-septième comme un précieux héritage. On ne trouve dans Voltaire ni un véritable système d'incrédulité, ni en général des principes solides ou des opinions philosophiques arrêtées, ni une manière particulière d'émettre le doute philosophique. De même que les sophistes de l'antiquité faisaient briller leur esprit, en exposant et en soutenant tour à tour et avec la plus belle éloquence les opinions les plus opposées ; de même aussi Voltaire écrit d'abord un livre pour la Providence, puis un autre dans lequel il la combat. Ici, du moins, il est assez sincère pour que l'on puisse facilement reconnaître auquel des deux ouvrages il a travaillé avec le plus de plaisir. En général, il s'abandonnait, suivant son caprice et suivant les circonstances, à l'esprit de plaisanterie que lui inspirait sa répugnance pour le christianisme, et en partie aussi pour toute espèce de religion. Sous ce rapport, son esprit agit comme un moyen désorganisateur pour l'anéantissement de toute philosophie grave, morale et religieuse. Cependant je pense que Voltaire a été encore plus dangereux par les idées qu'il a accréditées sur l'histoire, que par ses railleries amères contre la religion. De même qu'il avait senti ce qui manquait à sa nation sous le rapport de la poésie, de même aussi il sentit ce dont elle manquait sous le rapport de l'histoire. Depuis le cardinal de Retz, les richesses de la France en mémoires et monumens historiques écrits avec véracité et attrayans par leur contenu, s'étaient tellement accrues qu'elles forment aujourd'hui presqu'à elles seules une littérature particulière. C'est là sans contredit un des côtés les plus brillans de la littérature française prise dans son ensemble. De cette manière, sans doute, le ton de l'histoire devient trop celui de la conversation ; elle se perd trop dans les détails, et finit par se résoudre, au grand détriment de la vérité historique, en un déluge d'anecdotes. Mais alors même que l'on éviterait de pareils défauts, et qu'on traiterait ces mémoires avec une grande habileté et beaucoup d'esprit, ils ne formeraient cependant, en définitive, qu'un genre ; ce ne seraient tout au plus que des travaux préparatoires et des matériaux pour une histoire, et non une histoire dans le sens rigoureux de ce mot : du moins existe-t-il un intervalle immense entre les mémoires historiques les plus spirituellement écrits, et l'art d'écrire l'histoire tel que l'entendaient les anciens, ou Machiavel parmi les modernes. La littérature française pouvait citer quelques historiens pleins de vivacité, des ouvrages sur l'histoire ancienne du pays, bien coordonnés et bien compilés, également recommandables sous le rapport du style : mais elle ne possédait point une histoire nationale vraiment classique, un grand ouvrage historique vraiment original. Voltaire sentit aussi cette lacune dans la littérature de son pays, et voulut la combler par suite de ce désir de gloire qui le caractérisait et qui le portait à vouloir traiter tous les sujets. Aujourd'hui on reconnaît généralement, même en France, qu'il n'a point réussi en ce point sous le rapport de l'art, et que, comme écrivain historique, et sous le rapport de l'exposition et sous celui du style convenable à l'histoire, il ne saurait soutenir la comparaison, je ne dirais pas avec les anciens, mais même avec les bons historiens anglais, tels que Hume et Robertson. Son esprit n'en a pas moins agi généralement sur la manière d'envisager l'histoire, même parmi les Anglais, particulièrement sur celle de Gibbon, et est presque devenu la manière de penser en histoire qui domina dans le dix-huitième siècle. L'essence de cette manière d'envisager l'histoire, dont Voltaire est le créateur, consiste dans la haine qui éclate partout, à toute occasion et sous toutes les formes imaginables, contre les religieux et les prêtres, contre le christianisme et contre toute religion. Dans ce point de vue politique domine une prédilection étroite, inapplicable à l'Europe, pour tout ce qui est républicain; et souvent, avec une fausse appréciation et une connaissance très-imparfaite du véritable esprit républicain et de la véritable république. Les successeurs de Voltaire allèrent jusqu'à détester ouvertement toute royauté et toute noblesse, et par conséquent aussi, en général, l'ancienne organisation politique et sociale, qui fut alors dépréciée et dédaignée sans retenue, sous le nom de constitution féodale, quoique Montesquieu en eût reconnu le mérite et en eût caractérisé la nature particulière avec un génie admirable. Les progrès que l'investigation approfondie de l'histoire a faits depuis dix ans, commencent à démontrer combien l'école de Voltaire a présenté de choses sous un faux jour, combien la vérité historique a dû en souffrir, et combien tout le passé a dû en être défiguré; car lorsque la philosophie du dix-huitième siècle se fut anéantie elle-même, et que la religion qu'elle voulait détruire fut sortie victorieuse de la lutte, tout dans l'histoire et dans le passé reparut de plus en plus sous son jour véritable. Cependant il reste encore à rectifier beaucoup de falsifications, d'erreurs historiques et de préjugés concernant le passé. Dans aucun autre sujet la philosophie du dix-huitième siècle n'a aussi bien réussi à faire dominer généralement son esprit et à jeter des racines profondes, que dans l'histoire, où le but de cette philosophie et le faux frappent moins les yeux de celui qui ne fait point de recherches par lui-même, que lorsque cet esprit se manifeste sans déguisement sous forme de doctrine et d'opinion philosophique.

Il y a en outre dans Voltaire quelque chose de personnel qui rétrécit et fausse sous un autre rapport sa manière d'envisager l'histoire. Il laisse trop apercevoir qu'il considère les temps antérieurs à Louis XIV comme ayant été des temps de ténèbres, et il présente assez clairement toutes les autres nations comme des barbares. Louis XIV, ce monarque tant vanté, joue dans le drame de l'histoire du monde et de l'esprit humain, telle que Voltaire la considérait, le grand rôle qui l'oblige à prononcer le premier ce mot créateur : « Que la lumière soit, » sur ce chaos de barbarie basé sur la ruine de tous les autres temps et de toutes les autres créations. Cependant les grands écrivains du siècle de Louis XIV, Locke et Newton eux-mêmes, ne sont considérés au fond que comme les premiers rayons précurseurs de l'aurore qui commence à poindre. Dans l'opinion de Voltaire, tous ces flots de lumière qui devaient résulter de la liberté de penser et des découvertes dans les sciences, étaient réservés à une époque un peu plus reculée et plus rapprochée de lui. Quelque penchant qu'il eût à rendre hommage à la vanité de sa nation, il avait cependant parfois des momens d'humeur et de mécontentement où il s'exprimait à son égard avec sincérité et même avec amertume, comme dans ces mots : « Il y a du tigre et du singe dans la nation française, » qu'on eût pu facilement rétorquer contre lui-même ; tant il était impossible à cet esprit mordant de traiter un sujet quelconque avec l'attention convenable et une gravité soutenue ! En flattant la vanité de sa nation, il lui donna pour long-temps une fausse direction, dont les suites funestes n'ont commencé à diminuer que lorsque les Français ont repris vis-à-vis des autres nations une attitude naturelle et plus convenable, et qu'il y a eu entre eux et les autres peuples plus de rapports réciproques.

Montesquieu a contribué au développement de la philosophie et de la manière de penser du dix-huitième siècle, parce qu'avec toutes ses observations et toutes ses pensées politiques souvent si profondes et si savantes, il n'a point donné à ses lecteurs une mesure solide et un centre d'unité qui, il est vrai, était alors déjà perdu dans la plupart des domaines de la pensée et de l'activité des hommes. Ainsi donc l'ébranlement général de tous les principes ne fut qu'augmenté par cet écrivain si grand et si distingué par ses connaissances, son esprit et l'énergie de sa pensée, parce que, dépourvu d'un pareil point d'appui, l'esprit du siècle était ballotté sur la vaste mer de toutes ces connaissances et de tous les systèmes politiques, comme un navire par les vagues, lorsqu'il n'y a plus à bord ni ancre ni boussole.

Les occasions de se livrer à des pensées et à des dispositions sublimes, à des vues et à des sentimens religieux, sont si nombreuses, et l'on pourrait même dire, répandues dans la nature d'une main si libérale, que nous ne devons pas nous étonner si nous voyons plusieurs grands naturalistes français ne prendre aucune part à l'esprit d'irréligion qui dominait dans leur patrie, ou du moins ne pas s'y embarrasser autant, et s'élever à des vues plus élevées et plus spirituelles. C'est ainsi que Buffon, quoique plusieurs de ses opinions ne s'accordent point avec la religion positive, que beaucoup d'autres ne puissent point soutenir l'examen de la philosophie, et quoique lui-même ne fût pas entièrement étranger à cette manière toute matérielle de considérer le monde, qui se répandait sur tout, me semble cependant appartenir, du moins sous un point de vue relatif, à la classe de ces hommes du dix-huitième siècle qui étaient animés des meilleures intentions, même sous le rapport des sentimens religieux et de la disposition d'esprit; et cela est incontestablement vrai des écrivains postérieurs. Je ne rappellerai à mes lecteurs que le zèle si sincère dont Bonnet était animé.

La culture et l'organisation sociales s'étaient tellement éloignées en plusieurs points de la nature, dans l'Europe moderne et surtout en France, que l'on pourrait peut-être pardonner à un esprit éminemment investigateur et inquiet de s'être jeté précisément dans l'extrême opposé. Toutefois l'exemple de Rousseau prouve le mieux combien l'adoration et l'admiration exclusives de la nature, appliquées à l'homme, sont un guide et un appui peu sûrs pour la vie. Sous le rapport des sentimens et du zèle dont il était animé, Rousseau est infiniment supérieur, comme penseur, non-seulement à Voltaire mais encore à tous les autres philosophes français du dix-huitième siècle ; et sous ce double rapport, il en diffère totalement et est un homme à part. Néanmoins il a peut-être exercé une influence encore plus funeste sur sa nation et sur son siècle. Ce n'est que lorsqu'une âme fortement passionnée aspire à la vérité, et que la cherchant dans une facile voie elle ne la trouve point et saisit au lieu d'elle l'erreur, que celle-ci prend un caractère vraiment terrible et dangereux, et peut même entraîner des esprits plus nobles, lorsque la manière générale de penser manque de solidité. L'esprit de Voltaire a beaucoup contribué à ébranler cette fermeté dans les sentimens et les vieux principes de foi, de moralité ; et par là il a frayé la voie à Rousseau pour entraîner, par le charme de son éloquence inspirée, dans le tourbillon de l'esprit du temps, des esprits qui ne se fussent point laissé égarer par un simple esprit de sophisme. Il est vrai que le tableau que Rousseau fait de l'état de nature sauvage et sa théorie rationelle d'un état pleinement démocratique, inspirèrent d'abord plus d'étonnement qu'ils ne convainquirent les esprits ; mais comme il réussit à devenir en matière d'éducation le fondateur d'une méthode et d'une époque nouvelles, et comme, d'après ses principes, l'éducation fut commencée et menée à fin en laissant agir la nature seule, sans croyance positive et sans avoir égard à l'enchaînement de toutes les individualités dans leurs rapports civils, nous ne devons point être étonnés qu'un siècle plus tard on ait considéré comme exécutables les plus bizarres de ses idées politiques basées sur la nature. De même que l'on ne se servit en grande partie des progrès qu'avaient faits les sciences naturelles, que pour corrompre les principes moraux, pour attaquer les croyances des hommes et pour nier l'existence de toute divinité; de même l'on fit aussi au dix-huitième siècle une application tout-à-fait fausse de l'histoire des hommes et des peuples, qui avaient pris de si prodigieux accroissemens. Rousseau admirait et idolâtrait les sauvages, et en cela il eut beaucoup d'imitateurs. Mais, quel que fût le talent avec lequel on sut embellir et orner le tableau que les auteurs de voyages nous ont tracé des aborigènes d'Amérique et des sauvages en général, pour en faire jaillir l'idéal d'un pur état de nature, cependant la coutume de manger les hommes, répandue, non-seulement parmi les Cannibales, mais aussi parmi tous les autres sauvages, principalement parmi ceux de l'Amérique, tempéra quelque peu les élans de l'enthousiasme de ces admirateurs; jusqu'à ce que le siècle, libre enfin de tous préjugés, s'éleva à une hauteur telle que ce vice sauvage ne parût plus aussi grave ni aussi important.

Dans Voltaire ainsi que dans d'autres écrivains français qui sont venus après lui, on aperçoit une prédilection aussi outrée pour l'extrême opposé qui offre le contraste le plus frappant avec la liberté sauvage, c'est-à-dire pour les Chinois, dont la vie sociale, excessivement policée et organisée avec l'uniformité la plus rigoureuse, ressemble à peu près à ce que plus tard on a appelé, par un terme technique particulier, le despotisme de la raison. Une nation qui, ainsi qu'on le prétend, possède depuis des milliers d'années une morale pure sans religion, et qui eut des gazettes imprimées plusieurs siècles avant les Européens ; une nation qui confectionne les plus beaux ouvrages en porcelaine, qui prépare le papier, ce grand véhicule du siècle, d'une manière infiniment plus fine et plus belle qu'on ne le fait en Europe même, devait plaire au-delà de toute expression à un siècle qui voulait substituer de plus en plus une police bien organisée à la religion et aux inspirations morales désormais inutiles, qui considérait le perfectionnement de quelques fabriques comme la destination unique et la plus haute de la société humaine, et qui envisageait comme l'apogée de la révolution la prétendue morale pure qui, sans exposer à aucune extravagance, conduit uniquement à l'observation de toutes les lois de police et à la propagation générale d'un travail industriel, bienfaisant et salutaire. Toutefois l'Europe moderne serait à plaindre, si, comme on vient de se convaincre par une expérience récente que l'imitation des Caraïbes ne saurait avoir lieu pour l'époque actuelle, elle ne pouvait se persuader, par l'expérience, quelque passagère que fût son influence, que ce despotisme de la raison, que cette uniformité qui chez les Chinois dominent dans la société et dans les détails de la vie privée, n'opèrent point de résultats bienfaisans, ne conviennent point à l'homme et ne sont point fondés en vérité.

Voltaire et Rousseau sont les écrivains qui ont le plus influé sur la manière de penser du dix-huitième siècle. D'autres ont puissamment contribué à faire persévérer l'esprit du temps, à le faire avancer dans la direction qu'il avait une fois prise, à lui donner de plus grands développemens, et à rendre généralement dominante la philosophie des sensations dont Locke fut l'auteur, mais aux principes de laquelle ils donnèrent un caractère plus décidé et des conséquences plus hardies. On peut voir par Helvétius, quels furent les résultats que cette philosophie produisit sur la vie; car, lorsque cet écrivain présenta l'égoïsme, la vanité et les jouissances des sens comme les seuls ressorts, comme la seule chose réelle dans la vie, et comme le seul but raisonnable d'un homme éclairé, on se borna à dire qu'il avait deviné le secret général de l'univers. Suivant la doctrine d'Helvétius, ce n'était point l'esprit qui différenciait l'homme des animaux, car tout est matière suivant lui, mais les mains et les doigts; avantage que le singe partage évidemment à quelques égards avec l'homme. A cette époque, quelques philosophes commencèrent même à douter réellement de cette différence entre l'homme et le singe; et la discussion s'éleva sur la question de savoir s'il n'était pas possible qu'il existât quelque gradation entre l'homme et le singe, ou qu'il en eût existé. Il eût été à désirer que Rousseau se fût déclaré ouvertement contre le philosophe Helvétius, afin de le combattre; chose qu'il avait l'intention de faire dans le principe, et qu'il a négligée par des considérations purement personnelles. D'après sa méthode et sa manière particulière, cette discussion l'eût déterminé et excité à développer d'une manière plus précise sa philosophie et sa manière de penser particulière : ce qui eût été certainement très-avantageux aux deux adversaires; car, à côté des élémens de destruction que contenait cette philosophie, se trouvaient aussi le germe et la base première de beaucoup de bien. Il était entièrement opposé à la philosophie du sensualisme qui dominait alors, il haïssait cordialement cette fausse science; et bien qu'il n'eût jamais pu lui-même trouver la véritable, il disait cependant sous ce rapport bien des choses qui semblaient paradoxales à cette époque, et qui, aujourd'hui, nous semblent être la voix et le sentiment de la vérité qui se fait entendre au milieu du désordre général des erreurs. Mais il ne put jamais réussir complètement parce qu'il était trop seul, et qu'il était toujours trop dominé par la fausse idée que lui donnait son admiration aveugle et absolue pour la nature. Aussi, continuellement entraîné au-delà des bornes, ne put-il jamais parvenir au repos intérieur, et parmi tant d'hommes dans l'erreur, est-il le seul qui nous inspire une profonde commisération. Diderot marque le dernier degré dans la marche de la philosophie française au dix-huitième siècle; mes lecteurs n'ignorent pas en effet que c'est lui qui fut le véritable centre, l'âme, non-seulement de l'Encyclopédie, mais encore du Système de la nature et de plusieurs autres ouvrages athées écrits dans le même esprit. Il a beaucoup plus agi en secret qu'ouvertement; il était infiniment supérieur à Voltaire et à Rousseau, en ce qu'il était plus libre qu'eux de toute vanité d'auteur, et qu'il était uniquement occupé d'atteindre le but qu'il avait en vue. Ce qui l'animait, c'était une haine vraiment fanatique, non-seulement contre le christianisme, mais encore contre toute espèce de religion. L'opinion favorite de sa secte est que la religion n'est qu'un amas de superstitions grossières, qu'elle n'est que le produit accidentel de la crainte inspirée, par les révolutions de la nature dont la terre porte encore des traces si visibles, aux restes d'une race d'hommes à moitié désorganisés. Dans plusieurs de leurs ouvrages, ces philosophes n'ont pas honte de prononcer le nom d'athéisme, et ils disent ouvertement que, pour que l'espèce humaine devienne réellement heureuse, il faut que l'athéisme soit érigé en système généralement dominant; mais les tentatives partielles que l'on a faites à cet égard ont complètement échoué. La production la plus monstrueuse de ce système athée, est cette explication mythologique du christianisme, suivant laquelle le Christ, simple symbole astronomique, n'a jamais existé en réalité, et qui fait correspondre les douze apôtres aux douze signes du zodiaque. Quand on eut ainsi dérivé des sciences naturelles un nouveau paganisme complet, qu'on eût entièrement falsifié dans tous ses détails l'histoire des hommes et des peuples, il ne resta plus qu'à rappeler et à rétablir l'ancien paganisme et l'ancienne mythologie, et qu'à lui donner cette direction et cette application anti-chrétiennes, pour enlever à l'histoire de l'univers son point d'appui et changer sa base en une vaine fable et en un symbole. La manière de penser qui résulte de ce système pour la vie, se résout en ce vœu si connu et exprimé avec tant de clarté long-temps avant la révolution française, que l'on puisse égorger le dernier des rois avec les boyaux du dernier des prêtres.

CHAPITRE XIV.

Productions légères des Français et imitation des Anglais. — Ouvrages de littérature à la mode en France et en Angleterre. — Du roman moderne. — Bernardin de Saint-Pierre et Châteaubriand. — Prose de Rousseau et de Buffon. — La Martine. — Chants populaires d'Angleterre. — Walter Scott et Byron. — Nouveau théâtre italien. — Critique et art historique des Anglais. — Philosophie sceptique et foi morale. — Retour en France à une époque meilleure, et plus haute philosophie. — Bonald et Saint-Martin. — La Mennais et le comte de Maistre. — William Jones et Burke.

Depuis Louis XIV, la langue française fut constamment riche en productions légères de l'esprit et de l'imagination. Cependant, encore sous ce rapport, les temps anciens furent les plus favorisés. Il n'y a pas de poète comique qui ait pu égaler Molière. La grâce particulière de La Fontaine, dans un genre de narration poétique où règne un abandon plein d'art, est demeurée inimitable. Voltaire, qui, comme philosophe et par sa manière de penser, appartient entièrement à l'époque nouvelle et qui lui fraya la voie, se rattache, en poésie et en littérature, presque entièrement à l'époque ancienne, et forme ainsi la transition, le point de réunion entre les temps anciens et les temps modernes. Il réussit beaucoup moins dans la comédie que dans la tragédie ; mais il l'emporte sur tous les autres poètes de son temps par la variété qu'il sait répandre dans ses poésies légères. En France, le génie des poésies légères et des chansons prit alors cette direction principale; l'esprit et le ton de la société y devinrent toujours de plus en plus dominans; tandis qu'au contraire, la pensée et le sentiment de la nature se manifestant par de fréquentes descriptions, devenaient de plus en plus communs dans la poésie lyrique des Anglais. Plus la poésie se dirige vers le présent et vers la vie sociale, plus elle devient locale et sujette à la mode. Beaucoup de comédies, de romans ou d'autres poèmes de société de la fin du dix-septième ou du commencement du dix-huitième siècle, qui par eux-mêmes sont pleins d'esprit et qui de leur temps étaient très-renommés en France, ont complètement vieilli avec les mœurs, l'esprit et le temps qu'ils représentaient et pour lesquels ils étaient destinés. Si l'art poétique d'une nation se bornait uniquement à ces genres et à ces sujets tout-à-fait modernes, à des tableaux dramatiques de mœurs sans poésie, à des narrations tirées de la vie sociale et à de spirituels impromptus poétiques, à peine serait-il possible ou nécessaire d'en donner une histoire ou une critique; pas plus que l'on ne peut faire des éphémères d'une soirée d'été le sujet d'investigations anatomiques; car la poésie n'aurait alors d'autre but que de remplir les loisirs de la vie sociale et les heures consacrées au plaisir; et quand même, pour atteindre ce but et pour éviter des répétitions, elle s'adresserait parfois au sentiment et aux passions, ou produirait quelques pensées neuves et profondes, cependant son but principal, qui serait de faire passer agréablement le temps, demeurerait toujours le même; et ce but pourrait être atteint aussi bien et même mieux sans le secours de la versification.

Il est vrai qu'il existe dans le genre des poésies mélangées et légères des créations qui portent l'empreinte du génie autant que les premiers ouvrages de l'art poétique plus élevé. Seulement leur beauté est rarement aussi générale, et ne consiste souvent que dans l'expression et dans certaines délicatesses qui se sentent mieux qu'on ne les définit. Un poème héroïque, une tragédie peuvent aussi être sentis dans une langue étrangère; peut-être même souvent regrettera-t-on peu l'original, suivant qu'il sera plus parfait. Je doute qu'un étranger, alors même que par une étude approfondie la langue française soit devenue pour lui une seconde nature, puisse jamais partager l'admiration sans bornes que beaucoup de Français accordent à La Fontaine. Chacun reconnaît en lui de la naïveté, une certaine grâce toute particulière, l'empreinte du génie; mais, dans tout cela, un Français sentira et admirera beaucoup plus de choses qu'un étranger, parce que celui-ci ne saurait jamais parvenir à connaître à fond les propriétés de la langue. Les meilleures pièces à caractère de Molière sont même aujourd'hui déjà complètement vieillies pour le théâtre et la représentation, et ne sont plus guère admirées qu'à la lecture. Mais, à quelque hauteur qu'on les ait placées, peut-être avec raison, dans l'art poétique français, les comédies de Molière, considérées comme ouvrages à part, n'ont cependant pas produit de résultats heureux comme genre et comme modèles pour les successeurs de ce poète. Les caractères de La Bruyère ou de Théophraste, pour être présentés sous une forme dramatique, ne sont pas de la poésie. De même que la rhétorique des passions, alors qu'elle domine seule dans la tragédie, est bien loin de satisfaire à sa haute destination, de même l'analyse psychologique des caractères et des passions dans la comédie peut encore moins heureusement remplacer la poésie et l'esprit. Ce goût pour l'analyse psychologique fut beaucoup reproché à la haute comédie française, dans le dix-huitième siècle. De là aux traités de morale sous forme de comédies que Diderot a imaginés pour notre malheur, la transition était bien facile.

Le caractère primitif français est bien aussi léger et aussi joyeux qu'on le représente communément; mais je ne saurais nullement trouver ce caractère de gaîté dans les productions françaises du dix-huitième siècle, pas même là où il serait parfaitement à sa place. Il faut attribuer cela à l'esprit philosophique et politique qui devenait toujours plus dominant; car le cours des événement explique tout naturellement comment une rhétorique passionnée l'emporta toujours davantage sur cette ancienne poésie française si pétillante de gaîté; et il n'est pas moins incontestable que dans le dix-huitième siècle le caractère de la nation a essentiellement changé. A la vérité, la philosophie dominante du sensualisme répondait bien à la poésie légère et railleuse de quelques poètes; mais elle en conduisit plusieurs beaucoup trop loin, et même au-delà des limites de la poésie. Le matérialisme est par lui-même singulièrement défavorable à la poésie; il tue l'imagination. Quiconque a été convaincu par les doctrines d'Helvétius, doit renoncer à tous les prestiges et à toute la magie de la poésie.

D'un autre côté, l'amour de la liberté et la divinisation de la nature, tels qu'ils résultèrent chez les successeurs de Rousseau de la philosophie nouvelle, étaient dans une contradiction frappante avec la régularité de l'ancien art poétique français du dix-septième siècle. De là résulta aussi une lutte intérieure secrète et une tendance continuelle à se soustraire au joug rigoureux de cette régularité; tendance qui amena une révolution formelle dans le goût, et enfin une anarchie littéraire complète, quoique passagère, avant même que l'anarchie politique éclatât. De là la prédilection pour la poésie anglaise. Voltaire lui-même en fit un fréquent usage dans les détails, tandis qu'il la dépréciait en général et qu'il s'élevait même souvent ouvertement contre elle. Cette influence, exercée par les Anglais jusqu'à notre époque, est visible dans tous les efforts qu'a faits la haute poésie. La tentative de donner à la tragédie une liberté plus grande et plus d'étoffe historique, sans cependant renverser entièrement pour cela l'ancien système, n'est restée jusqu'à présent qu'un simple essai sans résultat précis. Les derniers ouvrages de haute poésie, considérés comme classiques dans la langue, sont des poèmes descriptifs du genre particulier aux Anglais. C'est pour cela que le roman devait devenir le genre favori de ceux dont l'enthousiasme produit par les beautés de la nature ne pouvait point s'exprimer dans les formes anciennes; car cette forme, si toutefois on peut l'appeler ainsi, était libre de toutes les entraves qu'on était nécessairement obligé d'accepter dans la poésie proprement dite. Lorsque Voltaire voulut donner à son esprit et à sa philosophie la forme du roman, que Rousseau y déposa son enthousiasme et son éloquence, quand Diderot s'en servit pour donner un libre cours à sa mauvaise humeur, le roman devint tout ce qu'il plaisait à ces hommes de génie d'en faire. Rousseau et Voltaire eurent des imitateurs qui ne cherchèrent qu'à revêtir le même genre d'esprit d'une exposition narrative plus régulière, basée sur la vie actuelle. Je ne parlerai point de ces romans de Voltaire qui sont pleins de son esprit, de *Candide*, par exemple. D'autres imitèrent davantage Rousseau. Du moins, pénétrés d'un semblable enthousiasme excité en eux par l'aspect de la belle nature, Bernardin de Saint-Pierre et Châteaubriand transportèrent leur imagination et leurs tableaux dans les déserts de l'Amérique, où ils n'avaient désormais plus rien à redouter d'Aristote et de Boileau, ces impitoyables tyrans de la mère-patrie.

Ainsi Voltaire, Rousseau et Diderot se servirent souvent du roman au gré de leur caprice et comme d'une simple forme pour y déposer certaines idées à eux propres, qui n'auraient pu s'adapter aussi bien à aucune autre forme. Mais si l'on considère le roman comme formant un genre particulier en poésie et comme une narration régulière en prose d'événemens de la vie sociale actuelle, les écrivains français ont été assez souvent obligés de prendre dans ce genre les Anglais pour modèles, et jamais ils ne purent les y égaler. Dans ce genre, Richardson occupe peut-être le premier rang pour l'invention et pour l'exposition; et si lui-même a vieilli, s'il a échoué dans ses efforts pour atteindre l'idéal de la haute poésie, si sa trop grande clarté devient pénible et fastidieuse, c'est bien plutôt une preuve qu'il y a quelque chose d'insoluble et de manqué à vouloir rattacher la poésie aussi immédiatement à la réalité et à lui donner une forme prosaïque. Parmi les imitateurs de Cervantes, Fielding et Smollet sont encore les plus habiles. Sterne a le premier créé cet autre genre qui n'expose plus ou qui du moins n'obéit qu'au caprice, et qui finit par se résoudre en un jeu de l'imagination, de l'esprit et du sentiment.

S'il fallait juger les ouvrages d'esprit à la mode et dans les besoins journaliers comme d'autres objets de mode, il me semble qu'encore sous ce rapport, en ce qui concerne le fini du travail, les romans anglais ordinaires mériteraient la préférence sur les romans français.

Une autre comparaison, qui n'est pas moins défavorable aux romans français dans leur littérature propre, et qui s'oppose aux progrès de ce genre, c'est la richesse extraordinaire de la France en mémoires historiques, en confessions ou recueils d'anecdotes et de lettres piquantes, qui tous se rapprochent plus ou moins de la nature du roman. Je ne sache point qu'aucun conte de Marmontel ait jamais inspiré un intérêt aussi général que ses mémoires; et quel est le roman français qui pourrait produire une impression semblable à celle des Confessions de Rousseau!

En général, au dix-huitième siècle, la poésie fut obligée en France de céder le pas à la prose, qui se développa avec beaucoup de richesse et avec la plus grande énergie dans les premiers écrivains, nonobstant quelques déviations et aberrations grossières. Le style de Voltaire dans la prose est spirituel et vif comme lui-même; il lui convient parfaitement, ainsi qu'à son génie. Du reste, les critiques français les plus rigides ne conseillent point, que je sache, de l'imiter pour la langue; et quant au style historique, il ne mérite certainement pas de servir de modèle. Le génie et le style de Diderot ont quelque chose de séduisant pour beaucoup d'Allemands, parce qu'il possède quelque chose de ce sentiment esthétique des beautés de la sculpture et de l'architecture, qui ne se trouve point, ou du moins très-rarement, dans les autres écrivains français; mais son style est capricieux, incorrect, n'a rien de cette grâce naïve à laquelle on s'attend dans les productions d'esprit des bons écrivains français. Buffon et Rousseau sont les auteurs français qu'à juste titre on admire le plus pour le style et pour le talent de l'exposition. Le premier est peut-être plus habile que le second dans les détails et dans l'art de construire des périodes; seulement il est amené par la nature de son ouvrage à placer partout des épisodes pour émettre ses pensées ou sa rhétorique, là même où elles sont tout-à-fait inutiles. On pourra, à la rigueur, trouver naturel qu'il ait exposé sa théorie de l'amour à l'article qu'il consacre aux pigeons; mais on ne s'attendait pas à trouver, dans le chapitre où il parle du lièvre, des considérations sur les migrations des peuples très étendues et exposées avec tout le luxe de la rhétorique. Comme peintre de la nature, Aristote ne se fût certainement pas permis de semblables licences. Unissant dans le style scientifique la convenance la plus rigoureuse à la clarté la plus parfaite, l'auteur grec a un avantage que l'ambition de Buffon était d'égaler. Je me rangerai par conséquent de l'avis de ceux qui accordent la préférence à Rousseau, parce que chez lui l'art est moins sensible dans les détails que chez Buffon, et parce qu'il y a dans ses ouvrages beaucoup plus d'unité. S'il ne s'y trouve point un ordre très-rigoureux, du moins la marche en est-elle originale et très-éloquente; c'est là ce qui le rend entraînant. Mais si je suis entièrement de l'avis de ceux qui considèrent Rousseau comme le premier des écrivains du dix-huitième siècle pour l'art et l'énergie du style, je ne puis cependant pas, d'un autre côté, refuser mon assentiment à ceux qui trouvent qu'il existe encore un grand intervalle entre cette éloquence, tout entraînante qu'elle soit, et le grandiose de Bossuet. Si jamais le rapport actuel venait à changer, si cette prépondérance de la prose dans la langue et dans la littérature française venait à diminuer, ou si du moins la poésie pouvait plus tard refleurir à côté d'elle, je serais porté à penser que cela n'arriverait et ne pourrait pas arriver par l'imitation des Anglais, comme on a fait jusqu'à présent pour soutenir la poésie chancelante, ni par l'imitation d'aucune autre nation; mais bien par un retour à l'esprit poétique en général, et en ramenant la poésie française aux temps anciens. L'imitation d'une autre nation ne conduit jamais au but; car toutes les productions de cette nation, à l'époque où elle a atteint le développement moral et intellectuel dont elle était susceptible, et la perfection de l'art, doivent toujours demeurer étrangères à celui qui l'imite; aussi bien il suffit à chaque nation de revenir à sa poésie et à ses traditions propres et originales. Plus on est près de la source, et plus on y puise profondément, plus on voit apparaître ce que toutes les nations ont de commun. La pure source de l'inspiration religieuse est ouverte à tous les esprits; c'est de sa profondeur que sort toujours une poésie nouvelle et convenable à tous les temps. C'est là qu'a puisé Lamartine, dont les poésies sont le commencement d'une nouvelle ère poétique pour la France. En Angleterre, la poésie penchait encore au commencement du dix-huitième siècle vers le goût français, dont l'influence est visible dans la correction vétilleuse de Pope, ainsi que dans l'essai que fit Adisson pour créer une tragédie régulière. Cependant ces deux auteurs tirèrent de l'oubli Shakespeare et Milton. La traduction que Pope fit d'Homère, encore qu'elle ne répondît point à la noble simplicité de l'original, augmenta cependant la prédilection générale pour le grand poète de la nature et du passé, et en est elle-même une preuve. Dans les poèmes originaux de Pope, on remarque déjà ce penchant dominant pour la pensée, qui fit du poème didactique le genre de poésie favori des Anglais, et qui fit naître en ce genre de si nombreux essais. Nous avons déjà fait précédemment observer à nos lecteurs, que ce genre a quelque chose de froid et d'anti-poétique, et l'exemple des Anglais a montré tout récemment qu'il ne peut fournir une longue carrière. Toutefois leurs pensées et leurs méditations se présentaient souvent accompagnées de passion et de mélancolie, comme on peut le voir dans les Nuits d'Young. Thomson exprime ses sentimens avec plus de beauté et de modération dans le poème descriptif, qui est un genre propre aux Anglais et qui a aussi trouvé tant d'imitateurs chez les autres nations; ce fut encore le goût pour la belle nature qui valut à Ossian tant de partisans; et si l'on ne trouve pas toujours une mélancolie ossianique et des méditations de la nature de celles de Young dans les poésies lyriques anglaises du dix-huitième siècle, l'esprit philosophique y domine cependant beaucoup plus que dans les poésies françaises. Percy et le goût pour Shakespeare firent aussi renaitre de bonne heure l'amour des vieilles ballades et des vieilles chansons populaires : plus on en a trouvé, en Ecosse surtout, plus le goût que l'on y prit semble avoir banni tout autre genre de poésie, à l'exception des romans et des pièces de théâtre qui sont devenus un besoin de tous les jours. Ainsi à la fin du dix-septième siècle et dans le dix-huitième, la haute poésie française commença par des règles sévères et tant soit peu arbitraires, et finit par se perdre toujours davantage dans un certain esprit de société. En Angleterre, elle débuta par des méditations sérieuses et graves, par de poétiques descriptions de la nature, et finit par le goût général des chansons populaires, échos partiels de la poésie d'une époque plus reculée qui s'était perdue. Dans ces dernières années où les rapports avec l'Angleterre ont été rétablis, la réputation de deux nouveaux poètes s'est répandue des îles britanniques sur le continent ; et tous deux caractérisent d'une manière différente le moment actuel et son esprit poétique. La poésie de Walter Scott ne vit que dans le souvenir des anciens temps et de la vieille Ecosse, et n'est elle-même que l'écho d'une rustique poésie qui n'est plus. C'est encore, si l'on veut, une espèce de mosaïque formée de fragmens divers de la tradition romantique et de l'époque de la chevalerie, industrieusement réunis et façonnés d'après les mœurs écossaises avec une scrupuleuse exactitude et une grande connaissance, à peu près de même que dans nos modernes habitations rurales on réunit avec grand soin des fragmens de peinture sur verre tirés des églises gothiques pour produire une impression pittoresque. Au contraire, la poésie de Byron s'élance, non des souvenirs et de l'espérance, mais de la profondeur d'une inspiration tragique et du désespoir de l'athée : elle se développe dans un esprit supérieur luttant contre l'irréligion et le désespoir : dans sa noire imagination, elle ne divinise, parmi tant de formes diversement sauvages, que l'héroïsme de la perdition, et lui prête les couleurs les plus terribles de la passion. Cette inspiration athée ne fut pas tout-à-fait étrangère à une époque antérieure à la poésie allemande; mais elle n'a pas tardé à s'élever dans une sphère plus fière; et pendant que les nuages d'une fausse grandeur tragique n'apparaissent plus que sur les limites extrêmes de la scène, on sent clairement dans les régions plus élevées de notre art, que la nouvelle poésie, avec son brillant éclat, ne peut point sortir du sombre gouffre du désespoir, mais seulement de la pure lumière de l'espérance, comme l'arc-en-ciel se déployant dans les cieux après l'orage, ou comme l'aurore qui dissipe les ombres de la nuit. Considérés comme poètes du désespoir et de l'espérance, Byron et Walter Scott sont plutôt le dernier retentissement d'une poésie ancienne qui périt, que le commencement d'une nouvelle qui n'a pas encore paru.

En général, pendant le dix-huitième siècle, la poésie déclina considérablement chez la plupart des nations européennes, si on la compare à celle des temps antérieurs si riches ; là même où la poésie est une image constante de la vie réelle, comme en Espagne, et où le génie de l'art fait partie du caractère de la nation, comme en Italie. Mais si au dix-huitième siècle l'Italie ne produisit en haute poésie rien qui pût être comparé aux anciens ouvrages poétiques, le théâtre s'y développa en revanche d'une manière plus variée. Dans Metastase, Goldoni, Gozzi et Alfieri, nous trouvons individualisés tous ces élémens d'un théâtre poétique qui chez nous aussi remplissent la scène, et qui le plus souvent sont accompagnés d'un certain merveilleux. Dans Metastase, le langage est porté au plus haut degré de perfection musicale. Nous voyons dans Goldoni la vie commune, mais traitée avec légèreté et amabilité, des caractères, des masques, et, d'après les usages italiens, de véritables masques, et non, comme chez nous, prenant toutes sortes de travestissemens. Il y a dans les contes populaires fantastiques, et dans les pièces féeries et magiques de Gozzi, une force d'invention vraiment poétique, mais dénuée de cette perfection musicale, de cet éclat de l'imagination par lesquels la poésie qui s'y trouve pourrait seulement paraître dans toute sa beauté et dans tout son éclat. Enfin, il y a dans Alfieri une tendance à atteindre l'élévation antique qu'on a l'habitude de louer, lors même qu'elle n'a pas de résultats fort importans.

Je ne sais si l'on ne peut pas dire des pièces modernes du théâtre anglais, comparées à celles des Français, ce que nous avons dit des romans : que sous le rapport de la fabrication poétique, elles méritent la préférence, à cause du soin exact, du poli et de l'élégance du travail. Le théâtre italien est plus rapproché de nous à cause de l'analogie qu'il offre avec notre théâtre, du moins dans la forme extérieure et dans les développemens qu'il a pris plus tard.

La critique des Anglais et quelques-uns de leurs ouvrages sur la poésie et même sur l'architecture et la sculpture étaient plus libres, plus originaux, et la plupart plus savans sous le rapport de la connaissance de l'antiquité, que ceux des écrivains français dans ce genre, et répondaient par conséquent davantage à l'esprit allemand. Mais la critique allemande n'a reçu que la première impulsion des Anglais, de Harris, de Hume, de Hurd et de Warton par exemple, et s'est bientôt développée par elle même, peut-être plus qu'aucune autre branche de notre littérature.

Les grands modèles dans l'art d'écrire l'histoire que l'Angleterre a produits au dix-huitième siècle, sont beaucoup plus importans que tout ce qui appartient à la littérature consacrée à l'étude du beau. En ce genre les Anglais ont surpassé toutes les autres nations, du moins parce qu'ils le traitèrent les premiers, et c'est aussi pour cela qu'ils ont servi de modèle aux historiens des autres nations. Si je ne me trompe, Hume occupe maintenant la première place parmi les trois historiens anglais les plus distingués du siècle. Autant le doute est bon à l'historien pour l'investigation des faits (sous ce rapport il ne saurait jamais être poussé trop loin), autant cette manière de penser, quand le scepticisme a attaqué, ébranlé et fait disparaître tous les principes religieux et moraux, convient peu à celui qui veut être l'historien d'une grande nation et produire un effet général durable.

De la partialité, des vues fausses même, sont en ce cas préférables et plus fécondes en résultats que l'absence de tout principe fixe, et que le manque de plan, de chaleur et d'enthousiasme : il ne reste plus alors que la tendance à l'opposition contre l'opinion dominante et au paradoxe, qui puisse répandre quelque intérêt sur un ouvrage historique conçu dans cet esprit. Cette tendance à l'opposition ne saurait être méconnue dans Hume. Quelque digne d'éloges qu'il soit et quelques services qu'il ait rendus en embrassant le parti des Torys, et en exposant une partie importante de l'histoire d'Angleterre, avec un intérêt touchant pour le sort funeste des Stuarts, et une partialité visible pour les principes des Torys, à une époque où l'esprit républicain du parti des Wighs dominait trop généralement dans la littérature anglaise, pour que l'avenir de la nation n'en fût pas compromis comme il l'est encore aujourd'hui ; il n'en reste pas moins un historien trop partial, quoique d'ailleurs il soit au premier rang pour son genre et sa manière d'envisager les événemens ; trop partial, dis-je, pour que son ouvrage devînt vraiment national, d'un esprit et d'un mérite tout-à-fait général. Il ne satisfait aucunement pour les temps anciens, parce qu'il ne les aimait point et qu'il ne savait point s'y transporter. Pour ce qui est du style, Robertson est l'auteur le plus séduisant; ses expressions sont choisies; et quoique continuellement orné, il est cependant clair et sans afféterie. Il est plus faible sous un autre rapport qui devrait être le plus important, c'est-à-dire comme investigateur. Aujourd'hui l'on reconnaît assez généralement, même en Angleterre, combien il est négligé, superficiel et en grande partie plein d'erreurs, quant aux faits; bien que la décadence et l'altération du goût dans le style, rendent nécessaire de le citer comme un modèle. Sous ce rapport, selon moi, son style est trop riche en expressions d'éclat et en antithèses. La beauté du style et la tendance à traiter l'histoire d'une manière tout-à-fait scientifique et oratoire, me paraissent quelque chose de tout-à-fait manqué et de propre à égarer. Que si l'on veut traiter le style historique comme un art, il arrivera difficilement qu'une nation moderne atteigne jamais la perfection des anciens en ce genre, ou même en approche. Mais peut-être nous est-il donné de les surpasser d'une autre manière, c'est-à-dire, en traitant davantage l'histoire comme poésie; et pour cela nous possédons des secours, des instrumens et des travaux préparatoires infiniment plus nombreux que les leurs. Quand on se propose un semblable but, un style simple est celui qui convient le mieux; pourvu qu'il soit soigné, convenable partout, rapide, clair, sans termes superflus, sans recherche et sans affectation de tournures oratoires et de morceaux d'éclat. Gibbon est très-riche en pensées, son style paraîtra presque toujours très-pur dans les détails; mais il est trop étudié et devient fatigant par sa monotonie dans tout le cours de son ouvrage. Il abonde en expressions et en tournures latines et françaises. La langue anglaise étant d'une nature mixte, n'a point de ligne de démarcation bien fixe sous le rapport des mots et des tournures qu'elle prétend tirer du latin et du français, pour les ajouter à tant d'autres qu'elle a adoptés très-anciennement et qui font partie de l'idiôme national. Cette manière recherchée d'écrire à moitié latine, par laquelle Gibbon se distingue, fut principalement accréditée par le critique Johnson; maintenant il semble que l'on en est revenu, du moins pour les principes, et que l'on considère cette manière d'écrire comme vicieuse et comme une aberration contraire au génie de la langue. L'ouvrage de Gibbon, quelque instructif et quelque attrayant qu'il soit par la richesse des faits et des pensées, ne satisfait cependant pas sous le rapport du plan; car on n'y trouve point de système arrêté. On y voit dominer l'esprit de Voltaire et une tendance à se moquer de tout ce qui a un caractère religieux; tendance indigne d'un historien, et qui dans le style élégant et recherché de Gibbon n'est point de l'esprit léger et naturel, mais seulement un effort pour en faire. Quoique j'aie signalé à mes lecteurs quelques défauts dans ces trois grands historiens anglais dont le mérite n'en est pas moins suffisamment reconnu, cependant si on les compare à leurs successeurs, on les trouve d'autant plus remarquables, et on les déclare les premiers dans leur genre. Que l'on prenne la peine de comparer Gibbon, Roscoe, cet historien sec et lourd, quoique d'ailleurs son esprit soit orné de toute la richesse de la culture italienne; Robertson, Coxe, qui est attrayant et agréable, mais moins noble et moins classique, et qui est presque toujours aussi peu satisfaisant pour l'investigation historique; ou bien le politique Fox à Hume; et l'on trouvera toujours qu'en Angleterre l'art d'écrire l'histoire est plutôt en décadence qu'il ne semble faire des progrès. La cause en est peut-être dans l'absence d'une philosophie ferme et satisfaisante;

absence que l'on remarque même dans les écrivains du premier ordre. Quand on ignore en général d'où vient l'homme et où il va, il est impossible de juger de la marche des événemens, du développement des temps, des destinées des nations, et même d'avoir à cet égard une opinion et une manière de voir arrêtées. L'histoire et la philosophie devraient d'ailleurs autant que possible marcher toujours de front. Entièrement séparée de l'histoire, et sans le génie de la critique qui ne peut être que le résultat de cette alliance, la philosophie ne peut guère devenir qu'une affaire de vaines formules ou de parti. Sans l'esprit vivifiant de la philosophie, l'histoire n'est qu'une collection morte de matériaux inutiles, sans unité intérieure, sans but proprement dit et sans résultat. Le manque de convictions et de principes satisfaisans ne se montre nulle part d'une manière aussi frappante que dans les prétendues histoires de l'humanité, dont on s'est beaucoup occupé surtout en Angleterre, d'où on les a transplantées en Allemagne. On tira de la grande collection des voyages les traits nécessaires pour composer un tableau du pêcheur, du chasseur et des hordes errantes, des peuples agricoles et de ceux qui vivent dans les villes et se livrent au commerce : tout cela fut décoré du nom d'histoire de l'humanité. Ces essais contenaient toutefois beaucoup d'observations de détails aussi bonnes qu'utiles, alors même que l'on considérait l'homme principalement dans sa constitution corporelle et naturelle, sous le rapport de la division de l'espèce en races blanche, noire, rouge et jaune. Mais qu'en résultait-il pour cette grande question dont la solution mériterait seule le nom d'une véritable histoire de l'humanité, celle de savoir ce que l'homme est réellement, comment il était originairement constitué, comment il vivait, et comment il est tombé dans l'état de misère où nous le voyons maintenant? La philosophie et la religion peuvent seules répondre à cette question, qui est tout-à-fait du domaine de l'histoire, et par laquelle commence et finit toute histoire : et j'entends parler ici de cette philosophie dont tous les efforts ont pour but l'intelligence de la religion. Dès que l'histoire sort du cercle étroit de quelques traditions et événemens donnés, et qu'elle considère l'ensemble de l'humanité, une philosophie basée sur la révélation peut seule en donner la solution véritable et indiquer la voie convenable. Il sera toujours à craindre sans cela que l'humanité ne soit comprise dans son développement que comme une simple manifestation de la nature. L'ordonnance sublime et divine du monde dans la succession des temps et des époques historiques ne saurait même être bien comprise et trouvée que dans la profondeur de la connaissance spirituelle. En un mot, le rapport nécessaire de l'histoire de l'humanité avec ce qu'il y a de divin dans son commencement, son milieu et sa fin, provient du spiritualisme de cette notion chrétienne. Au contraire, dans cette fausse histoire de l'humanité, digne produit de cette philosophie matérielle et uniquement basée sur les sensations, que fit éclore le dix-huitième siècle, on voit toujours dominer cette pensée que l'homme est né dans le monde comme un ver, avec cette seule différence qu'il a été doué de la faculté de se mouvoir et d'une conscience; cependant, d'après ce système il n'a reçu cette conscience de lui-même que passagèrement. Le chef-d'œuvre de ces histoires de l'humanité consiste au fond à faire naître graduellement le raisonnement et l'esprit avec tous les arts et toutes les sciences, de l'animalité; en sorte que plus on parvient à assimiler l'homme à l'orang-outang, cet animal favori de tant de philosophes du dix-huitième siècle, plus on est censé versé dans les mystères de la philosophie. Environnés comme nous sommes d'une immense quantité de richesses et de sources historiques, de documens sur l'antiquité, de tant de trésors sur la géographie et l'ethnographie, pouvant jeter les yeux en arrière sur tant de siècles, nous nous trouvons aujourd'hui au point où l'histoire du monde pourrait devenir une véritable science, dans laquelle l'histoire politique apparaîtrait sous un jour tout nouveau. Mais, pour achever cet édifice, il faudrait que les immenses matériaux que possède notre siècle fussent ramenés à l'antique base théologique et bien coordonnés entre eux; ce qui n'a point été fait jusqu'à présent. Les histoires de l'humanité qu'on nous a données ont été construites sur le sable mouvant d'hypothèses rationnelles ou d'observations superficielles, et détruites avec la philosophie sensualiste alors dominante. Mais l'art historique, comme les Anglais l'ont pratiqué les premiers dans les temps modernes, et auquel ils ont fait faire tant de progrès, ne nous a encore donné que des chefs-d'œuvre de rhétorique sans science véritable.

La philosophie de la sensation à laquelle Bacon donna naissance sans qu'il y ait de sa faute, que Locke systématisa et analysa le premier, et dont toutes les conséquences immorales et désorganisatrices se développèrent en France où elle fit secte et finit par amener un athéisme complet et général, prit une toute autre marche en Angleterre. Elle ne pouvait point produire les mêmes résultats dans ce pays, parce qu'elle était repoussée par le sentiment généralement répandu du bien-être et de ses exigences, du bien-être, qui eût été à jamais paralysé, si ce système désastreux s'était développé en Angleterre avec la même force qu'en France. Les Anglais étaient d'ailleurs portés par la nature de leur esprit à saisir plutôt le côté paradoxal et sceptique de cette philosophie, que son côté matériel et athée. Le système de Locke conduisit Berkeley à la théorie philosophique la plus bizarre, parce qu'en adoptant la philosophie de Locke, il ne voulait point renoncer à sa croyance religieuse, mais au contraire les concilier toutes deux : car sa croyance avait jeté dans son cœur de trop profondes racines pour qu'il lui fût possible d'y renoncer. La philosophie de cette époque ne pouvait pas concevoir, et en effet il était impossible qu'elle conçût comment les objets extérieurs entrent dans notre esprit, de telle sorte qu'il puisse s'en former des idées ; car toutes les perceptions, toutes les sensations dont ils sont la cause pour nous, ne sont en réalité que des impressions que nous en recevons, des modifications qu'elles nous font éprouver. De quelque manière que nous suivions les objets de nos sensations, nous n'en obtiendrons cependant que des impressions, sans jamais pouvoir atteindre les objets mêmes qui semblent nous échapper continuellement. Si nous considérons la nature comme ayant une vie propre, comme étant animée, ou du moins comme le moyen, comme l'instrument et le mot de la vie, l'embarras disparaît et tout s'éclaircit. Il n'est pas inconcevable qu'entre deux natures intellectuelles vivantes et agissant l'une sur l'autre, il s'en trouve une troisième morte en apparence, qui puisse servir de moyen terme et d'instrument de parole et de langage, ou même aussi être la limite et le mur de séparation; car nous l'éprouvons à chaque instant, parce que nous ne vivons ni n'agissons autrement, parce que même au dedans de nous-mêmes nous ne sommes jamais seuls, et parce que nous ne pouvons ni agir ni demeurer d'accord avec nous-mêmes, sans instrument et sans langage. Mais cette idée simple que le monde des sens n'est que la prison de l'esprit, un moyen et un instrument de division et de jonction pour l'esprit, avait été perdue avec la connaissance et la notion du monde intellectuel, et la conviction vivante de son existence. C'est ainsi que la philosophie des sens donna d'une erreur dans une autre relativement à ses premiers principes, ses demandes et ses réponses essentielles. Berkeley pensait qu'il n'y avait point d'objets extérieurs, mais que Dieu était la cause immédiate de toutes nos idées et de toutes nos sensations. Des doutes semblables firent adopter à Hume un tout autre système : le scepticisme stationnaire dans ses doutes insolubles, et qui va jusqu'à nier la certitude de toute connaissance. C'est lui qui, par son scepticisme pénétrant partout et bouleversant tout, a décidé la marche de la philosophie anglaise; car depuis Hume, on s'est borné à entraver par toute sorte de moyens l'influence pratique funeste de ce scepticisme, et à maintenir, par divers appuis et une foule d'auxiliaires, l'édifice de toutes les convictions morales, si nécessaires au bonheur de l'espèce humaine. Ainsi l'idée du bien-être national est non-seulement dans Adam Smith, mais dans toute la philosophie anglaise, la notion fondamentale, le centre et le dominateur de l'ensemble. Quelque digne d'éloges et quelque bienfaisante que soit cette théorie qui consiste à ramener tout à ce point central, cependant la notion du bien-être national ne saurait servir d'oracle décisif en toute connaissance et en toute science. Ces appuis sont faibles et faciles à ébranler, et l'on ne peut même pas y compter pour long-temps en ce qui concerne la vie pratique, parce que sa marche est déterminée et dominée tôt ou tard par la conviction interne, ainsi que par le développement de l'esprit. A défaut de la certitude dans nos connaissances qui ne saurait être atteinte, nous avons pour la remplacer le bon sens ordinaire; et pour remplacer la certitude morale, le sentiment et le consentement moral. L'esprit naturel, alors même qu'il serait en réalité aussi général et aussi sain qu'il croit l'être communément, trancherait bien plus la question de la philosophie, qu'il ne la résoudrait et n'y répondrait par ses décisions, s'il n'était pas permis d'en appeler et qu'elle ne dût point être examinée davantage; mais l'ardeur de savoir, qui est inhérente aux hommes, ne saurait être entravée, et la question concernant le véritable principe ou fondement de nos connaissances et de toute vérité se représente toujours, quoiqu'elle ait été tant de fois écartée. Le sentiment moral est une chose trop fragile pour la morale, s'il ne s'y joint une loi de justice éternelle qui ne saurait point émaner de l'expérience ni du sentiment pur, mais seulement de la raison ou de Dieu. Pour cela il faut une conviction ferme, une croyance bien arrêtée; mais la croyance que les philosophes anglais fondent sur les oracles de la saine raison, et sur les principes moraux reconnus vrais, ainsi que sur les sentimens dignes d'estime, est, comme sa base même, d'une nature très-chancelante. Ce n'est point ce que nous appellerions une croyance, une conviction et une connaissance ferme et inébranlable, comme les connaissances puisées dans la raison et dans l'expérience sensible ; mais une connaissance et une conviction puisées à une source toute différente, obtenues d'une toute autre manière, par le moyen de la perception intérieure, d'une révélation plus haute et d'une tradition divine. Bien plus, cette prétendue croyance, fondée sur le bon sens des hommes, est chez les philosophes anglais une croyance forgée à plaisir, qui n'a rien de solide et qui ne peut guère mieux subir l'épreuve du danger, que la croyance aveugle et routinière des indifférens. C'est ainsi que cette nation, si énergique et si libre dans toute son existence et dans toute sa vie, qui même en poésie aime mieux la profondeur que les frivolités extérieures, s'est posé elle-même, d'une manière toute particulière, des limites en philosophie; de sorte que, dans les temps modernes, son esprit s'est développé d'une manière moins originale dans ce domaine de l'esprit humain, et y paraît moins satisfaisant que quelques-uns des meilleurs écrivains français. Si, en Angleterre, quelques philosophes ont suivi des méthodes à eux, et se sont ainsi séparés de ce système général, ils n'ont produit aucun résultat important ni universel. Les essais en ce genre qu'on connaît d'eux ne sont même ni très-remarquables ni très-distingués.

On peut donc comparer la manière de penser des Anglais en philosophie, à un homme qui a l'air tout-à-fait sain, mais qui a une prédisposition intérieure à une dangereuse maladie, parce que le premier accès de cette maladie n'ayant été repoussé que par des palliatifs qui n'ont pu l'arrêter tout-à-fait, le mal n'a pas été attaqué dans sa racine. De même qu'en politique les troubles révolutionnaires intérieurs, dont le germe n'a jamais pu être étouffé en Angleterre, sont incessamment contenus par le contrepoids artificiel de l'admirable constitution de ce pays; de même, dans le domaine de l'intelligence, le matérialisme complet et prononcé, l'esprit destructeur d'une philosophie entièrement sceptique, est contenu dans de certaines limites par les calmans moraux, ou du moins a été empêché jusqu'à ce jour d'en venir à un éclat dont les suites ne pourraient être que funestes à toute la communauté. Mais le mal qui résulte des erreurs philosophiques et de l'incrédulité ne saurait être entièrement extirpé sans une guérison radicale intérieure. Je considère par conséquent comme très-vraisemblable et presque comme certain, que la manière de penser en philosophie, et nécessairement aussi celle de penser en morale et en religion, seront encore exposées en Angleterre à de grandes crises.

Si l'on ne prend pas en considération les résultats pratiques les plus immédiats, mais uniquement la marche extérieure de l'esprit, on serait peut-être porté à regarder l'erreur complète et qui se montre à découvert, comme moins dangereuse que celle qui se cache et à laquelle se mêle quelque vérité; car alors l'illusion naturelle n'aperçoit point le danger. Au contraire, l'esprit tombé dans les erreurs les plus graves revient plus facilement à lui-même, et ne sort de l'abîme où il était plongé qu'avec d'autant plus de force et d'énergie.

C'est surtout en France qu'a eu lieu ce retour éminemment remarquable à la vérité et à la vraie philosophie. Quand les autels, sur lesquels naguère encore était adorée la déesse du siècle, la raison, mieux représentée qu'on ne le pensait peut-être dans la personne d'une comédienne, eurent été purifiés et rendus à la religion; lorsque cette nouvelle église, qui n'avait aucune croyance arrêtée, la théophilanthropie, eut été anéantie, de tous côtés s'élevèrent les voix de la vérité trop long-temps étouffées. Je n'entends pas parler ici exclusivement de cet écrivain célèbre qui consacra entièrement à la religion sa brillante et féconde éloquence; car autant il était méritoire, autant il était opportun et nécessaire pour l'effet immédiat, dans la France de cette époque, que Châteaubriand présentât le christianisme principalement sous son aspect aimable et dans ses résultats bienfaisans. Cependant cet orateur s'est plus occupé de la manifestation extérieure de la religion et de son éclat, qu'il n'a pénétré dans son esprit, dans son essence et dans sa profondeur. La Mennais y a pénétré bien plus avant; avec un rare bonheur, quand il parle uniquement de la lumière de cette foi avec une piété éclairée, quand il se sent intérieurement inspiré par sa plénitude; moins heureux lorsque, s'engageant dans une discussion pour laquelle ses forces sont insuffisantes, il essaie d'établir la loi de la foi sur l'anéantissement de toute science, ainsi que l'avaient déjà fait avant lui, d'une manière purement morale, Kant, Jacobi et leurs partisans; aussi, sous ce rapport, parle-t-il, sans le savoir, en kantiste, bien que ses vues soient complètement catholiques. Mais assurément le temps est désormais passé pour la France de s'élever contre toute science avec l'éloquence de Rousseau, celle de la haine et de l'hostilité la plus acharnée. Au contraire, le moment est venu où, tandis que la fausse science périt dans sa propre nullité, la véritable, pénétrée de l'esprit de la religion, se réconciliera avec elle d'une manière durable et servira à sa plus grande glorification. Le comte de Maistre, versé dans la connaissance de la philosophie, se rapproche de ce but beaucoup plus que les autres écrivains ultras, parce qu'il a exposé le catholicisme plus fondamentalement que tout autre. Nous pouvons bien lui pardonner de ne point avoir compris le génie allemand.

On eut aussi recours à divers autres moyens pour étendre les lumières du siècle en France, et pour y fonder une philosophie plus élevée. Des auteurs très-instruits et des talens très-distingués ont même essayé de faire mieux connaître en France l'esprit des investigateurs allemands, et de l'y naturaliser. Il faut placer assurément au premier rang parmi ces écrivains cette femme qui a soutenu tant de luttes par la pensée, qui a tant souffert dans sa vie, et qui a peint d'une manière inimitable l'époque et l'homme de la révolution, beaucoup mieux pour la France que tout autre auteur. Cependant jusqu'à présent cette tentative d'introduire en France la science et l'art des Allemands, à laquelle elle consacra toute la force de son admirable génie, a été entravée par des obstacles insurmontables; peut-être parce que dès le principe on s'est trop livré à la littérature allemande en général, au lieu de se restreindre aux doctrines philosophiques qui étaient plus nécessaires et plus essentielles. Mais ici se présente, quand on considère la France dans son ensemble, un autre obstacle, parce que le développement intellectuel ne peut point se séparer de la marche religieuse; c'est que toute la littérature, et même toute la philosophie allemande, surtout dans ces derniers temps, a une couleur de protestantisme fortement prononcée; circonstance qui, dans la situation actuelle de la France, ne peut qu'être singulièrement défavorable à l'appréciation de cette littérature. Malheureusement les premiers champions de l'art et de la science des Allemands ont beaucoup trop insisté sur ce caractère de protestantisme, qui après tout n'est que partiel. Le temps seul pourra détruire cette première impression; et les bons écrivains français, c'est-à-dire ceux qui sont en même temps religieux et philosophes, comprendront un jour quel immense trésor de matériaux, de secours et d'organes nouveaux ils peuvent trouver dans l'Allemagne intellectuelle, même pour la science catholique. L'accord religieux ne pourra avoir lieu pour les diverses nations que lorsqu'elles auront trouvé cet accord en elles-mêmes. Il est incontestable qu'un accroissement de lumière partiel et venu du dehors ne conduirait pas au but, tant que n'existeraient point au centre et immobiles la vérité plus élevée et la conviction acquise par soi-même. Ceci ne saurait non plus être le résultat d'une croyance routinière extérieure, qui ne se maintiendrait que par des motifs politiques. La marche et le développement de la conviction intérieure, voilà, à dire vrai, d'où tout dépend.

Ce qu'il y a donc, suivant moi, de plus important et de plus essentiel dans la littérature française des temps récens, c'est le retour à la philosophie morale plus élevée, épurée, platonique et chrétienne, telle qu'on l'a vue sortir quelquefois en France de l'abime le plus profond de l'athéisme dominant. On peut dire à certains égards que cette philosophie date de quelque temps avant la révolution, d'une époque où la corruption était à son comble. Mais cet heureux commencement n'a produit et ne pouvait produire de résultats complets, qu'après le retour général à cette haute philosophie. Il y a toujours eu des philosophes entièrement séparés de leur siècle et animés des meilleures intentions, encore que l'esprit dominant de leur époque ait été excessivement corrompu. Je nommerai ici en premier lieu Hemsterhuys, qui, bien qu'il ne fût point Français d'origine, écrivait cependant dans cette langue avec la grâce des anciens, d'une manière si belle et si harmonieuse, avec si peu de contrainte et si peu d'efforts, que sous ce rapport ses dialogues de Socrate répondent parfaitement au noble esprit platonique et philosophique chrétien qui en forme le contenu. Mais ce retour est principalement signalé par l'apparition de deux philosophes éminemment remarquables par leur système tout-à-fait chrétien. Saint-Martin, l'un d'eux, avait exposé, avant la révolution et sous le nom du Philosophe inconnu, dans une série d'ouvrages demeurés inconnus à la foule, mais qui n'en agissaient que plus puissamment sur le petit nombre, cet antique système de spiritualisme qui paraît nouveau de notre temps, parce que l'idée de l'éternité nous est demeurée étrangère. L'autre, Bonald, est devenu, depuis la révolution qu'il a incessamment combattue, le défenseur le plus dévoué et le plus profond de l'ancienne constitution monarchique française, et a cherché à en établir les qualités et les principes essentiels dans une théorie politique toute chrétienne; de même que plus tard, dans un essai de philosophie chrétienne, il s'est élevé avec assez de clarté à l'idée du Verbe éternel et intercesseur comme fondement de ce système. Les ouvrages de ces deux écrivains contiennent cependant encore à côté de beaucoup de bonnes et excellentes choses, beaucoup d'erreurs graves et essentielles; ces erreurs ont en partie leur source dans quelques préjugés français, et proviennent de ce que, quoique luttant contre leur siècle, ces écrivains en sont cependant encore trop fiers, et qu'ils sont surtout trop épris de leur nation, ce qui leur fait émettre des idées fausses ou incomplètes au sujet d'autres peuples ou d'autres époques, et quelquefois trahit leur ignorance à cet égard. Le préjugé qui domine chez Bonald, c'est celui de la nationalité : il rapetisse singulièrement ses vues. Celles de Saint-Martin au contraire étaient souvent obscurcies, non pas, il est vrai, dans le système même qui était hors de tout contact avec la misérable réalité de notre époque; mais dans l'application, par ce qu'il y avait de décourageant dans ce qu'il apercevait autour de lui. Au reste, ce reproche d'un esprit d'opposition tacite contre la constitution actuelle de l'Église, qu'on lui fait comme catholique, est, en ce qui le concerne, plus apparent que fondé. Et s'il s'applique avec plus de justesse à quelques-uns de ses partisans en France et en Russie, il ne faut pas tant en être surpris, puisque les successeurs et les disciples d'un grand homme, de quelque genre que ce soit, ont coutume d'adopter de leur maître tout autre chose que les bornes d'une sage modération. Que si Saint-Martin n'approuvait point l'état actuel de l'Église et s'il déplorait surtout hautement la décadence de la science catholique, il se peut qu'il en ait trouvé les motifs pendant la révolution dans la sombre époque qui l'avait précédée, et cette circonstance doit lui servir d'excuse; mais ce malentendu n'en reste pas moins blâmable et contraire au but grand et noble qu'il se proposait, pour lequel il employait toutes les forces de son esprit; parce que l'on pourrait en déduire la fausse conséquence que la connaissance de ce qui est de Dieu est exclusivement fondée sur l'intention et la manifestation intérieure, et peut être séparée complètement, ou du moins éloignée, de la tradition positive ou de l'Église intérieure qui en est la base naturelle et la forme essentielle. Mais Saint-Martin n'a attaqué nulle part la véritable science de la religion, ni ne s'est jamais élevé contre elle. Il exprime en toute occasion le désir que les connaissances plus élevées en soient une propriété et un instrument, et soient de nouveau unies au sacerdoce. On doit y voir plutôt un hommage à la destination de la religion, qu'une dépréciation de sa dignité d'après la mesure commune de l'esprit dominant et d'une philosophie commune et sensuelle qu'il combattit au contraire sans relâche pendant toute sa vie. Aussi bien, tout ceci ne s'applique encore qu'aux circonstances extérieures; car Saint-Martin n'est jamais en opposition avec le système de la foi catholique, et sa philosophie n'est pas seulement mosaïque, mais encore véritablement chrétienne. Par son origine et par sa forme, elle appartient à cette philosophie platonicienne orientale qui, bien qu'après la réforme elle ait été, comme je l'ai déjà remarqué, bannie de toutes les chaires et de toutes les écoles, subsista néanmoins en secret et se maintint par une tradition mystérieuse. Les écrits en sont, pour la France du moins et la littérature du siècle, l'exposition la plus claire, la plus complète et la plus parfaite. Quoique l'écrivain dont je parle en ce moment n'ait aucunement le mérite de l'invention pour la philosophie qu'il adopta, et qui est mêlée de beaucoup d'erreurs et de lacunes; toujours est-il remarquable cependant qu'au milieu de l'athéisme qui régnait à cette époque en France, un inconnu, un philosophe isolé ait apparu qui se soit exclusivement consacré à réfuter cette philosophie athée, en annonçant aux hommes une philosophie mosaïque et chrétienne révélée par Dieu, fondée sur de vieilles et saintes traditions. Et l'on doit se réjouir de voir que parmi tant d'apologistes du catholicisme le comte de Maistre fit enfin apercevoir quel riche trésor d'esprit et de connaissances, si on avait su l'employer convenablement, était resté jusqu'alors inutile pour le but de la religion !

C'est une chose également remarquable qu'au commencement de notre siècle, tandis qu'une foule d'hommes n'avaient et n'eurent en vue, lors du rétablissement de la religion, que la nécessité politique et le maintien des croyances extérieures fondées sur la coutume, un savant jurisconsulte, un profond politique comme Bonald ait paru sur la scène et ait essayé sérieusement, avec une conviction pleine et entière, de baser la théorie de la justice uniquement sur Dieu, et la théorie de l'État sur les doctrines morales du christianisme. Sous le rapport philosophique, on ne pourrait lui adresser d'autre reproche que d'avoir trop mêlé et même presque identifié la raison et la révélation, par conséquent de n'avoir point apprécié cette dernière ainsi qu'il convenait de le faire. Toutefois en France, jusqu'à cette époque, on n'avait pas seulement scindé et opposé la raison et la révélation ; mais on les avait même mises tout-à-fait hors de contact. Un grand nombre de défenseurs des doctrines religieuses ont moins heureusement atteint leur but, précisément parce qu'ils rejetaient indistinctement toute philosophie, tandis que la raison dialectique et la fausse philosophie; une fois nées avec l'homme, ne sauraient être extirpées et anéanties que par une philosophie vraie. Bonald tombe dans l'extrême contraire ; il veut trop rationaliser le christianisme et même le réduire à l'état d'idée rationelle. La vérité même, lorsqu'elle veut renverser l'erreur, se jette avec trop de force et trop d'abandon dans le point de vue opposé. Après des erreurs telles que celles que vit naître le dix-huitième siècle, il n'est point étonnant que l'esprit, d'abord incertain et chancelant, marchât avec hésitation même dans une meilleure voie, ainsi qu'il arriva d'une manière différente à Saint-Martin et à Bonald, les deux écrivains français les plus distingués de cette époque et auxquels se rattache le comte de Maistre, plus satisfaisant, plus croyable dans sa doctrine, et traitant son sujet de plus haut. Dans son ouvrage sur le Pape, il a exposé avec une admirable clarté les bases de la foi catholique ; dans ses entretiens philosophiques, il découvre à notre horizon les vues les plus sublimes de la science catholique. Un pareil retour provenant de la nation elle-même, ne pouvait avoir lieu en Angleterre. Les grands objets extérieurs, le commerce du monde et la constitution anglaise, l'Inde et le continent absorbaient dans ce pays, le plus actif de tous, l'esprit qui ne se distingue principalement que par cette activité. Là, il ne reste pas de temps pour s'appliquer à des pensées plus profondes, ni pour la philosophie dans laquelle on est, à cause de cela, inférieur même aux Français. Il n'y avait pas non plus lieu à un semblable retour, comme c'avait été le cas en France, parce qu'il n'y avait pas eu de révolution civile ou intellectuelle. La force du bon sens se montre dans ce pays par l'inébranlable fixité de son antique grandeur, et surtout dans la profondeur des bases de celle-ci. De nos jours même, l'Angleterre n'a jamais manqué de grands écrivains, d'investigateurs, de penseurs et d'orateurs qui, de leur côté, marquent aussi ce grand retour à de plus saines doctrines d'une manière à eux propre, et qui apparaissent seuls dans leur pays. C'est ainsi que William Jones, l'un des savans les plus profonds qu'ait produit l'Angleterre, a ouvert pour ses successeurs une carrière assurée dans le grand art avec lequel il sut saisir avec un sens véritablement religieux toutes les antiquités orientales, surtout celles des Indiens : et dans ces antiquités, celles de l'humanité et des saintes Écritures, en sorte que la Bible est la base de toute son érudition; d'où suit naturellement un emploi scientifique des livres saints, ce qui est tout-à-fait l'opposé de leur folle propagation par les sociétés bibliques. Cette méthode d'investigations asiatiques, si elle était suivie avec génie et énergie, conduirait infiniment au-delà de tous les préjugés et de toutes les entraves ordinaires de la philosophie anglaise, parce que l'accès de la haute philosophie paraîtrait sur cette voie de l'érudition et des grandes recherches historiques, plus facile aux Anglais. Mais Burke, à la fois grand homme d'État et orateur distingué, est devenu une nouvelle lumière de toute sagesse politique et de toute expérience morale pour l'Europe entière, principalement pour l'Allemagne, à en juger par l'usage utile qui en a été fait. Cette lumière sauva le siècle qui était entraîné par les orages de la révolution et son système dépourvu de toute philosophie proprement dite; elle pénétra plus avant dans la constitution des États, dans les liens religieux de la vie civile et de l'existence nationale, que n'avait jamais pu le faire aucune philosophie. Tandis donc qu'en France, du plus profond abîme de l'incrédulité et de la corruption morale, de nobles efforts étaient faits pour s'élever au milieu des épaisses ténèbres de l'époque à la lumière de la vérité éternelle; l'Angleterre, puissance entièrement revenue à l'antique, même dans le domaine de l'esprit, nous donnait de grands exemples de persévérance dans ce qu'on possède de positif dans la science et dans la vie.

CHAPITRE XV.

Philosophie allemande. — Spinosa et Leibnitz. — Langue et poésie allemandes aux seizième et dix-septième siècles. — Luther, Hans Sachs, Jacques Bœhme, Opitz. — Ecole Silésienne. — Dépravation du goût après la paix de Westphalie; poésies de circonstance. — Poètes allemands de la première moitié du dix-huitième siècle. — Frédéric II. — Klopstock; la Messiade et la théogonie du Nord. — Poèmes chevaleresques de Wieland. — Introduction de l'ancienne mesure syllabique et défense de la rime. — Adelung, Gottsched et le prétendu âge d'or. — Première génération de la littérature allemande moderne, ou période des écrivains créateurs.

Il paraîtra peut-être superflu de s'attaquer encore à la philosophie du dix-huitième siècle qui n'est plus maintenant qu'une ombre : on aurait cependant tort de penser ainsi et de s'en tenir aux apparences extérieures. Un mal n'est point complètement anéanti par cela seul qu'il est devenu moins visible. En Angleterre, ce mal n'a jamais éclaté, et c'est par cette raison qu'il n'a jamais été possible de l'extirper radicalement. Là, comme en France, il y a d'honorables exceptions; on voit de brillans symptômes qui annoncent le retour à des doctrines plus pures, et l'invincible puissance de la vérité. Mais la manière générale de penser, surtout celle des savans et des naturalistes, a-t-elle changé par cela seul? Nullement. Parmi ces derniers, nous voyons toujours dominer en France l'ancien système qui explique, ou qui du moins essaie toujours d'expliquer le monde et ses phénomènes d'une manière toute matérielle, comme le résultat de la combinaison de prétendus atomes ou molécules, qu'on déclare ou qu'on veut déclarer n'être en définitive que de la matière; car une pareille explication ne peut jamais satisfaire, et il est impossible de la donner toujours. De toutes les hypothèses, le matérialisme est, même pour la science, la plus gratuite et la plus dénuée de fondement; ses conséquences sont destructives de toute morale, de toute énergie nationale, de tout enthousiasme et de toute religion. Bien que maintenant elles apparaissent moins à la lumière et qu'on n'ose point les pratiquer ouvertement parce que l'expérience a rendu plus prudent, qu'on cherche à les éviter ou à les laisser tout-à-fait de côté, cependant il est douloureux de voir que des hommes qui, comme naturalistes, ont du talent et qui occupent un rang distingué dans toutes les sciences qui concernent l'homme et dans tout ce qui mérite, à proprement parler, le nom de vérité, soient tellement nuls dans les connaissances plus élevées. Ceci est encore le cas à l'étranger, malgré le retour général de l'opinion publique à la vérité, et nonobstant la force remarquable avec laquelle quelques hommes marchent dans cette voie et cherchent à faire imiter leur exemple. En Allemagne, la maladie générale du siècle, la fausse philosophie, le raisonner, ont pris une marche toute différente et ont des formes en partie plus modérées, ou du moins qui eurent des résultats moins funestes, parce qu'elles étaient plus savantes; mais on se tromperait étrangement si l'on pensait que le mal n'ait point existé chez nous, ou si l'on refusait de reconnaître que c'était essentiellement le même, encore qu'il se présentât sous d'autres formes. Le matérialisme grossier, l'aride doctrine atomistique, ne purent jamais, il est vrai, jeter des racines bien profondes en Allemagne où l'on examine et discute tout à fond ; mais par contre la maladie endémique de ce pays a été le rationalisme, doctrine de mort pour l'esprit, qui s'est emparée même de la théologie où elle a produit de fausses lumières, comme en avait produit dans l'école la rage des systèmes. Dans la tourbe des penseurs ordinaires et dans les basses régions de la vie intellectuelle, cette maladie de l'esprit humain a pris les formes d'un système. Mais si quelques hommes d'un grand génie, terrassant avec leurs propres armes le système d'abstraction de la philosophie rationelle, avaient trouvé les brèches, et pour ainsi dire, les ouvertures et les points d'où il n'eût point été difficile de rencontrer une voie pour retourner à la révélation, à la connaissance de ce qui est de Dieu et positif; après eux cependant, un assez grand nombre de talens très-distingués, au lieu des erreurs de la philosophie rationelle qu'on venait de signaler, sont tombés dans un lâche panthéisme : nouveau mal d'une espèce plus relevée et plus spirituelle, qui, dominant dans les hautes régions de la culture intellectuelle, nous entrave davantage sur la route de la vérité et du christianisme, pendant que le vulgaire n'est que trop heureux, au milieu de formes diverses et de modifications de toute espèce, de revenir à l'ancien système des formules de l'abstraction vide. Ces deux maux, s'ils ne sont pas aussi effrayans que l'interruption ou la barbarie complète de la vie intellectuelle dans les philosophies anglaise et française, sont assez graves cependant pour que nous ne puissions pas croire que l'Allemagne soit entièrement pure de semblables erreurs, dont ne garantit même point l'essor le plus sublime de la pensée qu'on ne saurait méconnaître ici.

Au reste si, dans le principe, la philosophie allemande ne s'est point jetée dans des écarts et dans des extrêmes aussi violens que la philosophie française, elle n'en fut point préservée, comme en Angleterre, par le sentiment généralement répandu et dominant de la prospérité nationale et de ses exigences; car un pareil résultat ne pouvait avoir lieu, ou du moins ne pouvait pas exercer une influence égale en Allemagne où la constitution de l'État offrait un dédale savant, chez une nation divisée en une foule de petits États. Cette constitution de l'État, savamment combinée et qui par la complication de ses ressorts était favorable aux formalités juridiques, qu'elle suivait et élaborait en détail jusqu'à la subtilité, eut pour résultat de faire dominer, à l'aide des formalités juridiques, l'esprit de la justice même, et d'empêcher que des théories erronées de l'injustice, comme celles de Machiavel et de Hobbes, ne s'immisçassent ouvertement dans les esprits, jusqu'à ce que, même en Allemagne, la pratique devint toujours plus audacieuse avec la marche du siècle et fraya la voie à la funeste théorie. Si dans le principe la philosophie allemande fut préservée de plus graves erreurs, c'est qu'il lui resta plus de réminiscences et de rapports avec la philosophie ancienne, dont la tradition avait été totalement rompue et perdue en France ainsi qu'en Angleterre. Sous ce rapport, Leibnitz surtout exerça une influence bienfaisante sur l'Allemagne. Quoiqu'on puisse le comparer lui-même à un médecin qui emploie contre le mal des palliatifs au lieu de le guérir radicalement, et se borne à en apaiser momentanément les paroxismes; cependant, comme il était aussi instruit que profond penseur, sa philosophie contenait de nombreuses réminiscences de ce genre; et plus ses hypothèses n'étaient que des biais adroits et spirituels pour résoudre d'anciennes difficultés, plus elles renfermaient d'élémens pour quiconque aurait à l'avenir le courage, le génie et la vocation de pénétrer plus avant dans tous les labyrinthes de la pensée et dans tous les mystères des connaissances humaines. D'après le temps où il vécut, il appartient à cette transition de la philosophie du dix-septième siècle dans celle du dix-huitième, l'une des révolutions les plus importantes de l'esprit humain. Mais comme sa philosophie a peu influé sur la France, en rien sur l'Angleterre, et uniquement sur l'Allemagne, je me suis abstenu d'en parler jusqu'à présent, ainsi que de son antagoniste Spinosa, parce que lui aussi eut peu d'influence dans sa patrie et en Angleterre, et presque point en France. Il n'en eut pas du tout sur l'Allemagne. La grande erreur de Spinosa de ne point distinguer Dieu du monde, de refuser à tous les êtres une existence et une individualité propres, et de n'y voir qu'autant de manifestations différentes du seul Être éternel et entraînant tout, détruit toute religion, parce qu'il refuse à Dieu la personnalité, à l'homme toute liberté; qu'il détruit la différence essentielle du bien et du mal, en déclarant que l'immoralité, le mensonge et l'impiété ne sont que de pures apparences. Cette erreur est si près de la raison purement naturelle, qu'elle est peut-être la plus ancienne qui ait suivi la vérité primitive. Seulement Spinosa a donné au panthéisme une forme plus scientifique. Car cet écart est si naturel même à la raison scientifique, lorsqu'elle veut trouver la vérité par ses propres forces, que Descartes, dont le système servit de point de départ à Spinosa, n'échappa que par son manque de profondeur et de hardiesse d'esprit à l'abîme sur le bord duquel il était déjà parvenu. Ici encore il faut distinguer l'erreur, de la personne. Souvent celui qui ouvre le premier une voie nouvelle à l'erreur, qui la pousse jusqu'au dernier degré et l'exprime de la manière la plus hardie et la plus décidée, est bien moins à mépriser que ses successeurs ou ceux qui, adoptant les mêmes erreurs, n'en diffèrent que parce qu'ils prennent une allure moins franche. Il est vrai que la doctrine morale de Spinosa n'est pas plus chrétienne que lui-même n'était chrétien; mais elle a autant de noblesse et de pureté que celle des Stoïciens de l'antiquité, et l'emporte même à certains égards sur celle-ci. Ce qui lui donne une supériorité marquée sur ses adversaires qui ne comprennent point sa profondeur ou qui ne la remarquent pas, ou sur ceux qui presque à leur insu prennent les mêmes voies erronées, ce n'est pas uniquement la clarté scientifique et la franchise de sa manière de penser: cette supériorité dérive surtout de ce que, dans sa manière de penser, tout est d'un seul jet, qu'il sent comme il peint, et est entièrement animé par son sentiment. On ne peut dire que ce soit une inspiration de la nature telle que celle du poète, de l'artiste ou du naturaliste. C'est encore moins de l'amour ou de la piété; car comment existeraient-ils sans croyance, sans la reconnaissance d'un Dieu? Mais c'est un sentiment de l'infini pénétrant tout, qui l'accompagne dans toutes ses pensées, et qui l'élève entièrement au-dessus du monde des sens. Toute erreur grave qui a trait à l'ensemble est au fond également condamnable, et il semblerait qu'ici aucune gradation ne pût avoir lieu. Cependant, si nous comparons les erreurs de Spinosa avec l'athéisme du dix-huitième siècle, nous remarquerons une énorme différence. Cette philosophie matérielle, si toutefois elle mérite le nom de philosophie, qui explique tout par le corps et qui considère les sensations comme ce qu'il y a de plus élevé, est une erreur presque au-dessous de l'humanité. C'est pourquoi on pourra rarement espérer un retour à des doctrines meilleures de la part d'individus une fois tombés dans cet abîme, quoiqu'il puisse arriver très-facilement qu'une nation, un siècle, ayant aperçu dans tous leurs développemens les conséquences morales de cette philosophie des sens, s'en détournent avec horreur. La haute spiritualité de cette autre erreur où conduit le système de Spinosa, semblerait au contraire laisser à une plus profonde investigation plus de moyens de s'élever de nouveau à la vérité ; mais une erreur est d'autant plus préjudiciable qu'elle peut davantage influer sur les esprits les plus nobles et les plus purs. Il est vrai que les conséquences immédiates d'une pareille erreur ne sont point aussi dangereuses pour la pratique ; mais elles jettent des racines profondes dans les esprits, et tôt ou tard elles agissent d'une manière désorganisatrice sur l'ensemble d'une nation ou d'un siècle : comme sur le corps humain, une maladie qui a attaqué les plus nobles parties de la vie. C'est une maladie spirituelle toute semblable, et qui a attaqué le centre de la vie, que ce panthéisme poli qui est devenu dominant en Allemagne sous mille formes différentes, qui se montre tantôt dans la plénitude séduisante d'une vive imagination, tantôt critique, analyse et pèse les détails de l'histoire sans en jamais bien comprendre l'ensemble, qui quelquefois s'arme des anciennes subtilités dialectiques, tout usées qu'elles soient, et trahit ce qu'il y a de vide dans l'idéalisme. A la longue et dans l'effet général, le sens de la vérité périra de la sorte; et toute capacité de comprendre et de connaître un positif divin, par conséquent tout ce qu'il y a d'intérieurement solide, disparaîtra de la vie comme de la connaissance. Il n'y a qu'une philosophie vraiment chrétienne qui puisse arrêter ce mal et le dompter. Relativement à l'époque dont nous nous occupons, c'est dans Leibnitz que l'idée et la disposition pour cette philosophie se sont le plus clairement développées. Voilà pourquoi nous le considérions tout-à-l'heure comme la couronne et le sommet de cette école européenne et universelle de philosophie moderne qui n'appartient encore exclusivement à aucune nation, philosophie dont Bacon, Descartes, Spinosa et le plus grand des philosophes allemands forment le cercle. Voilà la route dans laquelle on eût dû persévérer, et qu'on eût dû explorer! En effet, Leibnitz a laissé tout-à-fait incomplète l'idée de sa philosophie. Aussi n'a-t-il jamais pu triompher de ce mal qui existait déjà alors, mais qui n'apparaissait que sous une autre forme tout-à-fait isolée, et qu'il combattait sans relâche, comme s'il eût pressenti qu'il germait.

La philosophie de Leibnitz se rapporte, à beaucoup d'égards, à celle de Spinosa. C'est, en général, presque partout une philosophie de controverse; et, quoiqu'elle n'ait pas toujours ce caractère sous le rapport de la forme extérieure, elle a cependant constamment celui d'une philosophie luttant contre le siècle, lui répondant, dissipant les doutes, comblant les lacunes, se rattachant à l'esprit et aux besoins du temps; mais elle n'est ni indépendante, ni agissante par sa propre puissance. Le sceptique littéraire Bayle, Locke, le fondateur de la philosophie des sens, étaient les principaux adversaires de Leibnitz, pour ne pas faire mention d'autres controverses plus personnelles. Mais le plus distingué de tous les adversaires de Leibnitz est Spinosa, contre qui il lutte si souvent, alors même qu'il ne le nomme point; c'est un ennemi invisible et qu'il redoute. Parmi les philosophes dont il partage les opinions, il en est un grand nombre dont il n'a pas fait mention, parce qu'ils étaient moins connus; passant ainsi sous silence les véritables sources auxquelles il a puisé. Il n'était point dans son caractère de reconnaître l'existence d'un monde d'esprits infinis dont le monde des sens n'est que l'enveloppe extérieure. La doctrine des idées innées, telle qu'il l'avait comprise, conduit à un système de notions abstraites que l'on suppose innées dans l'entendement comme un plan mort, plutôt qu'on ne peut y apercevoir l'action intérieure de l'esprit. La doctrine des idées ignorées peut conduire plus près encore de ce but, parce que la connaissance que notre conscience n'est qu'une moitié, ou bien que nous ne savons que la moitié de notre conscience; tandis que l'autre reste invisible à notre œil, est du moins le premier pas pour y arriver, pour pénétrer dans le mystère ou dans les secrets laboratoires de l'âme. C'est ainsi que, dans le monde des sens, les astres de la nuit nous apprennent seuls à connaître la lumière du jour et son véritable cours. Au contraire, son hypothèse que les objets sensibles ne sont qu'un chaos de monades dans un état de torpeur, et non encore parvenues à acquérir une parfaite conscience d'elles-mêmes, se rattache trop à la doctrine atomistique d'Epicure, ainsi qu'à celle des athées modernes, et n'est en dernière analyse, qu'une espèce de moyen terme entre celle-ci et la reconnaissance pleine et entière du monde intellectuel. La tentative qu'il a faite de résoudre la plus grande difficulté de la philosophie d'alors, difficulté relative à la connexité de l'âme et du corps, en admettant que leur auteur ait établi primitivement entre elles un accord, comme un artiste pourrait faire à l'égard de deux montres, n'est qu'une hypothèse ingénieuse qui suppose que le monde n'est autre chose qu'un savant mécanisme. Sa célèbre Théodicée, ou justification de Dieu à l'égard du mal qu'on ne saurait nier exister dans le monde, répond à cette question qui se présente sans cesse à la raison naturelle, avec toute l'adresse et toute l'habileté d'un diplomate exercé qui se fait un devoir de faire partout ressortir le côté le plus avantageux pour son souverain, et d'en tirer parti pour ou contre, de taire soigneusement et de dérober aux regards tout côté faible en apparence ou en réalité que son adversaire pourrait mettre à profit.

Il est impossible à une philosophie uniquement fondée sur la raison, de répondre à la question de l'origine du mal ou de l'imperfection du monde, sans nier entièrement le mal, ce qui serait contraire à la saine raison ; et sans être obligé d'en attribuer l'existence à Dieu lui-même, idée qui révolte tous les sentimens. Mais la réponse de Leibnitz contre laquelle Voltaire a dirigé toute sa verve de raillerie, « que ce monde est le meilleur de tous les mondes possibles, » a reçu de nos jours son corollaire par le système d'un penseur distingué qui, faisant tout dériver du moi, en tire cette conséquence, que le monde n'a été créé qu'afin que le moi pût entrer en contact avec lui, et, dans cette lutte, développât sa force propre ; but pour lequel tout monde convient, quelle que soit d'ailleurs sa nature, et est par cela même assez bon. Mais ni cette réponse éminemment laconique, ni l'autre, qui est éminemment diplomatique, ne peuvent satisfaire le sentiment ou la philosophie. Nous voyons avec admiration, dans un ouvrage dogmatique de Leibnitz qui n'a été connu que tout récemment, combien ses idées sur la théologie et l'accord des vérités catholiques étaient claires et profondes. Mais il lui a manqué, sous ce rapport, cette dose de courage et de force de caractère nécessaire pour faire le dernier pas, décider lui-même la question et en faire publiquement connaître la solution au monde ; démarche qui, de la part d'un esprit aussi supérieur, eût à coup sûr eu la plus grande influence. Il resta d'ailleurs à moitié chemin sur la voie de la foi. La cause en était dans ses connaissances si étendues au dehors. La plus haute et la plus profonde idée qui se trouve dans ses fragmens de connaissance, et que Lessing a aussi signalée avec autant de justesse que de profondeur, c'est celle de la protection toujours croissante du monde dans le sens métaphysique, ou de la glorification toujours ascendante de Dieu dans la marche éternelle de la création, de la lumière à une lumière toujours plus haute. Cette idée est en effet pour la connaissance métaphysique le véritable centre vivant de la révélation chrétienne, comme la doctrine de la chute forme le mystère fondamental de l'ancienne révélation mosaïque. Parmi le petit nombre de philosophes qui se sont élevés à la connaissance et à la reconnaissance de la révélation, la plupart se sont arrêtés à l'ancienne révélation mosaïque, dont la doctrine de la chute n'eût jamais été fondée par la raison de l'homme, si déjà de toute antiquité elle n'avait été connue par les traditions du monde primitif. Quoiqu'elle soit le principe et le fondement de toute véritable connaissance, elle ne reçoit de véritable signification que par cette autre idée à laquelle la raison peut imaginer quelque chose d'analogue, d'après la notion incertaine d'une perfection croissante qu'on applique souvent d'une manière si fausse à la vie pratique ordinaire. Mais cette idée n'atteint toute sa clarté pour la métaphysique que dans la lumière de la révélation par le christianisme, qui seul donne la conviction que de l'ancienne chute du monde sortent avec un éclat éblouissant la perfection et la lumière nouvelle de la création. Il est possible toutefois que Leibnitz ait plutôt compris mathématiquement cette idée qu'il ne l'a suivie et épuisée dans toute sa profondeur religieuse. Plus nous découvrons clairement et manifestement en lui la disposition à une philosophie vraiment catholique, plus nous devons regretter que cette disposition n'ait point reçu de développemens et que son génie n'ait pu s'élever entièrement des notions abstraites de son siècle à la connaissance vivante.

On voit surtout par les idées que Leibnitz se forme du temps et de l'espace, combien les principes d'une philosophie plus élevée étaient déjà alors tombés dans l'oubli, ou du moins, combien ces principes étaient éloignés de la manière de penser dominante. La philosophie antérieure reconnaissait dans l'espace et dans le temps le théâtre infini de la magnificence du Tout-Puissant, et la source de toute vie dans l'immensité de l'amour éternel. L'homme naturel lui-même, celui qui ne connaît que les sens, lorsqu'il y pense ne peut se défendre d'un mouvement d'admiration qui le transporte immédiatement dans les régions de la Divinité. Il ne saurait, à la vérité, mesurer par la pensée cet espace infini; mais il peut du moins le saisir, et par conséquent le concevoir. Là s'ouvre et apparaît à ses yeux une profondeur infinie au dedans de lui, comme la plénitude de la vie, lorsque de ce point du présent il détourne ses regards sur le passé et contemple ensuite l'avenir. Leibnitz ne voyait dans l'espace et dans le temps que l'ordre des objets placés les uns à côté des autres, ou se suivant. C'est ainsi que des notions vides de sens et mortes prirent toujours de plus en plus la place du sentiment vivant et droit dans tout ce qui est le plus propre à élever l'homme au-dessus du monde des sens. La philosophie de Leibnitz devint en Allemagne, grâce à Wolf, dominante dans les écoles; elle est suffisamment caractérisée par ce seul fait. Une secte qui influe sur la vie se distingue par la direction qu'elle prend, par les effets qu'elle produit. Renfermé dans l'enceinte de l'école, l'esprit de secte ne se manifeste jamais que de la même manière, comme un ensemble de vaines formules. Peu importe qu'Aristote ou Descartes, Leibnitz ou Kant, soient les maîtres dans tel art, et prêtent leur nom pour déterminer des notions qui autrefois ont pu être des pensées dans leur esprit, mais qui maintenant ne présentent plus que l'aspect de vaines formules. Toutefois l'esprit de secte encore plus dangereux de cette philosophie des sens qui attaquait la vie, qui la troublait et était athée, ne put de cette manière pénétrer en Allemagne. Quant aux vaines formules et au pédantisme, ils ne furent point de longue durée. Quoique Leibnitz écrivît le plus souvent en latin ou en français, il avait cependant ranimé de nouveau l'étude scientifique de l'histoire et de la langue allemande; et Wolf, même dans ses ouvrages allemands, avait donné un exemple méritoire pour le perfectionnement de la langue. Il trouva bientôt des imitateurs : ces imitateurs s'étaient, à la vérité, formés à l'école de cette philosophie; cependant, comme ils avaient une manière de penser originale et des connaissances générales, ils suivirent en partie une méthode à eux. Avec le secours de quelques poètes distingués, ils commencèrent par faire disparaître de la langue la barbarie dans laquelle

elle était tombée, jusqu'à ce qu'enfin au milieu du dix-huitième siècle Klopstock devint le fondateur d'une époque nouvelle et le père de la littérature allemande actuelle.

Mais avant que j'essaie d'en présenter le tableau à mes lecteurs, il est nécessaire que je jette encore un coup d'œil sur l'intervalle de temps qui sépare l'ancienne et la nouvelle littérature allemande. A la vérité, les seizième et dix-septième siècles n'ont produit qu'un petit nombre d'écrivains distingués dans la langue allemande, mais ce petit nombre n'en est que plus remarquable. Nous avons déjà dit comment la poésie chevaleresque ancienne et les arts du moyen âge étaient tombés dans l'oubli au milieu des controverses du seizième siècle, et comment la langue elle-même avait subi des altérations notables pendant les guerres civiles de cette époque. La traduction de la Bible en langue allemande fournit un antidote contre cette barbarie qui envahissait tout, et un dédommagement de la perte de tout ce qui était ancien, du moins en ce qui concerne la langue. On sait que tous ceux qui ont approfondi la langue allemande regardent cette traduction comme la forme et comme le texte fondamental d'une expression classique dans le haut allemand ; et non-seulement Klopstock, mais encore d'autres écrivains du premier ordre, ont surtout modelé leur style d'après ce type. Il est digne de remarque qu'en général, dans aucune langue moderne, on n'a adopté et fait passer entièrement dans la vie autant de tournures et d'expressions bibliques, que dans la langue allemande. Je suis tout-à-fait de l'avis des philologues qui considèrent ce fait comme très-heureux, et je crois en conséquence devoir en faire dériver une partie de cette force intellectuelle durable et persistante, de cette vie et de cette simplicité qui, dans nos meilleurs ouvrages, distinguent d'une manière si remarquable l'allemand de toutes les langues modernes. Ce que le catholique, ce que le savant protestant trouvent de nos jours de blâmable dans la traduction que Luther a faite de la Bible, ne concerne en réalité que des passages isolés dans lesquels, suivant sa manière de voir particulière, il a compris, interprété et traduit le texte d'une autre manière que les anciens docteurs de l'Eglise, ou bien où il manquait de secours historiques, géographiques et autres, pour pouvoir bien les comprendre. Mais plus on a tenté, depuis ces trente dernières années, de transformer la Bible en un manuel nécessaire et indispensable pour la révélation, par des traductions où l'on expliquait tout à l'aide de la raison, exemple qui a trouvé des imitateurs même parmi de prétendus catholiques; plus on s'est senti disposé à reconnaître l'excellence de cette ancienne traduction de la Bible en langue allemande, quand on fut revenu de cette folie. Il est vrai que cette traduction n'appartient point entièrement à Luther. On sait qu'elle n'a été que le résultat du choix de ce qu'il y avait de mieux dans une foule d'autres traductions antérieures; et que, pour ce qui concerne l'explication des textes, il fut aidé dans son travail par plusieurs de ses amis qui étaient très-savans, en particulier par Mélanchton : ce qui n'empêche point que pour ce qui concerne l'énergie du langage et le génie particulier de l'expression, il n'ait un mérite incontestable. On trouve, en effet, dans ses propres écrits une éloquence d'une énergie dont on voit peu d'exemples dans le cours de ce siècle parmi toutes les nations. Sans doute cette éloquence a les qualités et les défauts que l'on trouvera toujours dans une éloquence révolutionnaire; et ce n'est pas uniquement dans ces écrits à moitié politiques qui attaquèrent si fortement la vie publique et l'ébranlèrent dans ses derniers fondemens, tels que ceux qu'il adressa à la noblesse de la nation allemande, que l'on trouve cette énergique éloquence révolutionnaire qui est propre à Luther; mais encore dans tous ses autres écrits, car presque tous ses ouvrages nous présentent sous des couleurs vivantes la lutte intérieure qui l'agitait. Il y a, pour ainsi dire, deux mondes en opposition et en lutte dans cette âme humaine si forte, si richement dotée par Dieu et par la nature; et ces deux mondes se la disputent. On remarque partout, dans ses écrits, comme un combat entre la lumière et les ténèbres, entre une croyance inébranlable et la passion aussi impatiente du joug de Dieu que du sien propre. Quant au parti qu'il s'est déterminé à prendre, quant à l'usage qu'il a fait de sa grande puissance intellectuelle, on ne peut en juger aujourd'hui que comme de son temps, c'est-à-dire diversement; et les avis doivent être nécessairement partagés à cet égard. Pour ce qui est de moi et de mon opinion sur cet homme fameux, ce n'est point pour la première fois que je dirai que ses écrits et sa vie me font éprouver le sentiment dont on ne peut se défendre, quand on voit une nature sublime se perdre par sa propre faute. Quant à ce qui concerne la puissance intellectuelle de Luther, abstraction faite de l'usage qu'il en a fait et des développemens ultérieurs de sa manière de penser, il me semble qu'aucun de ses partisans et admirateurs modernes ne l'a encore jugé, comme il convient, sous le rapport de la force qu'il possédait réellement. Ceux qui coopéraient avec lui au même but n'étaient la plupart que des savans, des hommes modérés et éclairés, mais qui n'avaient rien d'extraordinaire. C'était, à proprement parler, de lui que dépendaient les destinées du siècle ; il fut l'homme qui décida tout dans son temps et dans sa nation.

Luther était un écrivain tout-à-fait populaire : aucune nation de l'Europe moderne n'a eu autant d'écrivains populaires remarquables, éclairés, influens et doués d'une puissance intellectuelle extraordinaire, que l'Allemagne. Aussi, quoique les classes éclairées et savantes y soient, à diverses époques, bien inférieures à celles d'autres pays et les égalent à peine, ou ne les aient du moins surpassées que plus tard ; nulle part le peuple n'a été doué d'une force intellectuelle aussi grande. De sorte que les Allemands sont le premier peuple, le seul même en Europe, chez lequel cette force de la nature qui repose dans les profondeurs de l'humanité, se soit ainsi manifestée et conservée. C'est une ancienne maxime, que la puissance des rois est d'institution divine ;

mais c'est aussi une remarque de tous les temps, que la voix du peuple annonce celle de Dieu. Ce sont deux vérités incontestables : malheur à ceux qui voudraient altérer ou ne pas reconnaître cette voix de Dieu! Ils méritent notre commisération ceux qui, livrés à une politique vaine et morte, s'imaginent pouvoir diriger le peuple et le conduire d'après leurs vues mesquines et intéressées; car le peuple, qui est plus avisé qu'ils ne croient et qu'ils ne le sont eux-mêmes, remarque parfaitement leurs intentions et ne se laisse point conduire aussi facilement. Mais ceux-là se rendent coupables du plus grand de tous les crimes, qui ont l'audace de ne faire, au gré de leur caprice, qu'un instrument de destruction de cette intelligence du peuple qui est si belle dans sa source; puissance qui sera toujours redoutable dans ses effets, aussitôt qu'elle aura dévié de son but unique et véritable, l'obéissance et la croyance en Dieu ! Il n'est pas moins faux le jugement de ceux qui pensent que cette puissance n'existe point, ou peut être facilement détruite, parce que, de même que d'autres forces cachées de la nature, elle ne se manifeste que dans des cas rares.

Ce ne fut point la religion seule qui, comme dans Luther et dans les ouvrages de quelques autres, fournit aux écrivains populaires de l'Allemagne protestante des sujets, et l'occasion de manifester leurs idées; mais ils s'emparèrent aussi de la poésie, ainsi que de la philosophie. Je ne citerai ici, comme les plus remarquables, que le *Meistersænger* de Nuremberg, et cet enthousiaste, ce visionnaire chrétien, célèbre, à l'époque de la guerre de Trente ans, sous le nom du philosophe teutonique, dans les pays protestans et dans le reste de l'Europe.

L'Allemagne est très-riche en chants et en poésies populaires. La poésie populaire en général est de deux espèces; elle se compose de chansons qui font faiblement revivre quelques souvenirs de la poésie d'un âge héroïque et chevaleresque qui n'est plus, lorsque la tradition en a été interrompue par des révolutions qui ont éclaté plus tard, ou lorsqu'une nouvelle organisation de la vie sociale les a fait proscrire et tomber dans l'oubli. Mais dans de pareils temps, la poésie est en partie exercée par le peuple lui-même, dans ses besoins et selon sa manière, comme un ouvrage manuel, quoiqu'elle ne manque point d'invention ni de génie ; et c'est là précisément le caractère distinctif du *Meistersænger* allemand qui a paru plus tard. Ce Meistersœnger de Nuremberg, Hans Sachs, simple manœuvre en poésie comme dans la vie, est non-seulement le poète le plus fécond, mais aussi le plus énergique dans son genre. Il a plus d'invention que Chaucer, il est plus riche que Marot, et plus poétique que ces deux auteurs. Quant à la langue, elle offre chez lui un trésor abondant dont on n'a pas encore su tirer parti.

La même observation s'applique à Jacques Bœhme, ce philosophe que la tourbe des littérateurs maltraite ordinairement. A la vérité, ils avouent eux-mêmes qu'ils ne conçoivent pas en quoi consistaient ses qualités et ses défauts, mais ils ne savent pas non plus et ne conçoivent pas le moins du monde quels étaient les rapports extérieurs de cet homme, dans quelle position il se trouvait vis-à-vis de son siècle, et par quelle combinaison de cette époque, ses opinions et d'autres semblables se répandirent. J'ai déjà fait précédemment observer à mes lecteurs combien le rapport véritable est manqué lorsque, parmi les savans, les hommes éclairés, et dans la littérature proprement dite, on ne voit s'agiter à la superficie que de vaines formules; et qu'au contraire la philosophie plus profonde et vivante est confiée à une tradition sainte, ou tombe en partage à quelques hommes du peuple animés d'un enthousiasme vrai ou extravagant. Et il en était ainsi à cette époque dans l'Allemagne pro-

testante et en Angleterre. On appelle Jacques
Bœhme un fou : mais alors même qu'il serait
vrai que l'imagination a eu une plus grande part
aux productions de son esprit qu'une raison
éclairée, on devrait cependant convenir que ce
fut une imagination bien poétique que celle que
nous remarquons dans cet esprit bizarre. Que
si donc, on voulait le considérer uniquement
comme poète et le comparer aux autres poètes
chrétiens qui, comme Klopstock, Milton, ou
même le Dante, ont tenté d'exposer des objets
au-dessus des sens, on serait obligé de convenir
qu'il leur est supérieur par la plénitude de l'imagination et par la profondeur du sentiment; et
que souvent même il ne leur cède point sous le
rapport de certaines beautés poétiques de détail
et sous celui de l'expression, qui est quelquefois
éminemment poétique. Les sources de la nature
sont accessibles à tout esprit pieux et méditatif,
parce que le torrent intérieur de la vie humaine
coule dans ses veines; peut-être d'ailleurs est-il
beaucoup de choses, claires et transparentes à
l'œil de l'enfant, qui restent enveloppées de nuages pour le télescope du savant. Il existe pour la
nature une révélation particulière dans le sentiment immédiat de la vie intérieure; et comme
notre siècle, fatigué des longs erremens de la rai-

son, revient toujours de plus en plus, dans la connaissance des choses divines, à la simple clarté de la foi; de même il faudra de nos jours, dans la science de la nature, retourner aux sources primitives de la contemplation et d'un sentiment de la nature non défiguré, encore profondément clairvoyant, comme source intérieure de la révélation pour cette science qui doit apprendre à connaître, non le Créateur, mais la magnificence de la création. Or, bien que les effets merveilleux de la grâce et la dernière clarté de l'esprit manqueront toujours au naturaliste chrétien séparé de l'unité catholique, il faut cependant distinguer si cette séparation est le résultat d'un sentiment particulier de discorde ou du hasard de la naissance, qui n'a d'ailleurs point influé sur l'esprit de la discussion. Quelques erreurs et quelques lacunes que l'on puisse s'imaginer trouver dans les doctrines de Jacques Bœhme sous le rapport de la philosophie, l'histoire de la langue allemande ne saurait cependant le passer sous silence; car il est peu d'écrivains de cette époque chez lesquels toute la richesse intellectuelle de cette langue se soit autant déployée que chez lui. C'est une force créatrice, une plénitude coulant de source que l'on ne trouve en dernier lieu qu'à l'époque de la guerre de Trente ans, et que la langue ne possède plus, aujourd'hui qu'elle a été savamment perfectionnée et que l'on imite les formes étrangères d'art et de langage.

A cette même époque de la guerre de Trente ans, dont les effets ont été si désastreux, mais qui, pendant qu'elle désolait encore l'Europe, animait et stimulait à certains égards l'esprit humain, le Silésien Opitz ouvrit à la civilisation générale de l'Allemagne, à la poésie et à la langue, une voie que beaucoup d'autres ont parcourue après lui. Il s'attacha aux Hollandais, qui à cette époque possédaient Hugo-Grotius. Les Hollandais étaient non-seulement les plus savans et les plus éclairés de tous les protestans, mais encore ils étaient versés dans l'art de la poésie et possédaient une langue nationale, des tragédies faites à l'imitation de celles des anciens, long-temps avant les fameux tragiques français qui fleurirent sous Louis XIV. Cependant le mérite d'Opitz ne consiste point en ce qu'il a emprunté aux nations étrangères, aux Hollandais ou au roman pastoral des Espagnols. Ses essais dramatiques, qui se composent de traductions libres ou imitations des Grecs ou des Italiens, n'ont pas non plus obtenu un succès remarquable. Il faut même, pour bien le juger dans ses poésies lyriques originales et didactiques, considérer plutôt ce qu'il aurait pu devenir, d'après sa nature propre et ce qu'il avait dans l'esprit, que ce qu'il est devenu réellement. On a coutume de l'appeler le père de la poésie allemande; mais il me semble que depuis Klopstock il n'y a eu qu'un petit nombre de ses fils ingrats qui connussent un peu en détail leur prétendu père. Il était appelé d'une manière toute particulière à traiter la poésie héroïque. Aussi son intention était-elle de devenir le poète épique de la nation allemande; mais, obligé de mener une vie errante et inquiète par suite des circonstances politiques de son temps, il mourut dans un âge encore peu avancé sans avoir pu mettre à exécution ses projets et sa poésie. Quiconque, au reste, est capable de sentir la poésie héroïque, apercevra partout dans la poésie de cet auteur cette manière de penser et cette grandeur d'âme qui font le poète héroïque. On remarque aussi dans son style une simplicité naïve et sans art, accompagnée de dignité et d'énergie, qui plus tard n'a été, selon moi, que rarement et même jamais atteinte. Sous ce rapport, je ne balance point à mettre Opitz bien au-dessus de Klopstock, quoique de son temps ce poète se soit trouvé placé si haut au-dessus de ses rivaux.

Parmi les poètes silésiens de cette époque, on voit briller à côté d'Opitz, Flemming. Ce poète expose dans ses chants et dans ses poésies, avec un sentiment brûlant et souvent avec une imagination qui déploie la richesse des couleurs orientales, toutes les inspirations de l'amitié, des passions, de l'amour; ainsi que tout ce qu'il avait vu et appris à connaître dans un voyage mémorable qu'il fit en Perse à travers la Russie, encore peu connue à cette époque, et pendant le temps qu'il y séjourna. Ce n'est que sous le rapport de la langue qu'il est inférieur à Opitz. C'était déjà un mal que ces poètes ne fussent point, à proprement parler, des poètes allemands écrivant pour le pays entier; mais des poètes qui se bornaient en partie à consacrer leurs veilles à leur province. Plus la puissance de la nation allemande avait été brisée depuis la désastreuse guerre civile dont le feu, entretenu par la part qu'y prit la moitié de l'Europe et par les manœuvres sourdes de la politique étrangère, désola et ravagea pendant trente ans l'Allemagne, et depuis la paix de 1648, encore plus désastreuse; plus aussi la poésie allemande manquant de sujets véritablement poétiques, finit par s'abaisser à des poèmes de circonstance et dégénéra en une afféterie pleine d'extravagance, comme il arrive presque toujours lorsque la poésie n'a plus de sujets vraiment poétiques à traiter, et que ce qui fait sa vie lui a déjà échappé. Hoffmanswaldau fit naître ce mauvais goût, et Lohenstein le rendit généralement dominant, précisément parce qu'il n'était pas dénué de talens. Cet intervalle de temps, qui s'étend depuis 1648 jusque vers le milieu du dix-huitième siècle, fut la véritable époque de la barbarie. Ce fut dans la littérature une sorte d'interrègne, un mélange de lumière et de ténèbres, où la langue flotta incertaine entre un allemand corrompu et un jargon à moitié français. Sous le rapport de l'état politique, l'époque qui suivit immédiatement la paix de Westphalie fut aussi la plus désastreuse et la plus malheureuse pour l'Allemagne. Au commencement du dix-huitième siècle, la puissance de l'Allemagne surgit de nouveau; l'Autriche atteignit de nouveau l'apogée de la puissance et de la gloire. Plusieurs des premiers trônes de l'Europe furent occupés par des maisons princières allemandes, tandis qu'en Allemagne l'une d'elles obtenait la dignité royale. Tous ces événemens devaient, momentanément du moins, produire un effet favorable sur l'esprit, les lumières et la langue. Plusieurs princes étaient portés, même par l'intérêt d'État, à protéger les sciences. Cette circonstance y contribua aussi, mais lentement, faiblement et seulement dans le principe; car les obstacles étaient très-grands, la langue et l'art même égarés dans une fausse voie. Les premiers poètes lyriques du dix-huitième siècle qui furent supérieurs sous le rapport des pensées et du style, s'étaient cependant bornés en grande partie, comme leurs devanciers du dix-septième siècle, à traiter le même genre de poésies de circonstances, destinées à célébrer des solennités politiques et religieuses. Ceux qui s'efforçaient d'écrire de la manière la plus correcte, Hagedorn et après lui Utz, imitèrent trop souvent des poètes français et des poètes anglais exclusivement; rarement ils manifestèrent leurs pensées dans des poèmes de leur invention et dans des chants écrits sous l'inspiration de leur sentiment propre. Ceux qui, doués d'un élan plus sublime, comme Haller, ou d'une heureuse facilité et d'une grande fécondité, comme Gleim, méritent davantage le titre de poètes, ne sont rien moins que corrects dans la langue; souvent même ils font des fautes grossières. Cependant ils n'en ont pas moins un très-grand mérite, si l'on compare ce qu'ils ont fait pour la langue et pour son perfectionnement à l'abîme de barbarie auquel ils furent obligés de l'arracher, et si on les juge de ce point de vue. Leur mérite paraîtra encore plus grand, si on prend en considération les circonstances et les rapports défavorables dans lesquels ils se trouvèrent placés. Quelques-uns de ces hommes qui s'appliquèrent les premiers à perfectionner la langue et la poésie allemandes moururent de bonne heure, comme Kleist (celui d'entre eux à qui la palme est due peut-être), Kronegk et Elie Schlegel. D'autres passèrent dans la vie civile et pratique, se fixèrent en pays étrangers, ou furent disséminés d'une manière ou d'autre. On manquait d'un centre de réunion, que l'on attendit généralement, mais en vain, de Frédéric II. De nos jours, on a coutume d'excuser ce roi de Prusse d'avoir été indifférent à cet égard, en disant qu'à l'époque de son avénement au trône, la langue ainsi que les lumières de l'Allemagne, étaient dans un état tel, qu'il ne faut point s'étonner qu'un monarque si spirituel s'en soit détourné avec dégoût et mépris : mais ceci n'est point fondé. D'ailleurs, combien n'eût pas pu faire pour la langue allemande et pour les progrès de l'esprit humain en Allemagne, un roi sous le règne duquel vivaient Klopstock, Winkelmann, Kant, Lessing, et à côté de ces génies du premier ordre tant d'autres hommes de mérite, dont plusieurs étaient ses sujets, et qui tous se consacraient aux arts et aux sciences ? Où un gouvernement pourra-t-il jamais trouver simultanément plusieurs hommes d'un pareil mérite pour former une académie de savans ? et, si l'on en excepte Voltaire, quels étaient donc ces étrangers que le roi de Prusse leur préférait ? un Maupertuis, un Lamétrie, qui n'étaient certainement pas les plus beaux génies de la littérature française. Il ne faut donc pas en vouloir à Klopstock, si, par un sentiment d'amour propre qui lui était bien permis, il s'est trouvé personnellement blessé de ce mépris que le roi affectait à l'égard de la langue et de la culture intellectuelle allemandes. Il en fut vivement piqué, et il l'a souvent fait voir clairement en comparant sous ce rapport Frédéric à César; parallèle tout au détriment du monarque. Du temps de César le grec était, tant bien que mal, parlé et écrit à Rome plus que l'on ne parla jamais le français en Allemagne pendant le dix-huitième siècle. A cette époque, la langue romaine avait à offrir aussi peu d'ouvrages littéraires classiques que la littérature allemande moderne avant 1750, ou du moins n'avait-elle pas à en offrir de meilleurs. Cependant César pensa qu'il n'était pas indigne de lui de donner la plus grande attention à sa langue, même de l'approfondir et de l'enseigner. Par là il devint le premier orateur de son temps, l'un des meilleurs écrivains dans sa langue, et atteignit une perfection à laquelle jusqu'alors personne n'était encore arrivé dans une langue étrangère. Ce fut peut-être un avantage pour l'ensemble que cette réunion de savans allemands, qu'à cette époque appelaient tous les vœux, n'ait pu avoir lieu. Si cette réunion de savans avait existé, beaucoup de particularités se fussent développées avec plus de bonheur et de rapidité ; mais, par contre, il en serait résulté pour la littérature allemande en général un esprit resserré dans des bornes plus étroites, et un caractère provincial au lieu d'un caractère national. Elle eût acheté trop cher un développement plus rapide, si, pour l'obtenir, elle eût été obligée de sacrifier sa richesse et sa liberté, qui jusqu'à nos jours constituèrent son mérite particulier. Mais le point de vue dans lequel on se place pour justifier Frédéric II est faux. Si les rois veulent attendre partout, pour favoriser la science, qu'il y ait beaucoup d'écrivains, que ces écrivains aient acquis assez de gloire, et aient même déjà épuisé leurs forces et leur génie, il ne leur restera sans doute plus qu'à réunir les écrivains les plus habiles, les moins offensifs et les plus faibles dans une espèce d'institution portant le nom d'académie des sciences. Mais si l'on voulait véritablement former et diriger l'esprit d'une nation, il faudrait s'emparer précisément des talens encore jeunes, et non entièrement développés, ouvrir un vaste champ à leur imagination et leur accorder de puissans moyens de développement, en dirigeant en même temps les esprits vers un but généralement utile, dans un sens large et national. On doit donc facilement pardonner à Klopstock le sentiment d'indignation qu'il a éprouvé, capable comme il l'était assurément de répandre un nouvel esprit et une influence bienfaisante, non-seulement sur la poésie, mais sur tous les genres et sur tout le domaine littéraire. Autant Voltaire a fait de mal en France, autant Klopstock eût été capable de faire de bien en Allemagne par son vaste génie, si on lui en eût fourni l'occasion et les moyens.

A cette époque Klopstock était tout-à-fait retiré et presque seul dans le monde allemand avec son sentiment national élevé que peu de personnes éprouvaient comme lui, et qui n'était compris de personne. Il ne lui resta donc d'autre parti à prendre que de le déposer dans sa poésie. C'est avec la Messiade en effet que commence un essor plus hardi dans la littérature allemande moderne, tant le mérite de cet ouvrage est immense, surtout sous le rapport de la langue et de l'expression, bien qu'il ne soit guère admiré que sur parole et n'ait du moins jamais agi d'une manière vraiment décisive sur le sentiment intime. Le plan de l'ouvrage est embarrassé par les mêmes difficultés que tout poème de ce genre, et n'a pu les vaincre entièrement. En général, Klopstock a plus de bonheur comme poète dans les morceaux élégiaques ; il sait exposer en maître chaque mouvement, chaque degré, chaque profondeur et chaque mélange des sentimens élégiaques ; dans ce genre, il entraîne son lecteur qui le suit volontiers sans examiner jusqu'où le poète s'abandonnera à ce torrent et à la marche de sa sensibilité. Il sait inspirer la plus tendre compassion, même pour Abbadona, l'un des esprits déchus. Mais outre ce sentiment élégiaque il y a dans sa poésie un autre élément qui produit souvent un effet pernicieux. C'est la rhétorique qui le pousse quelquefois dans tout ce qu'il y a de plus extravagant et de plus exagéré. Souvent dans la prose, il élabore et subtilise jusqu'à les rendre incompréhensibles des sentences, des pensées et des tournures qu'il exprime avec une brièveté forcée ; tandis que dans le poème épique il tombe dans le défaut opposé qui consiste à s'abandonner à des discours savamment conçus, mais trop longs. Si les discours ne manquent pas dans Virgile et dans Milton et sont souvent d'une longueur démesurée, le même reproche peut être adressé, et avec plus de fondement, à la Messiade. Et alors même que nous lui accorderons en sa qualité de poète que tous ces personnages célestes pussent parler un langage humain, l'exprimer même en langue allemande, on ne persuadera cependant à personne qu'il convient que les natures intellectuelles tiennent des discours d'une pareille étendue.

L'énorme différence que l'on remarque entre la seconde moitié du poème et la première, peut également servir à confirmer cette vérité, non-seulement que la nation mais encore que le poète, peu d'accord avec lui-même sur l'ensemble de son ouvrage, n'était point satisfait de la Messiade.

Il y avait dans l'esprit de Klopstock une haute idée d'une poésie nouvelle et surtout allemande. Il trace d'une main puissante les traits principaux du grand projet qu'à la vérité il n'a pu mettre entièrement à exécution; saisissant dans sa Messiade d'un côté le christianisme, et de l'autre la mythologie du Nord et l'antiquité germanique, comme les deux élémens principaux de toute culture intellectuelle et de toute poésie européenne modernes. A cette époque, des investigateurs et des poètes danois commençaient à rappeler à la lumière et à faire revivre la mythologie du Nord et l'Edda; mérite auquel Klopstock prit également part. Toutefois des poèmes lyriques particuliers et des allusions empruntées ou détachées, n'étaient pas propres à faire entrer dans la poésie vivante une mythologie qui n'était connue jusqu'alors que des personnes versées dans la science des antiquités du Nord; ce qui ne peut d'ailleurs avoir lieu qu'au moyen d'ouvrages d'exposition complets, comme ont fait les poètes danois.

Ce que nous avons déjà dit sur la vérité et la variété du sentiment élégiaque dans la poésie de Klopstock, et sur l'abus qu'il fait des subtilités de la rhétorique, s'applique à son Herrmann comme à la Messiade, le plus grand de ses ouvrages. Comme poème dramatique, l'auteur l'avait composé pour un théâtre dont la réalisation était possible dans l'avenir, et non pour le théâtre d'alors dont on faisait usage pour tous les plaisirs, tous les buts et tous les essais, à l'exception toutefois de la poésie, circonstance qui ne se prolongea que trop. Klopstock n'a suivi et exposé que les deux points extrêmes de la poésie allemande moderne. Il a mis de côté tout ce qui se trouvait placé entre le chrétien et le septentrional, par conséquent tout ce qui est sorti de la combinaison de ces deux élémens : tout le moyen âge, les mille ou douze cents ans qui se sont écoulés depuis Attila jusqu'à la paix de Westphalie, si, comme il est juste de le faire sous ce rapport, on veut considérer cette paix comme constituant une époque et comme la limite au-delà de laquelle il n'y a plus de poésie dans l'histoire. Par conséquent c'était précisément la région qui s'est de tout temps maintenue la plus féconde pour l'art poétique moderne qu'il abandonnait, région à laquelle la poésie doit, non s'attacher exclusivement, mais s'appliquer principalement, si elle veut avoir un caractère national et une couleur historique. Deux écrivains travaillèrent d'une manière toute particulière à combler cette grande lacune que Klopstock avait négligé de remplir : Bodmer comme savant, et Wieland comme poète. Bodmer aimait l'ancienne poésie chevaleresque romantique ; ce fut le premier qui fit reparaître à la lumière les richesses anciennes que l'Allemagne possédait en ce genre, d'une manière cependant qui ne pouvait pas produire tout d'abord des effets aussi généraux. La poésie de Wieland était entière-

21.

ment dirigée vers le romantique que Klopstock avait négligé. Toutefois un poème historique romantique dans le genre de celui du Tasse, alors même que le sujet n'en eût pas été tiré du siècle des croisades, mais eût été choisi dans quelqu'un des nombreux poèmes du moyen âge, eût plus fait pour ce but qu'un sujet comme celui d'Obéron, qui, presque sans base historique, convenait davantage à un pur jeu de l'imagination à la manière de l'Arioste. Cependant, nonobstant quelques imperfections et quelques ingrédiens trop modernes, cette manifestation de sentiment romantique, telle qu'elle s'est produite, est d'un grand prix. Nous regrettons seulement que le poète ait abandonné sitôt cette carrière du Gai Savoir des anciens troubadours, et la poésie en général. Le plus grand reproche qu'on puisse adresser à l'auteur d'Obéron, c'est d'avoir préféré imiter Crébillon en prose, plutôt que de devenir, ainsi qu'il en avait la capacité, l'Arioste de l'Allemagne, ou du moins le rival du poète Italien. Or il est même visible que sous le rapport de la langue et de l'expression il n'a jamais été aussi heureux dans sa prose que dans ses poésies ; et son Obéron lui vaudra, à mon avis, bien plus long-temps le culte de la postérité que tous ses romans grecs.

De tous les autres poëtes de la première génération, Gessner est le plus original; mais sa poésie, trop éloignée de toute réalité, trop précise et trop locale, et qui cependant n'a pas un caractère poétique et mythologique décidé, flotte trop dans le vague, et devient par cela même uniforme et ne produit aucun effet. Il est digne d'éloges sous le rapport de la langue; seulement nous ferons observer qu'ici encore cette tendance au vague et à l'indéterminé se manifeste également dans sa poésie par l'absence singulière du rhythme et de la rime.

Sous un rapport, la doctrine et l'exemple de Klopstock produisirent des effets fâcheux sur la langue allemande. A la vérité, on ne saurait le blâmer d'avoir tenté de lui faire l'application de l'ancienne mesure syllabique. Lorsqu'il s'agit d'arracher une langue à un inextricable chaos, des formes rigoureuses, savantes, étrangères même, sont très-salutaires pour sortir tout d'un coup de la négligence accoutumée; quoique pour atteindre ce but il faille dans le commencement faire quelques efforts violens et soutenus. Aussi les Allemands ont-ils déjà l'oreille habituée à l'ancien hexamètre, bien que dans leur langue cette forme rhythmique présente toujours quelque chose d'étranger et de guindé. Toutefois, quelque louange que l'on puisse accorder aux essais faits avec des formes étrangères pour le perfectionnement des langues, le choix d'une mesure syllabique étrangère ne devra jamais être recommandé pour un poème véritablement épique et national ; car la première condition d'un pareil poème est d'être non-seulement aisément compréhensible pour l'esprit, mais encore de pouvoir être facilement saisi par l'oreille et prendre comme de lui-même la forme du chant dans la langue du pays. Avec le vers hexamètre, on a encore cette difficulté particulière, que lorsqu'on le traite avec plus de liberté et moins de rigueur, on mécontente ceux pour lesquels cette forme de vers devait être un plaisir. D'ailleurs si le poète qui a fait choix de cette forme s'efforce d'atteindre le plus haut point de la perfection rhythmique, il est difficile qu'il en vienne à bout d'une manière uniforme dans un poème d'une certaine longueur, sans que le sujet en souffre, et sans que la langue elle-même soit quelquefois violentée. Sans doute d'après le sujet même du poème, la Messiade de Klopstock n'était point destinée à être universellement comprise et à produire des effets généraux, mais à agir dans une sphère beaucoup plus bornée. C'est pour cela que le choix qu'il a fait de la mesure syllabique peut être facilement excusé, si même on ne peut le justifier.

Mais ce poète remarquable agissait contre la nature et contre l'esprit de la langue, en allant jusqu'à haïr la rime et en voulant même la proscrire, non qu'il ait pu toutefois réussir dans son projet. Il n'est pas aussi facile que Klopstock le pensait, d'extirper une coutume qui compte neuf cents ou mille ans d'existence (car à cette époque il y avait déjà autant de temps que la rime était employée dans le haut allemand); et un long usage lui a fait prendre racine dans toute la structure de cette langue. Mais ce n'est pas seulement une habitude; la rime résulte de la constitution originelle de la langue. Klopstock a pensé que les poèmes et les chants allemands de la plus haute antiquité étaient uniquement soumis au rhythme et non à la rime; cette opinion n'est point fondée. A la vérité, notre manière actuelle de rimer par une désinence tout-à-fait égale à la fin du vers, n'y domine point. Toutefois ces sons et ces rimes plus imparfaites, mais cependant très-régulièrement déterminées entre les syllabes et les mots, même au milieu et au commencement des vers, de la manière qui domine dans les poésies islandaises ainsi que dans l'ancienne Scandinavie et que l'on connaît sous le nom de l'allitération, dominaient dans toute la langue germanique; et tous les anciens chants saxons encore existans, ceux qui ont été écrits en Angleterre et ceux qui le furent en Allemagne, sont composés dans cette forme particulière et ancienne des vers rimés. La transition de ce genre de rimes à la rime parfaite, était très-facile. Par conséquent nous ne devons pas être étonnés en voyant tous les dialectes allemands s'en servir dès les premiers temps. Cet usage de la rime se rattache même au principe fondamental actuellement encore en vigueur sur la prononciation et la langue allemandes. Cette règle fondamentale reconnue comme telle par tous les philologues, consiste en ce que nous appuyons sur les syllabes significatives, principalement sur les syllabes racines; accent qui devient plus fort, en proportion de la signification et de l'importance même de ces syllabes. Nous ne mesurons point les syllabes, nous les pesons. Nous n'accentuons pas uniquement pour que notre auditeur nous comprenne; mais tout appliqués au mot même, nous y discernons sur-le-champ les sons racines significatifs, et nous nous y arrêtons, comme à la chose principale, sans attacher le moindre prix aux syllabes accessoires fugitives. Toute la beauté de la prononciation allemande ainsi que l'euphonie des chants et des poëmes allemands, repose sur cet accent plus ou moins grave, sur les syllabes significatives d'après leur valeur intrinsèque. Nous n'avons donc point de longues et de brèves comme les anciens; on peut les regarder comme égales entre elles; mais parmi les syllabes significatives, il y a une multitude de gradations pour la signification et l'importance, qu'il serait impossible de déterminer. Voilà l'obstacle insurmontable et le véritable motif pour lequel l'imitation de l'art rhythmique, d'après les principes des anciens, demeure dans notre langue toujours dans un état imparfait d'analogie et d'approximation, sans pouvoir jamais arriver à une conformité complète. Car pour y parvenir, il faudrait déranger et bouleverser la langue dans ses élémens les plus intimes. Mais cette règle fondamentale de notre langue conduit aussi d'une manière particulière à la rime. Dans les langues qui n'ont aucun rhythme, comme la française, la rime est indispensable, à cause du besoin d'une délimitation, d'une division et d'une liaison sensible du vers. Là le charme de l'inattendu qui arrive avec beaucoup de bonheur, mais qui semble produit sans aucune peine, est d'une grande importance. Dans les langues vivement accentuées, telles que l'italien et l'espagnol, la rime prendra facilement la forme d'un jeu purement musical de syllabes et de mots. Dans la langue allemande qui, bien qu'elle ait jailli plus immédiatement et avec plus de fraîcheur de la souche et de la source, ne peut cependant se mouvoir sans rhythme, cette règle fondamentale de la prononciation, cet accent sur les sons racines et sur les syllabes significatives, ont conduit à remarquer, à sentir, à rechercher les divers sons dont elles se composent et à leur donner finalement la forme de la rime. C'est de cette manière toute particulière que la langue allemande est parvenue à la rime; et quoique la manière de rimer des Français, des Italiens ou des Espagnols ne soit point entièrement applicable à notre langue, la rime n'en est pas moins conforme à sa nature, et n'en sera jamais bannie tant qu'elle existera. L'essence particulière et la direction véritable de la poésie allemande consistent en ce que nous abandonnons toutes les mesures syllabiques étrangères, aussi bien les anciennes rimes rhythmiques que les rimes savantes de la poésie romantique, simples exercices préparatoires à une formation plus flexible et qui par conséquent ne seraient d'aucune utilité de notre temps, et que nous revenons à la forme simple de la versification allemande. Il est vrai que d'un autre côté celle-ci consiste aussi peu dans les modes populaires en grande partie mutilés, ou dans la simple imitation de l'ancien vers allemand du poème des Niebelungen, que dans la manière de rimer habituelle au poète favori du dix-huitième siècle. Il faut qu'elle provienne du plus profond de la nature particulière de la langue allemande, comme elle est maintenant développée et sentie selon que l'exige l'essence de la poésie lyrique et épique de la manière la plus variée, et cependant la plus simple. Ceci s'applique également au genre dramatique qui chez nous a beaucoup de penchant pour la rime, et qui l'exige même, à cause de sa direction entièrement lyrique.

Nous revenons au développement historique de notre sujet, et nous disons que Wieland a droit à notre reconnaissance pour avoir fait des efforts afin de maintenir dans la poésie allemande la rime telle qu'elle dominait dans le Gai Savoir des Provençaux ainsi que dans l'ancienne poésie chevaleresque des troubadours, et pour l'avoir prise sous sa protection contre le zèle trop égoïste de ces chantres solennels et de cette foule de bardes versifiant sans rimes, auxquels Klopstock donna sans doute en partie l'existence sans le vouloir.

Les investigations profondes auxquelles il se livrait sur la langue le conduisirent quelquefois à la bizarrerie et au paradoxe, parce qu'il voulait se frayer partout une route à part. Adelung était assuré de ne point tomber dans ce défaut par les mêmes motifs. Sans doute on aurait pu attendre quelque chose de plus, si l'on considère le grand nombre de travaux préparatoires remarquables qui avaient déjà été faits sur la langue; cependant malgré les fautes et les défauts nombreux qu'on lui a reprochés dans des temps plus récens, ce qu'Adelung a fait pour la langue n'est pas sans prix; et eu égard à la difficulté des premiers pas, il n'est pas sans mérite pour le temps où il vivait. Le préjugé principal d'Adelung consistait à vouloir restreindre à une courte époque qu'il considérait un peu trop tôt comme l'âge d'or de la littérature allemande, bien que de trop courte durée (ce qui ne lui donnait que plus de prix à ses yeux), la pureté du bon allemand à l'égard duquel il voulait limiter le bon goût à un temps très-court, de même qu'il le restreignait, quant à l'espace, au petit margraviat de Meissen. Ce qui fit tomber son système, c'est son antipathie et son injustice pour l'écrivain de cette époque qui était sans comparaison le plus distingué, pour Klopstock, qui non-seulement comme poète mais encore comme rhéteur, malgré quelques erreurs et quelques paradoxes, avait pénétré comme investigateur plus avant dans le génie de la langue qu'Adelung lui-même.

L'exemple d'un écrivain de ce temps, qui paraît si digne d'envie, si heureux, et qui en jugeait réellement ainsi, prouvera combien est relative la notion d'un âge d'or, du moins sous le rapport de notre littérature. Dans un de ses poèmes, Godsched recule cette heureuse époque de l'âge d'or jusqu'au règne de Frédéric Ier de Prusse. Les auteurs qu'il considère comme les classiques de l'époque et qui devraient être, par conséquent pour la littérature allemande à peu près ce qu'étaient Virgile pour la littérature romaine, Corneille et Racine pour la française, sont principalement Besser, Neukirck et Pietch. Sans doute, ces poètes ne sont plus aujourd'hui aussi généralement admirés que le feraient présumer les louanges que leur prodigue Godsched; cependant il était si fermement convaincu, que l'esprit humain avait atteint par eux son apogée et l'art poétique allemand sa perfection, qu'il pense que le siècle a déjà fait quelques pas vers la décadence et qu'on aperçoit déjà quelque déviation de ce goût pur qui régnait dans l'âge d'or. Il écrivait ceci en 1751, par conséquent dans l'année où parurent les premiers chants de la Messiade, ouvrage avec lequel il me semble que commença, non un pareil âge d'or seul bon et excellent, mais le nouvel essor de la littérature allemande. Les poètes distingués dont nous avons parlé plus haut et qui étaient en partie connus avant Klopstock, n'avaient produit en général que des chants ou des poésies lyriques mêlées. Il est impossible qu'une littérature soit fondée par de pareilles poésies, quoiqu'elles l'embellissent beaucoup alors qu'elle possède déjà des richesses essentielles. Il faut pour cela un ouvrage national dont le sujet soit grave. Peu importe que ce soit un poème historique ou un poème épique, poème par lequel une littérature commence au reste de la manière la plus heureuse. Il est vrai que les écrivains allemands de la première génération se sont appliqués de la manière la plus louable à la pureté de la langue, parce que l'état de choses antérieur avait fait généralement sentir le besoin d'une pareille application. Cependant dans cette partie aussi, les premiers efforts furent si peu couronnés d'un succès égal, que je n'ai pas besoin de dire pour la première fois à mes lecteurs combien l'expression de Klopstock, même dans la prose, est peu comparable à celle de sa poésie; ou combien les premiers ouvrages de la jeunesse de Lessing, lesquels appartiennent à cette époque, sont loin du style dans lequel sont écrits les ouvrages qu'il composa plus tard ; on ne peut donc que difficilement admettre et justifier une pareille époque privilégiée dans la littérature allemande, même pour le développement de la langue. Je me fais fort de citer pendant tout l'intervalle de 1750 à 1800, et presque d'année en année, des ouvrages auxquels on ne peut refuser le mérite d'avoir contribué aux progrès de la langue, et qui sont très-remarquables. Sans doute l'on n'en trouvera point qui soient absolument irréprochables sous ce rapport ; mais aussi les exemples d'un style négligé et tout-à-fait blâmable ne manqueront nulle part, et ce seront des écrivains bien connus qui nous les fourniront.

Il se présente une autre division de la littérature allemande qui serait plus féconde en résultats, dès qu'on envisagerait sous un point de vue historique cette littérature, dans l'intervalle de temps qui s'est écoulé de 1750 à 1802. Il est très-facile de distinguer avec beaucoup de précision les diverses générations d'écrivains. Il est d'autant plus important de saisir cette différence, que chacune de ces générations a ses avantages et ses défauts propres, dérivant de rapports extérieurs et de l'esprit du temps. C'est à quoi il faut faire bien attention pour ne point exiger d'un écrivain des qualités que les circonstances dans lesquelles il se trouvait placé l'empêchaient d'avoir, et ne pas lui reprocher des fautes qui appartiennent moins à lui-même, qu'à toute son époque.

Je place dans la première génération ceux dont le développement et la première action datent des années 1750 et suivantes, jusqu'au commencement de 1770. J'ai déjà présenté le tableau des poètes les plus remarquables de cette génération. Les bornes de cet ouvrage ne me permettraient point de nommer les uns après les autres, tous ceux qui ne sont point sans mérite dans leur genre. Je dirai seulement que le savant Jésuite Denis eut, entre autres mérites, celui d'introduire et de naturaliser en Autriche, sa patrie adoptive, qui commençait à refleurir à cette époque sous Marie-Thérèse après avoir échappé à de nombreux dangers, le perfectionnement de la langue, particulièrement d'après le goût sévère de Klopstock. Aussi, long-temps après que le génie de Klopstock était oublié dans le reste de l'Allemagne, était-il encore dans ce pays le modèle des études philologiques et poétiques allemandes.

A cette première génération appartiennent parmi les prosateurs quelques philosophes, que je nommerai plus tard, Kant lui-même eu égard au temps de sa naissance, à l'époque de son développement intellectuel et de ses premiers essais littéraires, mais particulièrement Lessing et Winckelmann. Haman y appartient aussi, chronologiquement parlant; mais, avec sa profondeur divinatoire, il était dans la littérature et dans son siècle comme un solitaire. La direction religieuse particulière qu'il suivit, et qui était déjà assez étrange en elle-même, le rendit moins accessible à ses contemporains, parce que ses feuilles sibyllines et ses allusions hiéroglyphiques qu'une époque ultérieure où l'esprit allemand serait plus exercé pouvait seule comprendre, étaient encore enveloppées d'une obscurité de figures presque impénétrable.

On trouve encore en général dans les écrivains de cette première génération beaucoup de traces de la position défavorable dans laquelle se trouvaient à cette époque l'art et la langue allemande, position dont ces deux écrivains furent d'abord obligés de s'affranchir, ainsi que des nombreuses difficultés et des embarras intérieurs et extérieurs contre lesquels ils avaient à lutter. On nous a fait connaître, peut-être avec trop peu d'égard pour sa mémoire, en nous communiquant ses lettres, combien Winckelmann luimême se trouvait dans ce cas. Quoique ses premiers essais publiés eussent été couronnés d'un plus grand succès, Kant n'a jamais pu s'affranchir totalement des traces et des effets de ce combat, si long, si difficile, si pénible et laborieux. Les essais que Lessing fit dans sa jeunesse, surtout ses essais poétiques, doivent être uniquement considérés comme un tribut que l'homme de génie lui-même paie d'une manière ou d'une autre au siècle dans lequel il vit. A l'exception de Klopstock, les poètes de ce temps nous transportent trop souvent dans l'époque plus reculée des poèmes de circonstances et des vers de commande. Comme poète, Klopstock est celui qui se développa avec le plus de liberté et de rapidité; cependant on peut admettre jusqu'à un certain point qu'il eût pu éviter dans le choix de ses moyens et de ses sujets, ainsi que dans la conception de son plan, beaucoup d'erreurs que la supériorité même avec laquelle il l'a exécuté ne saurait couvrir ni compenser, s'il n'avait point été obligé de se frayer sa route tout seul, s'il avait eu sous les yeux de grands travaux préparatoires ou des essais dans un genre analogue, écrits dans sa propre langue et à une époque encore récente. Telles furent les influences préjudiciables que subirent ces écrivains de la première génération, parce qu'ils vinrent les premiers, et à cause de l'état très-défavorable de la littérature allemande de cette époque. Mais la défaveur des circonstances antérieures, qui accable les esprits faibles, donne souvent plus de vigueur et imprime un élan plus audacieux aux esprits d'un ordre supérieur; surtout lorsque ces esprits d'un ordre supérieur concentrent avec une énergie d'autant plus grande leur puissance intellectuelle sur un but élevé que s'est choisi leur inspiration, et le dirigent vers un grand ouvrage auquel ils consacrent leur vie. Cette concentration des forces intellectuelles sur un but noble et élevé, telle qu'elle se trouve dans Klopstock, a aussi lieu dans Winckelmann et chez Kant lui-même, mais d'une manière particulière. Plus tard, notre littérature et surtout notre poésie, se sont trop individualisées et se sont divisées avec une inconcevable légèreté. C'est donc par leur gravité et par le but élevé auquel tendaient tous leurs efforts, que les écrivains les plus distingués de cette première génération sont devenus, à proprement parler, les fondateurs de notre nouvelle littérature allemande. Cette observation s'applique, non-seulement à Klopstock et à Lessing, mais aussi à Winckelmann, parce que le penchant à la contemplation du beau dans les arts est devenu une qualité prononcée, caractéristique, peut-être trop exclusive et prédominante de cette littérature. Depuis cette époque surtout, des vues purement artificielles et esthétiques sont devenues dominantes dans la littérature et dans la philosophie allemandes, et on les trouve là même où évidemment une autre considération morale et nationale, ou une autre disposition religieuse, devrait avoir la préférence et occuper le premier rang.

Ce grand ébranlement historique que nous appelons communément la révolution, parce que c'est alors qu'il s'est manifesté, a réveillé l'esprit allemand de ses rêves esthétiques et l'a rappelé à la vie réelle, de même qu'il lui a indiqué la gravité plus sublime de la foi éternelle. Mais la lumière du réveil des connaissances n'a pu dissiper qu'avec peine les ténèbres amoncelées par l'esprit révolutionnaire, et ce ne sera qu'à la longue que disparaîtront les taches qu'elle a reçues dans cette malheureuse époque. Ce combat qui a lieu aujourd'hui surtout en Allemagne, dans le domaine de l'intelligence, comme dans celui des sciences et de la littérature, est la dernière grande apparition par laquelle je terminerai ces considérations.

CHAPITRE XVI.

Coup-d'œil sur l'ensemble du sujet. — Epoque des écrivains créateurs. — Direction de la poésie vers la nature. — La présence vivante et la réalité. — Critique allemande : Lessing et Herder. — Opinions esthétiques dominantes. — Lessing considéré comme philosophe. — Liberté de penser et propagation des lumières. — L'empereur Joseph II. — Caractère de la troisième génération. — Philosophie de Kant. — Gœthe et Schiller. — Coup-d'œil sur l'avenir. — Fichte et Tieck. — Importance historique de la littérature allemande. — Appréciation de l'époque actuelle.

On peut comparer la nouvelle littérature allemande à une dissonance qui n'a pas encore été résolue. Il ne serait peut-être pas difficile d'indiquer d'une manière générale où il faut en chercher l'harmonie et quel est l'unique moyen de la trouver. Mais, à quoi bon déterminer le but éloigné, si l'on n'indique pas en même temps les voies qui y conduisent, les faux sentiers que l'on peut rencontrer, ainsi que les obstacles que l'on aura à combattre, même dans le bon chemin? Avant de songer à la solution du problème, il faut apprendre à embrasser et à connaître le problème sous ses diverses faces; avant qu'il nous soit donné d'espérer rompre ce nœud gordien de notre littérature, il faut que nous puissions suivre tous les fils de l'ensemble qui ne laisse pas d'être assez compliqué.

C'est le but de ces considérations historiques. Plus nous approchons de l'époque actuelle, moins nous nous arrêtons à caractériser les particularités, et plus nous sommes par conséquent obligés de nous assujétir à suivre la marche générale du développement et l'esprit dominant de la littérature. Le temps n'est peut-être pas encore venu de donner une histoire complète de la nouvelle littérature allemande; beaucoup de choses n'apparaîtront sous leur véritable jour que lorsque leurs conséquences se seront plus complètement développées. Aussi bien, on manque encore de documens qui seraient importans pour l'histoire des progrès de l'esprit humain en Allemagne.

J'ai déjà essayé de tracer le tableau des poètes les plus distingués de la première génération. Je diffère encore de parler des philosophes ainsi que des autres prosateurs, afin de suivre aussi fidèlement qu'il m'est possible l'ordre des temps, parce que les opinions et les systèmes philosophiques de Lessing et de Kant, les plus remarquables assurément de ces prosateurs, n'ont agi qu'un peu plus tard avec efficacité sur la manière de penser.

Lorsque la longue animosité qui avait irrité l'Autriche et la Prusse fut enfin terminée par une paix durable, l'Allemagne jouit pendant long-temps d'une tranquillité salutaire, même pour les sciences et pour la civilisation. Il est vrai qu'on craignit un instant que cette tranquillité ne fût troublée de nouveau. Mais le danger n'était que passager, et l'Allemagne prit un puissant et magnifique essor au sein de la paix et de la force, quoiqu'elle ne se rendît pas compte partout de la véritable cause de la prospérité dont elle jouissait. Les premiers fondateurs de la littérature, du perfectionnement du langage et de l'art poétique allemand qui agirent dans le même but, les uns encore avant Klopstock et les autres après lui, avaient eu à combattre les plus grands obstacles dans une position intérieure bien plus défavorable. Ils étaient parvenus à triompher de plusieurs de ces obstacles; leurs grands travaux préparatoires, à jamais célèbres, avaient frayé la voie; leurs erreurs et leurs défauts même pouvaient être d'un puissant secours à ceux qui suivaient avec énergie leurs traces, et servir de premier degré pour arriver à une plus haute perfection.

Gardons-nous par conséquent de nous étonner si nous voyons la deuxième génération de poètes et d'écrivains allemands, dont les premiers progrès intellectuels appartiennent en grande partie à la période de 1770 à 1780, prendre un élan beaucoup plus audacieux et se mouvoir avec infiniment plus de facilité. Ils ont récolté et utilisé ce que leurs devanciers avaient semé. Goëthe, Stolberg, Voss et Burger, signalent comme poètes cette époque. A ces hommes célèbres on pourrait en ajouter quelques autres encore qui, comme poètes, se développèrent soit en même temps qu'eux, soit plus tôt ou plus tard, et qui se distinguent par leur génie, quoiqu'ils n'aient point acquis une gloire aussi étendue, à cause de la nature même de leurs ouvrages ou par les circonstances extérieures dans lesquelles ils se trouvaient placés. A ces poètes véritables il s'en joignit en outre plusieurs autres qui se prétendaient doués d'une puissance de génie qu'ils ne possédaient point, et qui de cette manière eussent presque fait tomber en discrédit et cette époque et le nom même du génie, si pareille chose pouvait être le résultat de l'abus que l'on en ferait. Mais, pour se convaincre que cette époque a été l'une des plus heureuses pour l'essor de l'esprit allemand, et réellement riche en génies puissans, il suffira de réfléchir que Jacobi, Lavater, Herder, Jean Muller, lui appartiennent entièrement, tant par l'époque de leurs premiers essais littéraires, que par le caractère de leurs écrits. Et la gloire de ces écrivains ne s'est pas trouvée restreinte à l'Allemagne, mais s'est répandue dans tout le reste de l'Europe. Les auteurs de cette seconde génération diffèrent de ceux de la première, aussi bien par l'esprit et le système de leurs ouvrages, que par la langue et le style. Leur manière d'écrire est pleine d'âme, de feu et de vie, d'enthousiasme, de profondeur et d'esprit, toujours originale et neuve, souvent très-savante dans les détails. Mais l'unité de l'ensemble, l'ordre rigoureux, la mesure véritable, y manquent souvent et l'on n'y trouve même point partout les soins nécessaires pour la pureté et la précision du langage. Cette observation s'applique même à Herder et à Jean Muller, les plus riches de cette époque en connaissances étendues, et les plus habiles à cause de la diversité infinie des genres dans lesquels ils s'étaient exercés. Il semblerait par conséquent, que les partisans de la première époque ont presque raison de soutenir que la pureté de la langue se trouve sinon exclusivement, du moins à un plus haut degré dans les écrivains allemands de la première génération. Cependant cette prétention n'est pas généralement fondée; dans quelques auteurs, parmi les poètes surtout, comme dans Voss, Stolberg, et dans plusieurs ouvrages de Goëthe, on trouve cette pureté de la langue avec toute sa rigueur et toute sa perfection. Dans Voss, le respect pour la langue va même quelquefois jusqu'à la dureté; et si l'on trouve quelques négligences dans certains ouvrages de Goëthe d'un genre plus léger et composés antérieurement ou postérieurement, dans ses poésies nobles la langue est aussi belle qu'elle puisse l'être, et a une légèreté, une grâce, une naïveté étrangères à Klopstock. La langue fut non-seulement enrichie par le génie des écrivains et des poètes qui prirent un élan plus audacieux et plus libre dans la carrière que leurs devanciers avaient ouverte, mais elle fut aussi exposée avec une pureté sans tache et le plus haut degré de perfection dans quelques ouvrages. La poésie prit alors une direction toute nouvelle : avant elle était divisée en deux partis, suivant que l'on prenait exclusivement pour modèle Wieland ou Klopstock. Dans les poésies des uns, il ne s'agissait que de muses et de grâces, d'amour et de roses, de zéphirs et de nymphes, de dryades et d'hamadryades. Les autres cherchaient à saisir les derniers sons des anciens chants des bardes, entre les écueils et les rochers; ou bien ils erraient dans les nuages avec Eloah, dans des régions célestes parsemées de soleils; et lorsqu'ils consentaient à revenir sur la terre, c'était au milieu des coups de tonnerre, des tempêtes, des bouleversemens de la nature, comme s'il s'était agi du jugement dernier. Entre ces deux extrêmes d'une élévation uniforme et d'une mollesse trop suave, à moitié grecque et à moitié moderne, les poètes nouveaux s'efforcèrent d'atteindre une réalité et une nature énergiques. Ils cherchèrent à rattacher leur poésie immédiatement au présent, parce qu'ils pensaient que ces esquisses rapides mais énergiques, tracées d'après la vie réelle, étaient les moyens par lesquels la poésie pouvait le plus agir, et qu'elle devait particulièrement employer. Ils ne négligeaient surtout rien pour mettre de leur côté Homère, qu'ils considéraient comme un grand poète de la nature vivante; et bientôt ils s'efforcèrent à l'envi de le traduire en langue allemande. Ils réveillèrent aussi un grand nombre de souvenirs de l'ancienne histoire d'Allemagne, de ses arts et de ses chants. Sans doute, leurs efforts n'étaient point accompagnés d'une connaissance exacte et générale de l'ancienne histoire et de l'ancienne philosophie allemande, de l'art et de la langue; ce n'était d'ordinaire que des aperçus dont plusieurs étaient toutefois remarquables et très-féconds en résultats. Goëtz de Berlichingen à la main de fer fut la souche d'une race innombrable de chevaliers pesamment armés et d'escadrons de cavaliers qui, de nos jours encore, maintiennent, du moins sur le théâtre, l'antique liberté de l'Allemagne et le droit du plus fort : quoique l'on puisse dire que cet ouvrage est non-seulement tout-à-fait irrégulier, mais même sans aucune forme arrêtée, et ce défaut provient de la volonté même de l'auteur, entraîné par la fougue impétueuse de la jeunesse; l'histoire de l'époque où la scène se passe a beau y être très-imparfaitement retracée, ce n'en reste pas moins un tableau poétique très-riche, d'un mérite durable et supérieur à celui de tous les autres ouvrages de la jeunesse du même poète, et dans lesquels il voulait rattacher sa poésie immédiatement au présent.

En général, la poésie fut trop détournée par cette direction nouvelle de la haute idée que Klopstock en avait fait concevoir : elle s'était trop disséminée et individualisée, elle était trop descendue dans la sphère de la réalité ; et forcée par cette tendance de se rapprocher du présent et de produire un effet immédiat, elle s'était dirigée trop tôt et d'une manière trop exclusive vers le théâtre. Je pense que le théâtre d'une nation fleurirait et se développerait d'une manière d'autant plus heureuse, qu'il prendrait son essor plus tard. Peut-être même le théâtre grec doit-il en partie sa supériorité à cette circonstance. Il est difficile qu'un théâtre puisse jamais prospérer si la littérature et la poésie, surtout celle d'un genre élevé, n'ont pas encore été traitées avec une variété infinie, et si l'art n'est pas encore assis sur des bases solides. A la vérité, on avait fait alors à cet égard un heureux commencement en Allemagne; mais le projet fut exécuté sans qu'une semblable opinion fût généralement répandue. La critique de Lessing contribua essentiellement aussi à diriger l'attention générale vers le théâtre. Il serait difficile de décider si, comme critique, il a exercé une heureuse influence sur le théâtre, malgré les vastes connaissances qu'il possédait et sa merveilleuse sagacité. On abandonna alors les traductions libres de Corneille et de Voltaire pour adopter entièrement le genre des tableaux de famille, inventé par Diderot; et la prose fut long-temps considérée comme condition indispensable de toute exposition conforme à la nature, afin que la langue, libre de toute entrave, pût mieux répondre à la matière dénuée de toute forme. Cependant cette manière de penser passa; tandis que le culte de Shakespeare, auquel avait surtout contribué Lessing, demeura, et avec lui, dans l'exposition, une plus haute idée de la nature que celle qui dominait dans les tableaux de famille du genre de ceux de Diderot.

Lessing, comme critique, avait plutôt le talent nécessaire pour placer dans leur véritable jour certaines questions particulières, surtout pour réfuter et extirper des préjugés enracinés, que pour assigner sa place véritable et son mérite réel, dans la marche graduelle du développement de l'art, à un ouvrage de l'art, à un artiste ou à un genre, d'après ses rapports avec les lumières générales. Il n'avait point l'esprit assez tranquille pour considérer et admirer un ouvrage d'une haute perfection comme l'eût fait Winckelmann. Cependant cela est essentiel pour la connaissance parfaite et la critique de l'art ou d'une manifestation particulière de l'art, d'après l'ensemble de son histoire et de ses développemens. Ce n'est que dans des ouvrages parfaits que l'on peut reconnaître complètement la nature d'un art; ce n'est que par un examen calme qu'on en peut apprécier la perfection, et non par des critiques de détails ou des productions bâtardes et imparfaites. La critique de Lessing porte plutôt sur les principes que sur les caractères de ce qui est parfait ; et il s'occupe plus de réfuter les principes faux que d'établir des principes vrais : dans la critique, il est plutôt philosophe qu'investigateur de l'art. Il manque de cette flexibilité d'imagination par laquelle Herder sait se placer dans la poésie de tous les temps et de tous les peuples. Dans la philosophie de l'histoire, c'est précisément ce sens pour ce qui est poétique dans le caractère de la tradition d'une nation, ce talent de pénétrer dans sa manière individuelle de penser et de vivre, qui distinguent Herder. Comme théologien, c'était même la poésie des Hébreux qui avait le plus de charmes pour lui. On pourrait l'appeler le mythologue de notre littérature, à cause de ce sens général pour la poésie, de ce talent de bien sentir l'ancienne tradition et de se placer avec passion dans toutes les formes et toutes les productions de l'imagination. Cet écrivain si spirituel, si sensible, si plein d'imagination, et qui par un don de la nature était éminemment esthétique, ne manque que d'exactitude dans la critique et de profondeur dans la philosophie. Connaisseur et interprète de tout ce qui est du ressort de l'imagination, il a donné l'éveil au goût pour celle-ci, pour la tradition et la mythologie. Mais expliquer véritablement le sens particulier de la mythologie et de l'ancienne symbolique, rappeler les bases du vrai qui se glisse à travers toutes les images et les fictions comme un fil invisible purifié de toute enveloppe fabuleuse, voilà ce qu'il n'est possible de faire que par la compréhension plus profonde de la philosophie et de la religion; de même que le jeu si varié des couleurs ne peut être expliqué dans ses transitions que par l'essence simple de la lumière. Or sans le secours de cette lumière conductrice, l'étude de la tradition et de la mythologie ne mène qu'à déraisonner scientifiquement d'après des sentimens incertains. Dans le domaine de l'histoire et de la philologie, Herder, malgré son talent unique dans ce genre, et son admirable pressentiment de l'art, a posé les fondemens de la divagation scientifique, parce qu'il n'atteignit jamais ce point de vue plus sublime; c'est lui qui a tant augmenté ce penchant inné du génie allemand pour les divagations, et qui a surtout contribué à le développer. Si dans sa jeunesse il était sur une meilleure route et près de trouver dans la révélation la plus reculée la clef de toute philosophie, de toute tradition et de toute mythologie, on ne doit que le plaindre et le désapprouver davantage d'avoir plus tard abandonné cette lumière.

En général, depuis Winckelmann, on commença à considérer d'une manière esthétique presque tous les objets; et ce point de vue devint de plus en plus, on pourrait même dire, exclusivement dominant. Ce résultat doit non-seulement être attribué au penchant naturel des Allemands pour l'art et la poésie; mais l'éloignement absolu de toute sphère d'action publique des talens qui s'y développaient, dut encore beaucoup y contribuer. Il ne resta au génie allemand que le choix entre deux voies : celle de l'activité interne, plus étrangère à la vie civile, ou celle de l'activité philosophique. La première eut dans le principe la prédominance, au grand détriment de la dernière; parce que plusieurs écrivains qui avaient consacré toute leur vie, ou du moins une grande partie, à la contemplation de l'art, ou à en approfondir les principes, ne développèrent point ou du moins développèrent leurs dispositions pour la philosophie d'une manière trop insuffisante pour acquérir de l'influence sous ce rapport. Dans Winckelmann même, on ne saurait méconnaître une pareille disposition, qui assurément est très-noble. Toutes ses grandes idées d'art ont pour base un enthousiasme platonique qu'il avait puisé à la source, et qui était sa manière de penser dominante. De tous les genres de philosophie c'est celui qui est le plus en harmonie avec la contemplation de l'art. Cependant, ce platonisme est si fort chez lui, que souvent il l'entraîne au-delà des bornes de toute contemplation de l'art. C'est surtout dans ses derniers écrits que ce penchant philosophique augmente; et je ne sais s'il n'eût pas été très-avantageux pour la philosophie allemande, de pouvoir commencer avec un platonicien tel que Winckelmann eût pu l'être.

Lessing renonça à ses recherches sur les antiquités, le théâtre et la critique de l'art, comme à des exercices de sa jeunesse, aussitôt que son esprit eut atteint la hauteur de la maturité virile. La recherche philosophique de la vérité fut le but de tous ses efforts intérieurs, et il s'y adonna avec une gravité et un enthousiasme qui lui avaient été inconnus jusqu'alors; car dans les autres genres où il avait brillé précédemment, il paraît souvent, en se jouant, s'abandonner à la puissance de son génie, surtout contre de faibles adversaires, plutôt qu'il n'était entraîné par la chose même. Quoique sa nature le portât irrésistiblement à s'exercer dans les genres d'art et d'esprit les plus variés, cependant il est impossible de ne pas reconnaître que la philosophie était sa véritable vocation; seulement il était sous ce rapport trop au-dessus de son siècle pour pouvoir être généralement compris, chose d'autant plus difficile que sa philosophie n'atteignit point un degré de maturité et un développement complets; en sorte qu'avec sa méthode anti-systématique, il n'en reste que des opinions accidentelles et indirectes, des traits jetés sans ordre, de simples ébauches.

Parmi les philosophes de l'ancienne école, Sulzer, suivant la méthode dominante à cette époque, avait principalement consacré à l'art toutes ses investigations et toutes ses pensées. Mendelsohn essaya de donner une base philosophique aux vérités générales de la religion. Garve n'était pas à la vérité de l'école de Leibnitz, mais sous le rapport de sa méthode, il appartient entièrement à cette époque plus reculée. Il se consacra principalement à la philosophie morale des Anglais et des anciens; mais le succès qu'il a obtenu est une preuve certaine qu'une pareille morale et une pareille philosophie de la vie, fondées principalement sur ce qui est vraisemblable et présumable, sans une connaissance générale de ce qui est à proprement parler vrai et certain, ne pouvaient satisfaire l'esprit allemand. Les romans philosophiques de Wieland, présentés sous une forme socratique, contribuèrent à répandre, surtout parmi les classes élevées de la société, une morale qui au fond était épicurienne. Ceci ne fut point sans avoir des suites préjudiciables pour la manière générale de penser; du moins cette doctrine morale, trop tolérante et trop molle, n'était-elle point une préparation suffisante aux combats terrribles et violens dont le siècle et la nation étaient menacés.

Kant n'avait pas encore acquis de célébrité; Lavater, bien différent des autres, adopta une marche toute particulière. On n'a saisi que le côté absurde de sa physiognomie, système qui a été tant répandu. Sa profondeur philosophique n'a été ni reconnue ni comprise; il est vrai qu'il ne pouvait la manifester que dans les détails, et qu'il ne pouvait parvenir à un système, parce que sa méthode, qui était celle de la croyance vivante, était diamétralement opposée à celle de la philosophie dominant alors dans les écoles. Mais à mon avis, il est, après Haman et avec Lessing, un des plus remarquables des investigateurs du dix-huitième siècle; et j'appelle ainsi ceux qui recherchaient avec une infatigable activité les traces de la vérité que l'on avait perdues. Ces trois penseurs solitaires forment un cercle absolument séparé des discussions des sectes dominantes et des formes à la mode dans l'école ; c'est un cycle particulier de la méditation plus élevée où l'on aperçoit déjà, quoique peu développés encore, les premiers germes d'une philosophie chrétienne. Haman considérait la parole de la plus antique révélation comme une énigme encore incompréhensible, comme une voix à laquelle on faisait peu attention dans le désert des lumières générales. Lavater comprenait dans son esprit profond les mystères du christianisme comme points lumineux de la connaissance idéale. Le troisième penseur que nous puissions compter parmi les philosophes allemands, chrétiens et spiritualistes peu connus, est Lavater dont l'esprit lucide pénétra jusqu'au centre de la révélation et de la connaissance, ainsi que de la liberté de penser et de la tradition.

Ce que Reimarus, de l'école ancienne, récita publiquement pour la connaissance de la religion naturelle au moyen de la raison, est dans le genre modéré ; mais l'attaque systématique de cet auteur contre la religion révélée eut des conséquences infiniment plus graves. Lessing crut devoir la faire connaître parce qu'il pénétrait dans l'examen, dans la partie historique, sérieusement ou du moins avec l'intention d'être exact. Il était convaincu que le temps était venu de ne plus taire les doutes, mais de les provoquer au grand jour, afin d'y mieux répondre et de faire jaillir la vérité de ces débats. La philosophie de Lessing allait droit au but, la vérité de la religion. Les questions et les difficultés ordinaires dans lesquelles la philosophie d'alors était encore embarrassée et s'agitait inutilement depuis Locke et Descartes, ne lui inspiraient aucun intérêt. Au contraire, il soulève dans son ouvrage sur l'éducation de la race humaine, dans ses entretiens sur les francs-maçons, ainsi que dans tous ses ouvrages de polémique philosophique, des questions qui ont plus immédiatement trait aux objets fondamentaux de la haute philosophie, mais que les penseurs de cette époque avaient presque entièrement perdus de vue. Sous le rapport de la philosophie, il était tout-à-fait au niveau du dix-huitième siècle; Leibnitz était le seul qui eût encore quelque affinité avec lui, et il le voyait à une distance énorme de ses sectateurs d'alors, parce qu'il l'approfondissait et joignait à l'étude de ce philosophe celle de Spinosa. Si l'on peut taxer de mollesse toute métaphysique incapable non-seulement de réfuter ce grand adversaire, mais qui ne le comprend point et cherche à lui échapper, il paraîtra incontestable que Lessing a plus approfondi la philosophie que Kant, quoique ce dernier ait écrit d'une manière plus systématique. S'il n'était point mort de si bonne heure, s'il avait surtout ménagé davantage ses forces et les avait employées avec plus de discernement, cette vérité se serait conservée et serait aujourd'hui généralement reconnue. Peut-être, si l'esprit libre et audacieux de Lessing y avait contribué d'une manière durable, la philosophie allemande se serait-elle développée avec plus de bonheur que cela n'est arrivé plus tard par Kant seul. Lessing ne manifesta que rarement en public ses opinions philosophiques personnelles. Ce qu'il en disait accidentellement semblait paradoxal au-dessus de toute expression; mais il n'était nullement spinosiste, comme on l'a prétendu après sa mort; parce qu'un penseur peut embrasser passagèrement une erreur qu'il n'est pas encore en état de réfuter et qui lui servira peut-être de passage et de transition à la vérité. Ce qui le prouve incontestablement, c'est que Lessing croyait à la transmigration des âmes; et de toutes ses opinions favorites, il semble que ce soit celle qui a jeté en lui les plus profondes racines. Or cette opinion est incompatible avec le système de Spinosa, qui n'admet ni une métamorphose ni une continuation personnelle des individus. Bien plus, il paraît résulter clairement de cette circonstance, que Lessing penchait plutôt vers l'ancienne philosophie orientale, comme lui-même nous l'apprend d'une manière assez positive. Il faut donc donner presque raison à ceux qui pensent que l'on ne saurait se garder avec trop de soin et d'attention de l'enthousiasme, pour rester pur de ses extravagances; car s'il est vrai que ni Leibnitz, malgré toute sa science, ni Lessing, quoiqu'il fût doué d'une grande sagacité, n'ont pu se préserver tout-à-fait de ce que certaines personnes considèrent comme de l'extravagance, il doit nécessairement être fort difficile de s'en abstenir lorsque l'on se trouve placé à une certaine hauteur. Cependant rien de l'extravagance mystique de ce profond investigateur n'a passé dans la manière de penser générale; mais ses doutes et l'exemple de sa témérité n'en exercèrent qu'une influence plus puissante et plus générale. C'est ainsi que sans le vouloir il ne fit que travailler au profit de cette opinion philosophique, pour laquelle il avait tant d'antipathie et qu'il avait si souvent combattue. On pourrait dire dans un sens que Lessing a achevé ce que Luther avait commencé ; il a conduit le protestantisme allemand jusqu'à son terme, et a déterminé la crise dont nous sommes témoins aujourd'hui. C'est ainsi que plus récemment Fichte, comme penseur scientifique, d'après le principe protestant de la liberté, ou comme idéaliste sans restriction, a atteint une hauteur qu'on ne pourrait dépasser sur la même voie et d'où est parti un nouvel élan de l'esprit dans une direction opposée, un retour de l'abîme de la pensée illimitée à la connaissance de la révélation ou du positif divin ; bien qu'il ait dû marcher au milieu d'obstacles continuels offerts par les vestiges trompeurs des anciennes erreurs, et faire de fréquentes rechutes. Comme système régulier, comme parti arrêté, le protestantisme ne pouvait continuer d'exister plus long-temps dans la science ni dans la religion avec la liberté de penser illimitée qui se manifesta bientôt. Depuis que Fichte a poussé dans la science le protestantisme, ou la liberté de penser, jusqu'au dernier sommet de l'idéalisme, et que cette tentative n'a pu satisfaire l'esprit, la science s'est de plus en plus attachée au donné et au positif dans la nature, l'histoire et la révélation, bien que souvent au milieu du mélange confus des erreurs les plus diverses. Mais depuis la crise amenée dans la foi par Lessing, un christianisme interne et indéfini, une religion de sentiment purement individuelle, a remplacé chez les protestans religieux l'ancien système devenu insoutenable. Lessing lui-même avait été ramené par l'essor hardi et impétueux qu'avait pris son génie investigateur, à croire en la philosophie ancienne, ainsi qu'à reconnaître la tradition et sa force légitime dans l'Eglise.

On ne saurait nier que les ouvrages de Lessing n'aient produit dans l'Allemagne protestante un effet désorganisateur. C'est une toute autre question que celle de savoir si cette annihilation totale des opinions philosophiques jusqu'alors en vigueur, et de la croyance au protestantisme, a eu ou aura peut-être plus tard des résultats heureux et favorables; que de savoir s'il fallait détruire les subrogats de la vérité pour qu'on sentît d'autant plus vivement le besoin de la posséder tout entière, et qu'on y fût ramené par une conviction basée sur le sentiment particulier. Les résultats immédiats en furent très-divers. La liberté de penser, établie et reconnue, servit moins à édifier, à tenter des découvertes et des investigations dans les sciences, qu'à détruire. Extirper les préjugés, sous le spécieux prétexte de propager les lumières, tel était le vœu général. On ne saurait disconvenir qu'il en fut ainsi même pour des choses de peu d'importance, dont la solution était facile. Quant aux convictions et aux affaires d'un ordre plus élevé, on manquait tout-à-fait d'une règle sûre pour distinguer le préjugé de la vérité, la foi de l'incrédulité. On peut aisément s'imaginer combien l'on abusa du mot d'ordre général ainsi que de la grande variété d'objets qu'il désignait et avait pour but, pour peu que l'on veuille se représenter combien le philosophe Lessing, ce profond penseur, ce sceptique sincère, donnait à la liberté de penser et aux lumières un sens différent de celui de Basedow de Nikolaï ou de Weisshaupt. Nous avons déjà dit que ceux qui prêchaient constamment la tolérance n'étaient pas toujours les plus tolérans à l'égard de ceux qui avaient des opinions contraires aux leurs. Il faut cependant plutôt considérer cette intolérance comme une faiblesse propre à l'esprit humain, si enclin à tomber en contradiction avec lui-même, que lui en faire un reproche absolu. Quoique le doute, l'incrédulité et la haine de la religion se soient montrés en Allemagne avec infiniment plus de mesure et infiniment moins d'étendue qu'en France et qu'en Angleterre, même à l'égard d'individus isolés, cependant cette forme de l'incrédulité modérée, qui flattait la raison et respectait jusqu'à un certain point le sentiment et la croyance, contribua précisément à répandre d'autant plus rapidement et d'autant plus généralement cette manière de penser. Parmi les écrivains qui résistèrent au torrent de l'opinion publique et agirent silencieusement en penseurs chrétiens, il nous faut surtout citer à cette époque Jung-Stilling et Stark. Le premier a réveillé chez les protestans sur la voie du christianisme interne un sentiment religieux plus profond et des vues individuelles plus libres ; l'autre a exprimé dans ses écrits, de la manière la plus positive, sa conviction de la vérité de la foi catholique. J'aime à ajouter au nom de ces deux hommes d'esprit le bon Claudius, qui sut exposer, sous la forme légère d'écrits populaires destinés à l'enfance, ce qu'il avait retenu avec un sens profond des mystères du christianisme.

Revenons maintenant aux rapports extérieurs du développement intellectuel à cette époque. La paix générale, l'état prospère et florissant de l'Allemagne fut très-favorable à la propagation d'une nouvelle manière de penser, de même qu'au développement des lumières générales. Quoique les sciences et les arts n'eussent point à se féliciter partout d'encouragemens positifs et suffisans, cependant l'amour propre national dut être excité et stimulé par cela seul qu'au milieu du dix-huitième siècle et même après, l'Allemagne produisit plus de princes véritablement grands que n'en eut le reste de l'Europe. Frédéric et Marie-Thérèse faisaient, dans des genres différens, l'orgueil de leurs peuples. L'empereur Joseph, qui grandissait à l'ombre du trône maternel, avait fait concevoir des espérances encore plus grandes : il les justifia par une administration pleine d'activité. Sous le rapport de l'art et de la culture intellectuelle en Allemagne, les espérances du patriote Klopstock échouèrent momentanément. Comme souverain de tant de vastes pays étrangers, l'empereur Joseph eût été peut-être appelé plus que tout autre à fonder un grand institut scientifique pour toute l'Europe plutôt que pour l'Allemagne en particulier. Dans une autre occasion, j'ai déjà dit que la réalisation d'un pareil projet eût été très-favorable aux intérêts de son empire, et eût certainement exercé une influence décisive sur la marche ultérieure de l'opinion, ainsi que sur l'entier développement du siècle. Ce projet ne fut point mis à exécution; du moins ne le fut-il point de la manière et avec l'étendue convenables, parce que l'empereur ne s'attachait qu'au côté pratique des sciences. Mais il était si éloigné d'être généralement indifférent à leur égard ou de les dédaigner, qu'il estimait au-delà de leur juste valeur quelques théories pratiques en matière de législation, de justice, d'administration intérieure et de finances, qui maintenant n'ont d'intérêt que comme hypothèses, et ne sont généralement considérées que comme telles. Quelque naturelle que cette manière de considérer la science sous un point de vue pratique puisse être dans un monarque plein d'activité, cependant l'exemple de ce prince remarquable ne saurait servir de guide aux autres gouvernemens. Car s'il est certain et généralement reconnu maintenant que le génie et les lumières d'une nation ne sont pas moins importans pour l'Etat et le prince, que la puissance physique et l'éclat de la gloire extérieure ; il faut que tout ce qui y concourt soit considéré comme étant de la plus haute importance, bien que, suivant les apparences, il n'ait aucun rapport avec l'utilité immédiate.

J'arrive à la troisième génération dans la littérature allemande nouvelle, dont le caractère diffère notablement et essentiellement des précédentes. Se représenter clairement le caractère général de ces dernières époques et générations dans la nouvelle littérature allemande, voilà le plus sûr moyen d'avoir la solution d'une foule de contradictions embarrassantes, et de faire accorder beaucoup d'opinions opposées, lorsque celles-ci reposent sur des malentendus, ou ont trait à des particularités et ne sont point le résultat d'une différence essentielle dans la manière de penser. Le rapport extérieur, l'esprit dominant de l'époque à laquelle se rattachent les premiers progrès et les premiers développemens intellectuels d'un auteur, en déterminent souvent le caractère et conservent en tout cas une influence décisive sur sa carrière ultérieure.

Je place dans la troisième génération les auteurs dont le développement et les progrès intellectuels datent des dernières années de la période de 1770 à 1780, ou de 1780 à 1800. Les événemens et l'esprit dominant du temps ont assurément exercé ici aussi une influence très-remarquable et très-décisive sur la littérature allemande, non-seulement sur les auteurs, mais encore sur le public. Auparavant, le public des poètes allemands ne se composait que d'un certain nombre d'amis des arts, de *dilettanti* disséminés : tel était l'état des choses lorsque Klopstock et ses contemporains commencèrent à écrire, et ce ne fut que lentement que s'accrut en Allemagne le nombre de ces amis des arts. Lors de la révolution, on lut et on écrivit incomparablement davantage. Ce résultat s'étendit bientôt du domaine de la politique à celui de la philosophie et de la littérature. Quoique l'on ait agi souvent d'une manière tout opposée au but que l'on se proposait, bien qu'il en soit résulté çà et là une influence fâcheuse, cependant l'intérêt général fut de plus en plus excité ; et alors même qu'on prenait parti plus vivement que jamais, c'était un grand avantage pour l'esprit qui souvent se développe le mieux dans la discussion. S'il me fallait caractériser d'un seul mot cette époque considérée sous un point de vue général, sans craindre de n'être pas compris, je l'appellerais révolutionnaire ; s'il est toutefois permis d'employer une pareille expression dans un sens juste à la vérité, mais cependant un peu restreint et s'écartant du sens ordinaire. Il faut toutefois dire, à la gloire des écrivains allemands, que les plus distingués d'entre eux sont demeurés entièrement libres et purs de ce vertige démocratique des premières années de la révolution. Je ne pourrai en nommer qu'un seul à l'égard duquel il est à regretter que, se trompant lui-même ou égaré par d'autres, il se soit perdu dans ce tourbillon pour le monde et pour la littérature. Que si quelques-uns des bons auteurs ne sont pas demeurés tout-à-fait étrangers aux espérances trompeuses de cette époque, leur probité les avertit bientôt qu'ils étaient dupes d'illusions, et ils surent réparer abondamment une erreur passagère. On a dit que Burke avait écrit un ouvrage révolutionnaire contre la révolution : ce mot est rempli de justesse. Je prendrai donc le mot révolutionnaire dans le même sens. Il faut entendre par là qu'il n'a retracé avec une éloquence si entraînante les violentes secousses du siècle, que parce qu'il connaissait toute l'étendue du danger ainsi que l'importance de la lutte qui menaçait d'éclater; et parce que, vivement ému par toutes ces considérations, il s'abandonnait lui-même à une sorte de combat et de bouleversement intérieurs. Le trait caractéristique et distinctif des poètes et des auteurs de cette troisième génération est, suivant moi, cet état qui offre non-seulement une lutte externe, mais encore une lutte interne. Il me suffira, pour justifier mon opinion et pour la rendre parfaitement claire, de citer un grand écrivain et un grand poète de cette génération dont la brillante carrière est sous nos yeux. Dans les premiers ouvrages passionnés de sa jeunesse, nous voyons Schiller constamment dans un état violent de lutte intérieure, nous le voyons même rempli d'espérances extravagantes, faisant une opposition sourde contre tout ce qui existe. Précurseur de la révolution, dans quelques-unes des poésies de sa jeunesse il exprime les doutes les plus passionnés et une incrédulité qui toutefois est moins sujette à être blâmée dans un homme dont le génie est aussi brûlant et aussi sérieux, qu'elle n'inspire la compassion et l'espoir qu'une ardeur si profonde, qu'une tendance si prononcée vers la vérité ne pourront demeurer longtemps dans une âme aussi fortement trempée sans être satisfaites. Quelles transitions violentes ne voyons-nous pas plus tard dans la carrière de Schiller, alors qu'il atteint l'apogée de son talent! Quelle lutte continuelle avec lui-même et le monde, avec la philosophie du siècle et son talent particulier! Sans repos intérieur, incessamment agité, nous le voyons tout saisi du grand bouleversement extérieur du siècle qui lui a communiqué son impulsion. Voilà ce que j'ai voulu dire par l'épithète dont je me suis servi, et ce que je trouve plus ou moins dans tous les écrivains distingués de cette époque.

Les poètes et les écrivains créateurs de la deuxième génération vivaient dans une insouciance qui nous semble presque bizarre, parce que nous sommes maintenant habitués à trouver dès cette époque les premiers symptômes des dangers et des révolutions qui approchaient. Quant à eux, non-seulement ils ne s'inquiétaient point des événemens politiques, mais même ils ne s'occupaient nullement du monde extérieur, ne vivant que pour eux et pour leur art, heureux de leur puissance de génie. Il n'y a d'exception que pour Jean Muller, dont l'esprit, entièrement dirigé sur les objets, devait apercevoir plutôt et plus distinctement du haut des Alpes solitaires l'orage qui se formait peu à peu, que ceux qui habitaient au-dessous de lui dans le vallon paisible ou qui vivaient dans le tumulte des villes. Au lieu de cette insouciance heureuse dans le sein des arts, nous voyons les écrivains de la génération plus rapprochée de nous, ceux de 1770 à 1780, ou de 1780 à 1800, tout remplis de l'esprit du siècle, s'y livrant entièrement, luttant violemment contre lui, ou du moins concentrant sur lui d'une manière ou d'une autre toute leur activité. Je ne citerai que quelques hommes qui ont donné dans les extrêmes. N'est-ce pas en saisissant le côté faible et triste du siècle, et en sachant s'en échapper tout-à-fait, que l'auteur le plus fécond et le plus indispensable du siècle lui est devenu nécessaire comme moyen de passer agréablement le temps? Un écrivain qui paraîtra peut-être remarquable plus tard, comme une preuve de la décadence des mœurs et du goût dans notre siècle ; un philosophe célèbre qui croyait avoir trouvé dans son moi le point d'Archimède, pour remuer et changer entièrement le siècle, nous présente précisément l'extrême opposé. Veut-on encore un autre exemple d'un rapport de l'écrivain avec ce siècle, qui tienne le milieu entre cette flatterie et cette adulation de ses faiblesses et cette entreprise un peu hardie, qui consiste à vouloir le façonner de nouveau à son gré ? Que l'on se souvienne de cet écrivain favori de la nation qui a mérité ce titre, par cela même qu'il a exposé toute la richesse, toutes les dissonances d'un siècle si compliqué avec esprit et sentiment, avec une sorte de verve particulière; mais dans un style aussi plein de dissonances, aussi mêlé et aussi âpre que le siècle lui-même, avec toute sa richesse dans sa constitution désordonnée.

Les défauts particuliers aux écrivains qui ont coopéré à la révolution intellectuelle, se trouvent à un très-haut degré dans les poètes et dans les penseurs que nous venons de nommer. Cependant il ne faut pas pour cela refuser une grande puissance de génie et un mérite réel à des hommes qui ont agi avec tant d'énergie dans les arts et dans les sciences, à Schiller, à Fichte et à d'autres qui ont pris part à la lutte du siècle avec des armes honorables, et qui ont puissamment contribué au développement des lumières.

D'autres détournèrent leurs regards de l'aspect immédiat de cet état de désordre où se trouvait alors l'humanité, pour se réfugier dans le domaine de l'imagination et se repaître de ses illusions; ou pour se jeter dans les bras de la nature, la considérer et l'étudier, abstraction faite de l'état dans lequel se trouvaient les hommes. D'autres investigateurs saisirent avec enthousiasme le grandiose des temps passés, s'y plongèrent tout-à-fait dans l'espoir d'y trouver la solution de l'énigme que présentaient les nôtres; plusieurs des plus distingués abandonnèrent avec mécontentement le monde extérieur et la science pour se jeter dans les bras de la religion devenue presque entièrement étrangère au siècle, et du christianisme trop long-temps méconnu. Dans ce genre aussi, les erreurs et les malentendus n'ont point manqué, mais il n'est aujourd'hui personne qui ne reconnaisse que c'était l'unique moyen de trouver ce qui manquait au siècle et ce qui nous manquait à nous-mêmes. Mais l'accord de ceux qui, parmi les protestans ayant retrouvé la foi, reconnaissent et aiment le christianisme, ou de ceux qui, parmi les philosophes, cherchent à en approcher, avec ceux qui s'attachent fortement au centre de l'unité catholique, qui donne de l'assurance à leurs efforts et conduit à une clarté parfaite, se manifestera toujours de plus en plus, parce que ce grandiose qui fait époque dans le cours des temps ne se déploie que par la manifestation uniforme d'un grand nombre de forces individuelles.

J'en resterai là, parce que je sens combien il est difficile de retracer le tableau d'une époque à laquelle on appartient soi-même. Lorsqu'une lutte extérieure devient générale dans le domaine de l'activité humaine, soit publique, soit civile, soit intellectuelle, plus elle se compliquera, plus il arrivera facilement que tous seront victimes de quelque injustice; et alors même que l'une des parties aurait évidemment tort, il arrivera cependant vraisemblablement que l'autre, malgré son bon droit reconnu, se rendra coupable de quelque injustice. C'est une conséquence nécessaire et forcée de l'état de chaos général. Mais si l'on considère l'art et le développement du génie dans ses ouvrages, on voit jaillir subitement de la lutte interne la plus violente les ouvrages les plus remarquables. Ce ne sont souvent, il est vrai, que des produits de cette lutte intellectuelle. Qu'on se rappelle, par exemple, l'intervalle qui sépare les Brigands, Don Carlos et Wallenstein;

dans la marche graduelle de Schiller. En général, la perfection et la beauté harmoniques ne sauraient être le fruit d'un combat intellectuel interne, aussi long-temps qu'il dure encore. Mais il est tout-à-fait propre au développement d'une grande richesse de pensées. Cette richesse d'idées est l'avantage véritablement distinctif de la troisième époque de la littérature allemande : c'est ce dont conviennent les étrangers eux-mêmes. Cependant il ne serait point difficile de citer des ouvrages qui sont non-seulement parfaits sous le rapport de l'art, mais en outre animés d'un sentiment harmonique et également beau sous le rapport du style. En général cette richesse d'idées partielles est pourtant ce qui domine dans notre époque, et la perfection harmonique ne se rencontre que dans de rares exceptions.

Quoique l'on puisse penser qu'il est nécessaire qu'une espèce d'amnistie soit déclarée à l'égard de cette époque de notre littérature engagée dans un violent combat, amnistie dont tous les partis ont besoin; quoique sous le rapport de l'art, du beau et de la langue, on soit porté à donner la préférence aux poètes les plus distingués et les plus heureux de la seconde génération; cependant cette époque n'en reste pas moins remarquable sous le rapport de cette richesse d'idées qu'on y a vues naître. Et quiconque se sera formé et développé de 1788 à 1802 n'y renoncera pas aisément et ne voudra point l'échanger contre une autre, malgré les résultats défavorables dont nous venons de parler.

La philosophie de Kant produisit à cette époque les résultats les plus décisifs. Je ne saurais convenir, en thèse générale, que cette philosophie ait été nuisible à la manière de penser et à la foi : avant que Kant parût, la foi religieuse avait déjà été ébranlée dans ses fondemens par d'autres causes. Si les doutes augmentèrent ou prirent seulement naissance chez quelques individus, ces doutes, d'une nature grave et profonde, portaient leur remède avec eux-mêmes, non à la vérité dans l'édifice à moitié détruit de la prétendue foi rationnelle; mais on trouvait çà et là dans la philosophie de Kant un grand nombre d'idées à l'aide desquelles un investigateur consciencieux pouvait retrouver de manière ou d'autre la conviction plus haute, lorsqu'il l'avait perdue ou qu'il s'y était égaré, ou du moins s'en rapprocher de nouveau. Qu'on réfléchisse seulement combien la philosophie du siècle avait répandu au loin en Allemagne l'incrédulité à l'égard de toutes choses d'un ordre supérieur, et l'on verra que sous ce rapport la philosophie de Kant a plutôt produit des résultats bienfaisans; ou du moins qu'elle a servi à quelques personnes de transition à la vérité ou à les y faire revenir. Sans doute il eût mieux valu que la philosophie de Kant n'eût pas aussitôt formé secte; cependant ce fut un mal passager de même que la barbarie du style. Le style de Kant a, par moment, un cachet particulier, quelque chose de tout-à-fait original; on y remarque, à côté de la sagacité philosophique, beaucoup de génie et d'accord. Mais dans l'ensemble et surtout dans la structure de sa période, son style porte partout l'empreinte des pénibles recherches auxquelles son esprit flottant dans le doute se livre pour trouver la vérité. Ajoutez à cela son ingrate terminologie. Cependant aujourd'hui cette barbarie et ce langage philosophique hiéroglyphique ont totalement disparu. On n'en trouve plus que de légères traces dans un petit nombre d'auteurs; et encore, est-ce un résultat de leur négligence. On pourrait citer des écrits philosophiques de nos jours, qui sont exempts de reproches sous le rapport du style.

On retrouve dans la philosophie de Kant plusieurs des défauts de ses prédécesseurs du dix-septième et du dix-huitième siècles; comme Leibnitz, il débute par des notions sur le temps et l'espace qui sont vides de sens; ensuite, il se débat continuellement entre son moi et le monde extérieur des sens, comme presque tous les philosophes depuis Descartes; puis il s'attache à l'expérience, à l'exemple de Locke. Mais comme l'expérience ne saurait donner la solution des choses morales et divines, il construit d'une manière qui n'est pas sans quelque analogie avec la méthode du philosophe anglais, des fragmens de la connaissance rationnelle reconnue insuffisante, cette foi rationnelle qui porte encore trop l'empreinte de cette raison, qu'il a si énergiquement attaquée, pour pouvoir croire fermement à sa réalité; et qui, par conséquent, n'a pu trouver ni foi ni effets durables chez les autres. Kant, il est vrai, a complètement développé dans sa morale et dans sa doctrine sur le droit, la part que la raison pratique doit revendiquer ici. Mais son système moral et juridique démontre d'une manière peut-être encore plus forte que l'exemple des Stoïciens, combien une doctrine morale et juridique uniquement dérivée de la raison pratique ne peut être qu'une pure spéculation, lorsqu'il ne s'y joint pas un autre élément; système qui non-seulement ne satisfait point l'homme intérieur, mais qui est même souvent inapplicable dans plusieurs circonstances de la vie, et qui, s'il était poussé jusque dans ses dernières conséquences, entraînerait des résultats tout opposés et les plus bizarres. On n'a pas d'ailleurs tardé à revenir de cette froide morale de Kant.

Le plus grand service que Kant ait rendu, a été de démontrer que la raison, alors qu'elle agit seule, ne saurait rien donner ni rien produire; que n'ayant de valeur qu'autant qu'elle s'applique à l'expérience et s'exerce dans le domaine de l'observation, elle est incapable de conduire à la connaissance de Dieu ou des choses divines. Mais au lieu de reconnaître que la connaissance de Dieu ne peut s'acquérir que par le sentiment intime, que la haute philosophie est une science basée sur l'expérience; au lieu d'assigner ici aussi, dans le domaine de l'expérience surnaturelle, le second rang à la raison, rang où elle eût été utile et à sa véritable place, il la replaça sur le trône, quoique sous le masque de la foi qui ne lui convenait aucunement. S'il s'était soumis à cette antique foi simple, si à l'aide de la critique il avait frayé la voie à la perception intime et lui avait ouvert une carrière scientifique au moyen d'une raison agissant ici comme dans le domaine de l'expérience, il eût pu devenir pour la philosophie ce que Bacon a été pour la physique, en la débarrassant de toute vaine subtilité et en l'élevant au rang d'une science expérimentale sûre et vivante, ou plutôt en la rétablissant dans ce rang.

Mais il n'existait point à ses yeux de perception interne ni en général rien de surnaturel, si ce n'est la forme vide des notions rationnelles dépouillées de toute matière : il était tout-à-fait absorbé par les pensées morales. C'est ainsi que, pour se tirer d'embarras, il ne lui resta qu'une croyance factice, parce que, flottant continuellement entre son moi et le monde extérieur des sens, il ne pouvait parvenir à choisir ni à se décider entre ces deux élémens. Ses successeurs furent plus audacieux ; les uns firent tout dériver du moi ou se jetèrent avec autant d'abandon dans le monde extérieur. Ainsi, les prétendues conséquences basées sur la raison pure que Kant avait voulu renverser, se relèvent sous une double forme comme résultat factice du moi, et comme connaissance illimitée du monde. Cela arrive tout naturellement, parce que Kant avait non-seulement laissé intacte la source de toutes les hautes vérités, mais n'était même point parvenu à la racine et à la source du mal dans la découverte de la contradiction interne et du vide absolu de la raison, qu'il combattait dans ses prétentions à la domination exclusive. Que si Jacobi ne s'est pas moins expressément déclaré contre le vide de la foi rationnelle que contre la divinisation absolue de la nature, dont on ne peut cependant accuser avec justice les meilleurs philosophes naturalistes, il faut tomber entièrement d'accord avec lui sur ce point. Cependant sa révélation intérieure de la conscience ou du sentiment moral, sans une foi assurée et claire, n'est pas satisfaisante, parce qu'il n'a jamais pu ou voulu pénétrer jusqu'au positif divin du christianisme. Cet état sceptique du sentiment individuel, de la volonté incertaine et de la conscience doutant presque d'elle-même, n'est que la contre-partie du système sceptique de Kant, sans qu'il en donne une meilleure solution. Ces deux théories du doute et de l'ignorance, avec le système de la raison idéale de Fichte et le jeu dynamique de l'être absolu ou ce délire scientifique de la philosophie naturelle, non éclairée par la révélation chrétienne, forment un cycle complet de cette quadruple apparition, qui dérive de la conscience abstraite et morte d'après les quatre forces élémentaires, et qui, selon les temps et les circonstances, revêt des formes toujours nouvelles et différentes; bien qu'au fond et dans ce qu'il y a d'essentiel dans ce système, l'erreur soit et reste toujours la même.

Suivre plus long-temps ces deux formes principales de l'erreur qui furent le résultat de la philosophie de Kant, et exposer en détail le développement actuel de la philosophie allemande, serait dépasser les bornes de mon plan. Il est bien plus facile de faire entrer des poètes vivans dans le tableau historique des temps les plus rapprochés de nous, parce qu'une suite d'ouvrages achevés nous découvre toute leur carrière. Il n'en est pas de même du philosophe dont la pensée se développe d'une manière différente, et dont le système est encore dans le travail de l'enfantement. Je me bornerai par conséquent à faire ici cette observation générale, qu'avec des investigations aussi profondes que celles qu'on a vues en Allemagne depuis Kant, avec une connaissance aussi exacte de la philosophie ancienne, connaissance pour l'acquisition de laquelle nous avons plus complètement que les autres nations les matériaux et les travaux préparatoires, on revient de l'erreur et l'on retourne de mille manières à la vérité ; ceci a d'autant plus facilement lieu à l'égard des erreurs spéculatives, qu'elles se présentent sous une forme plus tranchée et plus complète. Tout le système des erreurs partielles étant complètement exposé sous les quatre faces de la fausse conscience par les hommes de talent que je viens de nommer, et se laissant juger dans cette distinction réciproque, on y gagnait du moins un libre espace; et même, dans la longue et ancienne erreur, un motif suffisant pour le commencement d'une philosophie nouvelle, destinée à reconnaître dans l'esprit et la vérité Dieu et les choses divines. Un pareil abandon des erreurs occasionées par Kant, a déjà eu lieu dans plusieurs cas de la manière la plus décisive. S'il me fallait citer un exemple capable de tenir lieu de beaucoup d'autres, je nommerais mon défunt ami Hardenberg ou Novalis, non parce qu'il est entré le premier dans la voie du retour à la vérité, à Dieu et à la connaissance véritable, et parce qu'il a ouvert et aplani aux autres la carrière; mais parce que les poésies et les fragmens littéraires qu'il nous a laissés, contiennent une infinité de germes excellens, répandus avec profusion dans les directions les plus variées qui conduisent cependant toutes à un but unique : l'amour et la connaissance vraie. C'est avec une dignité simple et la clarté la plus noble, que Stollberg a exposé l'excellence de cette foi qui a non-seulement procuré du calme à son cœur; mais en outre un essor plus varié et une force toute nouvelle à son talent. Un grand nombre d'hommes honorables et remplis de mérité se sont faits les précurseurs, les témoins, les champions de la vérité ; bien que tous n'aient point été doués, sur la voie de la philosophie, de cette plénitude d'esprit qui distingue Hardenberg, ni sur la voie de la religion, de cette fermeté et de cette clarté de foi unies au don d'une admirable exposition que possède Stollberg. Déjà on peut remarquer que partout on s'approche de la vérité, et j'ai l'espoir que ce retour au vrai s'opèrera d'une manière complète; que la philosophie allemande prendra une forme telle qu'on n'aura plus à craindre ses conséquences destructives de la vérité, et qu'au contraire on sera forcé de la considérer comme son interprète. En vain, chercherait-on aujourd'hui à donner une nouvelle forme à la secte des Kantistes ; le temps des formules vides est passé. Fichte et Jacobi n'ont jamais eu qu'un très-petit nombre de partisans ; et par la nature même de leur système, ils ne pouvaient jamais former secte. Vouloir faire revivre l'un ou l'autre de ces systèmes sous une forme nouvelle, serait également inutile. Ils ont disparu comme des erreurs passagères, ou bien ont servi de degré à un petit nombre de penseurs pour s'élever davantage vers la vérité. Déjà parmi les philosophes naturalistes, chacun suit une route à lui ; aussi ne peut-on pas les considérer comme faisant secte. Ce vain jeu de formules absolues disparaît de plus en plus devant la plénitude du positif qui ressort chaque jour plus clairement des mystères de la nature et de l'abîme de la révélation. La connaissance de celle-ci et la compréhension du christianisme deviennent un besoin toujours plus général, de sorte qu'il ne faut plus désormais que quelques pas de plus en avant pour voir s'écrouler tous les vains systèmes antérieurs. Que l'on distingue donc les hommes, des choses; et la tourbe, des sommités morales. Surtout que l'on ait garde de se défier de la philosophie en général ou de la haïr, quoique la philosophie allemande soit encore remplie de grandes erreurs. La fausse philosophie ne peut être anéantie et remplacée que par la vraie philosophie; donc il faut nécessairement que la philosophie coopère au rétablissement de la vérité, rétablissement qui est la grande tâche du siècle. Toutes les philosophies qui se sont consacrées au témoignage de la vérité, soit dans la foi catholique, soit dans le protestantisme ou à la fois dans l'une et dans l'autre, ne sont que des atômes isolés d'un plus sublime avenir. Qui pourrait d'ailleurs se refuser plus long-temps à reconnaître que la grande réunion dans la foi, et celle de la science et de la foi qui n'est pas moins importante, auront lieu et doivent s'accomplir là même où a commencé le désaccord.

Je reviens aux poëtes, me proposant au reste de ne faire à leur égard que de courtes observations. Les plus beaux ouvrages de Goëthe n'ont été répandus et connus généralement que de nos jours; les autres appartiennent aussi à cette époque par leur composition. Les plus remarquables, sous le rapport de l'art poétique et de la langue, sont maintenant reconnus comme ce qu'il y a de plus parfait dans notre langue. Ce poëte, possède à une haute perfection la force génératrice et la légèreté qui distinguent en général la seconde génération. Cependant son exemple serait susceptible d'égarer sur certains points, parce qu'il essaie, à une époque même où son talent a le plus de maturité, de rattacher autant que possible sa poésie immédiatement au présent; et qu'il est difficile de trouver un poëte qui ait prodigué autant d'art pour des sujets tout-à-fait modernes. Que si l'on compare ses ouvrages savans, où l'exposition est toute moderne, à la poésie de ses premières productions, on pourra facilement juger dans lequel de ces deux choix il a été le plus heureux. A quelle distance Eugénie ne devra-t-elle pas être placée d'Egmont, si nous considérons ces deux ouvrages comme exposition poétique de la manière dont les troubles civils et les révolutions politiques se propagent parmi le peuple et les grands! où, s'il est permis de comparer des ouvrages qui, différant sous le rapport de la forme extérieure, sont au fond du même genre; que l'on compare pour l'exposition de la complication des passions dans les hautes relations sociales, les affinités de choix avec le Tasse; ou bien encore, si on considère ce dernier ouvrage comme représentant l'auteur dans son opposition avec le monde extérieur, de même que dans Faust l'esprit vivant avec ses idées est exposé dans sa lutte intérieure, et qu'on le compare à Wilhelm Meister, l'abondance des pensées et la richesse du style de cet ouvrage paraîtront l'emporter de beaucoup. Mais à ne considérer que la poésie seule, je pense que Faust, Iphigénie, Egmont et le Tasse, sont avec les plus belles poésies de ce grand poète les productions qui rehausseront le plus sa gloire aux yeux de la postérité. Qu'il puise ses inspirations à l'occident ou à l'orient, irrésistiblement entraînés par le charme de sa poésie, nous aimons à suivre ce vieillard enchanteur; tandis que, dans ses pensées en prose nous découvrons la lutte non apaisée d'une grande nature qui n'a point atteint son but.

Beaucoup de personnes doutent qu'il soit né véritablement poète dramatique, et qu'il ait reçu mission pour ce genre de poésie. Elles seraient plutôt portées à penser que le calme de son exposition brillante se rapproche davantage du genre épique, dans les pièces même qui, comme Egmont, sont le plus faites pour le théâtre. Les essais qu'il tenta en ce genre ou dans ceux qui s'en rapprochent ne sont pas tout-à-fait favorables à cette opinion; car il semblerait presque qu'il n'a pu trouver ni un sujet véritablement épique et satisfaisant, ni une forme épique convenable. Sa sensibilité l'a toujours plus dirigé vers le genre romantique, que vers le genre véritablement héroïque; et l'on pourrait dire que la véritable sphère de ce poëte est ce romantique, dans l'acception la plus large du mot, qui combine les jeux de l'imagination et de l'esprit avec les sentimens et les considérations que la vie fournit et provoque chez un esprit richement doté par la nature, dans toutes les gradations et nuances possibles.

L'influence qu'il exerça sur son siècle est d'une double nature. Sous le rapport de l'art, beaucoup de personnes l'ont à bon droit considéré comme le Shakespeare de notre siècle, c'est-à-dire d'un siècle qui vise plutôt à la richesse des idées et à la variété des développemens de l'intelligence, qu'à un haut degré de perfection, qu'à l'exécution complète dans un seul genre et dans une seule direction de poésie, et qui, par conséquent, ne sauraient se trouver chez ce poète, au même degré que chez le premier maître de l'art dramatique. Mais sous le rapport de la manière de penser telle qu'elle se comporte avec la vie et la détermine, notre poète aurait le droit d'être appelé le Voltaire de l'Allemagne; avec cette différence, que chez lui tout, jusqu'à l'humeur poétique même et l'ironie, se manifeste d'abord plus poétiquement et ensuite avec plus de bienveillance, et a un sens plus grave et plus franc que chez le poète français, qui dans ses ouvrages manifeste son indifférence et son manque de foi, et joue avec sa propre incrédulité. Toutefois on aperçoit souvent aussi dans notre poète, au milieu des formes variées que prend son talent, au milieu de son ironie spirituelle et de sa verve de plaisanterie, que l'abondance et la richesse de son imagination manquent d'un centre intérieur ferme et solide.

Le désaccord de la poésie et du théâtre en Allemagne se manifeste toujours en ce que, après Klopstock, Goëthe produisit plusieurs ouvrages dramatiques sans avoir en rien égard au théâtre; ou qui n'y étaient du moins pas destinés, quoiqu'ils y aient paru plus tard.

Il en fut de même du Don Carlos de Schiller; et depuis que ce poète sacrifia les intérêts de sa gloire aux avantages trompeurs des applaudissemens unanimes qu'obtinrent les essais de sa jeunesse inexpérimentée, il lui fut extrêmement difficile de procurer à son art perfectionné des effets immédiats aussi généraux que ceux de ses premiers ouvrages. Mais bien qu'il subsiste encore quelque désaccord entre sa poésie et notre théâtre, on n'en doit pas moins le considérer comme son véritable fondateur. En effet, il en a saisi la sphère, et avec plus de bonheur encore, la forme qui lui convenait. La traduction poétique de Shakespeare et de Calderon, où mon frère A. W. Schlegel a déployé, comme on le reconnaît généralement, un art consommé et la connaissance la plus profonde des ressources de la poésie, eut à deux époques différentes, l'influence la plus décisive sur la forme poétique de nos grandes compositions dramatiques; de même que le type du style est devenu pour la poésie élevée la mesure des jugemens sur l'art. Au reste Schiller était un poète éminemment dramatique, et la rhétorique des passions qu'il possédait en même temps que la poésie, y contribua essentiellement. Ses ouvrages historiques et philosophiques ne doivent être considérés que comme des études et des exercices pour l'art dramatique ; cependant ses ouvrages philosophiques ont encore cela de remarquable, qu'ils nous apprennent quelle était sa pensée intime, et combien peu il avait réussi à se mettre en harmonie avec lui-même. Tous les essais qu'il tenta pour satisfaire son génie inquiet et investigateur portent l'empreinte d'idées vagues et sceptiques ; il est demeuré entièrement dans le doute ; aussi, même dans ses plus beaux ouvrages, nous sentons-nous parfois atteints par le souffle d'un froid intérieur.

D'autres ont pensé que l'étude de la philosophie lui a été préjudiciable, même pour son art ; mais ses doutes remontaient beaucoup plus haut. La satisfaction interne d'un semblable génie doit toujours être considérée comme l'objet principal et a bien plus d'importance que tout exercice pratique de l'art. Ces grand travaux historiques et philosophiques par lesquels Schiller prélude à quelques-uns de ses drames, méritent plus nos éloges que notre blâme, même sous le rapport de l'art. Ce n'est point par la quantité d'ouvrages que mettront au jour nos auteurs dramatiques, ni par leur promptitude à les composer, que la scène fleurira chez nous. Ce n'est que par la profondeur de la pensée et par l'intérêt historique, qu'il nous est donné de parvenir à la perfection dramatique qui distingue les littératures grecque, anglaise et espagnole. Que si dans quelques-uns de ses ouvrages, Schiller n'est pas tout-à-fait exempt d'une fausse application de ses idées philosophiques à la tragédie antique, ces défauts ne résultent point de ce qu'il se livrait à la spéculation; mais de ce que de pareilles études, avec quelque activité qu'on s'y applique, et quelque fût son désir de tout approfondir, étaient cependant restées encore trop superficielles pour pouvoir atteindre le but d'utilité qu'il s'était proposé. Werner transporta plus complètement que Schiller tous les mystères du sentiment et de la foi, tous les paradoxes d'une destinée terrible et d'une lutte intérieure non moins terrible, dans ses tableaux dramatiques qui, lorsque son sujet est heureusement choisi, comme dans son Attila ou sa Mère des Machabées, produisent l'impression la plus vivante par l'union d'une grandeur et d'une profondeur admirables; expositions qui, à cause même de leur plénitude de richesses, se refusent à la scène, pour laquelle elles seraient d'ailleurs si convenables. Dans les premiers ouvrages de ce poète, on remarque cette lutte intérieure du cœur; on voit comment il s'efforçait déjà d'échapper aux liens de la vie commune, pour atteindre une sphère spirituelle plus élevée.

Avec la méthode grave de Schiller et dans une noble lutte contre le premier des tragiques allemands, l'Autrichien Henri Collin s'efforça d'acquérir sans cesse plus de perfection dans l'art tragique vers lequel l'avait entraîné ce noble enthousiasme patriotique, qui anime tellement tous ses ouvrages dramatiques qu'alors même que les sujets en sont tirés de l'antiquité ou sont tout-à-fait étrangers, ils n'en conservent pas moins toujours un caractère éminemment national et véritablement patriotique. Les poètes tragiques plus modernes qui ont agi sur la scène de la manière la plus heureuse, ou du moins pour le moment la plus brillante, retombèrent presque tous dans le fatalisme payen et dans une gradation toujours plus exagérée de l'horrible, d'où résulte tout naturellement cette caricature de fausse grandeur, que l'on peut reprocher à Schiller dans quelques-unes des productions de sa jeunesse, et même çà et là, à côté de la véritable grandeur, dans ses plus beaux ouvrages, et qui apparaît plus fréquemment encore chez ses successeurs. Quel que soit le talent qu'on puisse avoir, il est peu de fruits durables à espérer sur une aussi fausse route. Dans les poésies de Théodore Koerner respire cet esprit de vie de la jeunesse, qui nous émeut d'autant plus puissamment que la mort prématurée de cet intéressant jeune homme lui prête une sorte de consécration.

Mais je sens bien que je suis maintenant arrivé au terme de l'exposition que j'ai entreprise. La plénitude des objets qui se présentent autour de moi avec toute la vivacité du présent est trop variée, le tableau du temps actuel trop mobile et trop compliqué, pour que je puisse le considérer dès à présent comme appartenant au passé et le retracer historiquement d'une manière rapide. Que d'autres, pour caractériser notre époque, se servent des efforts que j'ai faits depuis trente ans dans la philosophie, ou de ce que j'ai tenté de concert avec mon frère A. W. Schlegel dans la poésie, les arts, la haute critique, la littérature et la philologie. Dans ce dernier chapitre, il ne m'a pas été possible de m'arrêter à chaque ouvrage de chaque écrivain, quoique plusieurs en eussent été dignes par la manière supérieure dont ils sont composés. Sans cela, il m'eût trop fallu perdre de vue cet examen de l'ensemble, qui était mon principal but. Que si nous voulions parcourir et examiner en détail les régions différentes d'après lesquelles se divise la littérature allemande, selon la nature des objets qu'elle a traités, ainsi que ce qui a été fait jusqu'à présent pour la philosophie et la connaissance de la religion, pour l'investigation et l'art historiques, pour la haute poésie, pour la critique et pour le théâtre, ce qui reste encore à faire dans ces diverses parties, comment et de quelle manière, il nous faudrait entrer dans des détails sans fin; et, pour chacune de nos provinces, nous livrer à des considérations et à un examen particuliers.

Ce qui dans le présent se rattache au passé peut être saisi et retracé sous un point de vue historique. Il en est bien moins ainsi de ce qui est encore dans les futurs contingens, de ce qui est encore engagé dans une lutte extérieure ou intérieure indécise; autrement il faudrait anticiper sur l'avenir par un jugement précipité, comme cela arrive souvent, prêter et imprimer d'avance un caractère et un sceau arrêtés à des phénomènes encore vagues et incomplets; ce qui n'a que trop souvent égaré l'opinion publique, troublé et arrêté le développement des talens et des facultés intellectuelles.

Je vois une génération nouvelle naître et se former; il me paraît hors de doute que le dix-neuvième siècle prendra même en littérature une forme tout-à-fait différente de celle du dix-huitième, mais le génie et la direction de cette génération nouvelle ne me paraissent pas encore assez développés pour oser ici déterminer son caractère. On exigera beaucoup d'elle, car elle trouvera d'immenses travaux préparatoires. Lorsqu'il s'agit de l'ensemble de la littérature allemande, je ne balance pas à croire qu'elle remplira un jour toutes les espérances qu'elle a jusqu'à présent plutôt fait vivement concevoir qu'elle n'a pu les complètement satisfaire. Quant aux détails, j'y vois encore beaucoup de difficultés et d'inconvéniens. Dans l'art et dans la poésie, cette manie de suivre les anciens, cette imitation mécanique de formes anciennes d'art et de langue ont commencé à se perdre. Par contre, nous imitons nos devanciers sans entente véritable, sans connaissance du vrai et sans un cachet propre. On se joue superficiellement et avec légèreté, de toutes les profondeurs de la raison et de l'imagination que les grands maîtres et les hommes de génie du siècle passé avaient présentées dans un tout autre esprit, pour être, soit sciemment soit à leur insu, utiles à l'esprit humain combattant pour se développer. Dans la philosophie, le plus grand nombre ne s'est approprié de Schelling que sa cosmogonie si prompte, et un jeu dynamique avec toutes sortes de systèmes de la nature toujours modifiés. Mais il y en aura peu qui prendront ce qu'il y a de vrai dans le développement nouveau et dans la direction tout-à-fait changée de l'esprit dans son intérieur. Ils sont toujours satisfaits de la forme extérieure, et comme le vieil édifice du système d'autrefois est demeuré debout, ils n'aperçoivent point qu'un tout autre esprit y réside.

D'autres remarquèrent bien la grande scission de la littérature et de la philosophie allemandes, et s'imaginèrent, en se faisant intermédiaires de paix et de conciliation entre les systèmes opposés, pouvoir remédier facilement au mal, et se créer en même temps à eux-mêmes un nouvel échelon; mais cette médiation et cette répugnance pour les extrêmes opposés n'amènent rien de positif ni de vraiment nouveau : il n'en saurait même résulter une paix durable.

Mais peut-être le temps n'est-il pas éloigné où l'on fera moins attention aux écrivains en particulier qu'au développement intellectuel de toute la nation. Peut-être l'époque où les écrivains ne seront plus obligés de se créer un public comme cela a été le cas jusqu'à présent, mais où au contraire la nation attirera à elle et s'appropriera des auteurs, d'après ses besoins intellectuels et ses efforts internes, ne tardera-t-elle pas à arriver.

Sous ce rapport, on ne saurait aussi méconnaître un progrès marquant; de même que depuis la moitié du dix-huitième siècle la littérature allemande a gagné d'une manière progressive soutenue, sinon en chefs-d'œuvre, toujours et partout rares, du moins en extension, en richesse d'idées et en énergie interne. Un semblable progrès est facile à apercevoir dans les effets de la littérature et dans la part que l'on a prise à ces progrès. Ce petit nombre de *dilettanti*, de protecteurs et d'amis des arts et de la langue nationale par lesquels commença notre littérature à cette époque, a fini par former un public. Ils n'étaient d'abord que spectateurs des sectes qui s'étaient formées et de leurs luttes; mais le cercle de ces spectateurs devint toujours plus grand, et la part qu'ils prirent à la littérature toujours plus vive et plus interne : de sorte que dès à présent, on peut, sans s'exposer au reproche de paradoxe, parler, sous le rapport de la littérature, d'un peuple allemand, de son esprit et de son caractère, de ses efforts et de ses besoins.

L'esprit de secte même, bien qu'il ait jeté de profondes racines en Allemagne, a sensiblement diminué dans ces derniers temps. Parmi les sectaires qui depuis la dernière moitié du siècle passé ont acquis le plus d'influence en Allemagne et qui,

sous ce rapport, conservent du moins une im‑
portance historique, les illuminés se sont retirés
de la scène à mesure que la philosophie plus
élevée est devenue plus dominante; les kantistes
se sont bientôt dégoûtés de leurs inutiles formules
comme le monde l'avait été avant eux; et même
parmi les philosophes naturalistes, on aperçoit
une diversité si grande et si heureuse, qu'on peut
maintenant considérer l'esprit de secte comme
impossible parmi eux. Je ne prétends pas pour
cela que l'ancien levain de la fausse interpré‑
tation et de ces illuminés qui travaillaient le
siècle sous prétexte de l'absence de lumières
dans les connaissances humaines, soit mainte‑
nant entièrement étouffé et n'existe plus. L'art
des formules des kantistes, si rares aujourd'hui,
a reparu plus d'une fois sous de nouveaux
noms parmi les sectes philosophiques qui sont
venues plus tard, mais il n'a jamais pu jeter des
racines bien profondes. Ce reproche s'adresse
en partie même aux philosophes naturalistes,
dont le désaccord externe et les aberrations dé‑
montrent suffisamment combien la route du vrai
est encore peu connue et combien peu les astres
errans et mobiles des systèmes et des sciences
humaines veulent, dans le domaine du monde
intérieur et de l'esprit pensant, se soumettre à

l'obéissance nécessaire, et observer le cours qui leur est prescrit autour du soleil de la vérité.

Toutefois l'esprit de secte est devenu plus paisible dans ces derniers temps, ou du moins passant rapidement de l'étroite limite des formes de l'école dans le monde réel, il en prend une plus grande et se prépare à un combat national ayant pour objet le développement de l'esprit humain en Allemagne. Ce serait se montrer injuste que de vouloir méconnaître ce fait.

Mais jusqu'à ces derniers temps, le caractère distinctif de la littérature allemande et même de la nation continua à être un état de lutte violente, bien que les personnes et les partis, les objets et même le sol sur lequel on combattait, aient bien souvent changé.

Il est presque inutile que je rappelle à mes lecteurs comment notre nouvelle littérature, depuis sa première époque, s'est produite en combattant et a été enfantée, pour ainsi dire, au milieu d'une lutte. D'abord c'était la lutte entre les Suisses, qui admiraient exclusivement les Anglais et les anciens, dans la poésie et dans la critique, et les Saxons, qui s'étaient entièrement formés d'après le goût français; vint ensuite l'opposition entre les poètes sérieux et solennels, et les poètes gais et galans, c'est-à-dire entre les successeurs de

Klopstock et de Wieland; puis dans un autre domaine plus intimement lié à la philosophie, ce fut la lutte entre les orthodoxes et les novateurs ou illuminés, qui occupa le public allemand et qui l'excita à se décider pour l'un ou pour l'autre parti. La lutte prit un caractère plus imposant à l'époque qui vit naître la philosophie de Kant, parce qu'elle s'établit entre les idéalistes et les empiriques. Cette scission se répandit sur presque tout le domaine de notre activité intellectuelle. Les deux partis ont également triomphé dans un sens; la doctrine empirique a su maintenir ses droits, non-seulement quant à son influence visible sur la multitude, non-seulement dans l'histoire et dans l'art, mais encore dans l'histoire naturelle et dans les sciences. Que si cependant on entend par la manière de penser de l'idéaliste prise dans le sens général, une manière de penser qui, dirigée vers l'idéal et parlant d'idées, aspire à s'élever bien au-dessus de l'expérience sensible; un pareil aspect idéal des choses est devenu si généralement dominant dans toutes les branches de l'art et des sciences, que peu de personnes oseraient soutenir qu'elles n'y ont point de prétention: quelque opposition qu'il puisse d'ailleurs y avoir quant à l'idée, entre ces divers points de vue. Car cette lutte remarquable s'est aussi presque toujours terminée par cette circonstance, que les idéalistes ou ceux qui combattaient pour les idées contre l'empirisme, ont fini par ne pouvoir s'entendre; et que les hommes plus éclairés ont parfaitement senti qu'il ne s'agissait plus de combattre des généralités seulement, mais une force véritable, un esprit agissant sans cesse pour faire le mal, un véritable génie du mal. La lutte beaucoup plus élevée qui aurait dû en résulter, non-seulement dans le monde politique, mais encore dans le monde intellectuel, ne s'est point encore présentée avec un développement convenable. Dans l'étroit domaine de la science ésotérique, la lutte entre l'idéalisme et l'empirisme a pris une direction toute nouvelle depuis que la découverte toujours plus lumineuse du monde psychologique a produit par des faits étonnans la complète reconnaissance du spiritualisme. Voilà pourquoi la lutte entre l'idée et la réalité a entièrement cessé de ce côté, du moins pour les savans, et devra par la suite ou faire choix d'un autre sujet ou prendre une toute autre forme. Dans le domaine exotérique de la littérature générale, cette antique lutte entre ce qui existe et ce qui est demandé, entre ce qui est donné et ce qui est pensé, a pris plus tard un caractère mesquin, et a dégénéré en une vaine puérilité ; de ce genre, est l'opposition imaginaire entre l'âge d'or et une soi-disant nouvelle école. Aussi peu qu'il a existé, comme j'en ai déjà précédemment fait la remarque, un âge d'or dans la littérature allemande; aussi peu j'y puis trouver quelque chose de nature à justifier la dénomination de nouvelle école. La plupart du temps on n'entend, à proprement parler, par cette dénomination que les exagérations de quelques imitateurs qui se sont laissé entraîner aux idées d'autrui, et dont on attribue à tort les écarts à ceux qui ont émis les premiers ces idées, afin de pouvoir plus facilement les travestir. Mais je vois encore peu de traces, dans notre action intellectuelle, de ce que les philosophes grecs et les peintres italiens appelaient une école, à cause de l'étude suivie et approfondie et du développement durable de l'art ou des hautes sciences d'après une méthode déterminée. On trouverait même peu de disciples qu'on pût espérer voir un jour devenir maîtres à leur tour. Tout homme distingué cherche aujourd'hui à se frayer lui-même sa route, et c'est ainsi que tout s'individualise de plus en plus.

Une opposition non moins vide de sens fut celle qu'on établit il y a quelque temps entre la

26.

littérature et le genre d'esprit de l'Allemagne septentrionale et de l'Allemagne méridionale, opposition qui fit naître les passions les plus odieuses provenant d'anciennes répugnances et d'antiques préjugés provinciaux. Mais dans cette scission si variée de l'esprit allemand, il s'agit entre les divers partis de quelque chose de plus grand que d'une contestation littéraire aussi frivole que fugitive.

Si nous jetons un coup d'œil général sur la lutte remarquable qui eut lieu dans toute l'activité intellectuelle du dix-huitième siècle prise dans son ensemble, et non sur cette lutte telle que nous l'avons vue se développer en Allemagne; si nous considérons en même temps comment elle s'est présentée en Angleterre, en France et dans le reste de l'Europe, et si nous demandons ensuite quel est le sens historique de ce grand phénomène, ce qui suit pourra être une explication satisfaisante. Cette lutte n'a point son siége dans l'extérieur et dans ce qui n'est qu'individuel, où elle s'est pourtant manifestée le plus immédiatement; elle a pour base et pour cause générale le grand mouvement qui s'est opéré dans l'esprit humain.

Les écarts sauvages de la raison et de la faculté de penser affranchie de tous liens, puis le réveil de l'imagination étouffée sous le poids d'un savoir apparent et de formes vitales aussi dénuées de sens, sont à la fois le motif interne et l'important résultat de ces phénomènes et de ces mouvemens divers. De même qu'en France la raison, dominant et désorganisant tout et renonçant à toute espèce de croyance et à tous les liens de l'amour, a dirigé ses funestes effets entièrement vers l'extérieur et s'est emparée de toute la vie de la nation pour en offrir le terrible spectacle aux contemporains et à la postérité; de même en Allemagne, conformément au caractère de la nation, la raison absolue se dirigea par suite d'entraves internes opposées, par les forces les plus nobles, entièrement vers l'intérieur : produisant au lieu de révolutions politiques des systèmes, fruits de la lutte métaphysique dans laquelle le pays était engagé, pour les détruire bientôt après. Quant au second phénomène du siècle, le réveil de l'imagination jusqu'alors étouffée, on en trouve également ailleurs beaucoup de traces remarquables dans l'amour pour les anciennes traditions et pour la poésie romantique qui se manifesta de nouveau sans que cette manifestation fût déterminée par aucune cause externe. Mais si l'on prend en considération l'étendue et la profondeur avec lesquelles l'imagination se manifesta en Allemagne lors de son réveil, non-seulement dans des productions sans nombre, mais encore sous les formes variées des temps antérieurs, on pourra dire qu'un pareil phénomène n'a eu lieu chez aucune autre nation.

Fichte serait de tous les philosophes allemands celui que je pourrais citer avec le plus d'avantage pour prouver combien la raison libre de toute entrave, dominant et agissant exclusivement, peut, lorsqu'elle est dirigée vers l'intérieur de l'homme, s'épuiser elle-même, se tromper, se désorganiser et tirer sans cesse du néant de nouveaux systèmes; non-seulement à cause de la puissance d'invention et du talent supérieur dans tous les arts de la pensée qui lui sont propres à un si haut degré, mais aussi parce que, méprisant la nature et ayant peu d'égard pour ses devanciers, il a voulu tirer entièrement de lui-même la matière de ses pensées. Mais parmi les poètes animés de la même tendance, je n'en saurais nommer un seul qui ait contribué à réveiller en Allemagne l'imagination autant que Tieck qui en connaît si bien les profondeurs et tous les écarts, et qui est si bien maître de ses secrets et de ses manifestations merveilleuses.

En ce qui concerne la raison et l'imagination, voilà où en est le siècle; mais jusqu'à présent il n'a point fait de progrès pour l'ensemble. Or, n'oublions pas qu'il faut que nous avancions si nous ne voulons pas reculer tout-à-fait, et qu'à la profondeur de la raison à laquelle nous sommes parvenus, à la plénitude et à l'éclat d'imagination que nous avons reconquis, il faut que se joignent d'abord une volonté ferme contenant le principe et le germe de tout ce qui est bon, et qui seule peut nous empêcher de tomber dans la barbarie; puis, le bon sens et une manière de considérer les choses sous leur véritable aspect, dont cette profondeur de la raison et cette plénitude d'imagination ne sont que des élémens individuels, qui, seuls, ne sauraient jamais conduire au but. D'ailleurs le véritable esprit, en toutes choses, repose sur l'intuition et la vue de l'ensemble, puis sur le jugement ainsi que sur le discernement de ce qui est vrai. Je me suis efforcé dans cet ouvrage d'indiquer partout cette connexité, par conséquent d'exposer l'ensemble et de donner une juste idée de la littérature et de toute notre activité intellectuelle. Mais, comme dans mes précédens essais, j'ai fait en même temps tous mes efforts pour coopérer, sans le secours de l'art oratoire, à une séparation complète et à une connaissance véritable du bien et du mal, même dans la littérature.

Une nouvelle époque a amené une lutte nouvelle. Le grand ébranlement du monde moral qui a signalé ces dernières années a fait apparaître le caractère intellectuel du siècle sous un nouveau jour, et lui a donné une forme toute autre et bien plus décidée. Peut-être, il est vrai, ne regardera-t-on pas comme un grand avantage que les deux partis qui divisent en politique les étrangers, se soient formés aussi dans la littérature allemande. Pendant quelques années nous avons été inondés par un déluge de brochures libérales, de petits livres, de feuilles volantes de tout genre et de tout format, qui, semblables à des nuées de sauterelles, ont souillé tout ce qui, sur notre sol, présentait l'apparence de la végétation ; de sorte qu'à peine est-il resté assez de place pour un ouvrage plus substantiel de littérature grave. Que si, dans cette masse énorme d'écrivassiers politiques (en y comprenant le petit nombre de voix qui se sont élevées en opposition au système dominant de tous les souhaits libéraux, grands et petits), un Gœrres seul a pu percer la foule, pour prendre rang parmi les grands écrivains nationaux et les beaux caractères dont s'honorera toujours l'Allemagne, ce seul homme paraîtra peut-être à beaucoup de personnes une compensation plus que suffisante pour ce nombre énorme d'écrivassiers destinés à l'oubli. On regrettera peu que cet essaim d'insectes qui s'agitent si bruyamment depuis quelques années, en nous étourdissant de leurs cris, disparaisse et périsse dans le vide d'où il est sorti. Aussi bien peut-être le mal n'a-t-il pas été très-grave ; du moins il a peu duré. Mais il en serait tout autrement, si les défenseurs de la bonne cause, de la justice légitime et de la religion se laissaient entraîner, par la vivacité même de la lutte, dans l'absolu, dans l'aveuglement, et dans l'exagération passionnée qui distingue les écrivains ultras de l'étranger. Ces écrivains ultras répugnent à notre esprit allemand, parce que toute âpreté dans l'opinion, ou même dans la forme de l'expression, ne peut produire en lui qu'une impression défavorable. En Allemagne, toute divergence d'opinion, qu'elle soit politique ou qu'elle soit religieuse, rouvre tôt ou tard notre vieille blessure, celle que nous ont faite il y a trois cents ans nos discordes religieuses. Et qui ne sent point que le sentiment religieux de chaque individu est une affaire de conscience, et a quelque chose de sacré qui demande à être traité avec une extrême précaution ? Chacun reconnaîtra facilement que cette modération, qui ne provient pas de ce qu'il y a d'irrésolu, mais de ce qu'il y a de consciencieux dans l'esprit, se concilie avec ses plus grandes diversités; elle sera d'autant plus grande que la foi en la vérité sera devenue plus claire à elle-même, et aura atteint un plus haut degré de certitude.

Abandonnons donc à l'étranger tout système ultra en religion et en politique, puisque cette haine pour le christianisme, puisque cet esprit anti-chrétien, qui caractérisent d'une manière si déplorable la tourbe du parti libéral en Allemagne, ne sauraient être vaincus ou étouffés par une réciprocité de haine; et que tout au contraire, la belle cause de la vérité chrétienne et de la justice ne pourrait qu'être souillée par cette ignoble intervention. Quant à ces écrivassiers politiques dont je n'ai pu m'empêcher de faire mention ici, on ne saurait nier que cette nouvelle direction politique de toute activité intellectuelle et littéraire qui s'est emparée de l'esprit allemand, mais qui ne lui convient pas parce qu'elle ne lui a pas été accordée par la nature, a produit cependant de bons fruits pour l'histoire nationale, même dans ces derniers temps, en donnant naissance à une foule de bons ouvrages d'exposition et de critique historiques, et surtout en amenant la création, pour cet objet spécial, d'une honorable association allemande. Les honnêtes gens de tous les partis pensent maintenant assez généralement que, dans la lutte des opinions et des intérêts, il faut s'attacher au positif, qui seul pourra mettre fin à la confusion et fonder de nouveau une existence organique et réglée. Mais tant que le positif divin n'interviendra pas comme force virtuelle de l'ensemble, en vain on espèrerait trouver, pour la vie et l'Etat comme pour la science, ce point d'appui, ce sol ferme, dans un positif purement humain de tel genre qu'on voudra l'imaginer. Or, où chercherons-nous ce positif divin, si ce n'est là où il nous a été donné déjà depuis long-temps, pour peu que nous voulions le trouver? Dans la religion, dans la révélation divine, dans une philosophie chrétienne, qui en est l'empreinte fidèle; dans la forme scientifique pour l'application pratique générale. Tout ce qui coopère sciemment ou non à ce but, tout ce qui de l'un et de l'autre côté se fait dans cet esprit, est bon et louable. Que si donc, dans ces derniers temps, d'honorables protestans, comme Planck, Neander, Kanne, Daub, ont reconnu hautement et exposé dans cet esprit et sur cette voie le caractère divin de la Bible et la divinité du Christ, ce n'est qu'un témoignage de plus en faveur de la vérité, qu'un nouveau garant du triomphe qui lui a été promis. Il est vrai que cette question : Qu'est-ce que le positif divin? et la conviction qu'en lui seul, c'est-à-dire dans le christianisme, se trouve la paix intellectuelle et morale du monde, nous ramènent à l'ancienne scission dans la foi des Allemands. Voilà le point de départ de la guérison ; c'est là que le mal a pris sa source. Cette réunion en une seule et même croyance, désirée pendant si long-temps et cherchée si inutilement, ne saurait, il est vrai, se trouver sur la voie commune de l'intervention humaine, ni être amenée par des concessions réciproques, quelque pure qu'en soit d'ailleurs l'intention, pas plus que par des négociations diplomatiques. Ce ne peut être l'œuvre des hommes; c'est celle de Dieu, qui saura bien trouver ses instrumens et qui remplira de la force du Saint-Esprit ceux qu'il aura élus. L'homme ne pourra y contribuer, et courir sous ce rapport au-devant des desseins de la Providence, qu'en se dépouillant de cette irrésolution d'esprit qui si souvent nous empêche de faire le dernier pas dans la reconnaissance de la vérité. D'ailleurs il est visible à une foule de signes, et il ne saurait échapper à l'observation que, dans les grandes vues de la Providence, l'époque de cette réunion approche beaucoup des temps où nous vivons. On ne saurait donc le taire ou le dissimuler plus long-temps. Aussi bien, c'est ici où nous avons considéré la vie intellectuelle et où nous l'avons suivie dans toutes ses périodes, qu'il en faut parler. Le génie allemand n'a en effet qu'à concentrer toutes ses forces nouvelles, mais encore inertes, pour en former une école véritablement allemande, contenu de toute culture intellectuelle. Et où lui trouver cette unité et cette harmonie qui partout encore lui manquent, ailleurs que dans cette sublime paix religieuse?

Je ne m'étais pas proposé dans cet ouvrage de considérer la littérature uniquement sous le point de vue critique ordinaire de l'art et de la philologie. Je voulais prendre la vie intellectuelle dans ses développemens et dans sa marche chez les principales nations de l'antiquité et de l'Europe moderne, à travers tous les siècles, pour en former une idée vivante et historiquement complète de cette grande puissance intellectuelle qui renferme l'ensemble de la haute civilisation de l'homme, ou toute science et toute exposition, toute connaissance, toute critique, tout art; puissance spirituelle qu'en opposition et dans ses rapports multipliés avec l'Etat et l'Eglise, nous appelons l'Ecole, comme il m'est fréquemment arrivé de le faire dans le cours de ce livre.

C'est cette idée que, pour terminer, nous approfondirons encore plus particulièrement en jetant un coup d'œil rapide sur l'ensemble des considérations qui composent cet ouvrage, afin que le résultat total pour l'époque actuelle apparaisse plus clairement. Il y a quatre forces principales qui contiennent la société humaine et la font mouvoir, et qui, d'après la nature différente de la force présidant à chaque sphère et du but qui lui est particulièrement proposé et qui lie l'ensemble, composent également une forme quadruple et différente de toute association humaine. Ce sont, en remontant de bas en haut, d'abord la force de l'argent et du commerce qui étend son influence sur tout le monde civilisé, et en rapproche les parties les plus éloignées par des relations variées et souvent de la plus haute importance pour la culture intellectuelle. Nous appelons cette réunion la communauté, dans un sens large et historique; mais nous ne nous en occupons ici que subsidiairement. Vient ensuite la force de l'épée ou l'État; c'est la plus puissante de toutes. Mais cette épée de justice ne doit pas avoir la guerre pour but unique; alors même il faut qu'elle serve au maintien de la paix extérieure et civile; résultat impossible, si la paix intérieure, morale et intellectuelle, n'est point assurée et consolidée par la religion, les bons principes et la véritable civilisation. En troisième ordre, apparaît la force de grâce de la consécration divine, sur laquelle repose toute espèce de sacerdoce et d'association religieuse; et c'est par là seulement qu'il peut exister une paix intérieure; c'est là ce qui donne même à la paix intérieure une plus haute sanction. De quelle utilité nous serait en effet toute la vie matérielle, à laquelle l'Etat promet sa protection, et qu'orne si richement cette culture extérieure qui procède du travail et de l'industrie et repose en dernier résultat sur le commerce, si elle ne servait en même temps d'appui à une autre vie intellectuelle et plus sublime? Cette autre vie plus sublime réside d'abord dans la religion, puis, comme bien commun à toute l'humanité, dans l'Eglise, dont le lien universel et sacré réunit les nations politiquement divisées, et rattache dans les temps les dernières générations à celles qui les ont précédées. Cette vie intellectuelle est en même temps excitée, développée et transmise d'un siècle à l'autre par l'Ecole; association intellectuelle qui est l'une des quatre forces principales de la société humaine dont nous avons parlé, et qui a des rapports non moins intimes que multiples avec l'Etat et l'Eglise. En effet, dans beaucoup de siècles où toute science et toute connaissance humaine ne fait qu'un avec le divin, l'Ecole paraît se rattacher ou être complètement unie avec l'Eglise, et dans d'autres on la voit s'en séparer de plus en plus, ainsi qu'il est arrivé dans les trois derniers siècles où l'Etat s'est emparé de sa direction. Ou bien, lorsqu'on a négligé de le faire convenablement, elle tombe, comme toute autre industrie libre, dans la dépendance du public et de la mode, par conséquent d'une foule de caprices, et finalement de quelque intérêt pécuniaire auquel se rattache la sûreté de l'existence extérieure. J'ai assez souvent indiqué dans le cours de cet ouvrage les différens effets de ces trois rapports de dépendance pour l'Ecole, et particulièrement les suites pernicieuses du dernier, pour qu'il soit nécessaire de les rappeler ici. La force véritablement agissante de cet invisible empire de la pensée et de l'association intellectuelle qui se perpétue à travers tous les siècles, et s'étend, quoique lentement, d'une nation à l'autre, est la puissance de la parole qui, innée chez l'homme comme son idée essentielle, se déploie et apparaît diversement dans toute connaissance et dans toute poésie. Or, la parole de l'art, de l'histoire et de la science, n'est qu'un développement ultérieur, une explication, une figuration ou une application de la parole impérissable, de la révélation divine qui en est la source originelle, la racine première d'où s'échappent les différens rejetons; c'est ce que nous apprend assez l'histoire de la civilisation de tous les peuples. Que si donc nous considérons maintenant l'arbre entier de l'art, de la connaissance et de la tradition scientifique dans ses divers rameaux, dans tous les temps, dans toutes les langues et dans tous les degrés de religion, nous remarquerons que nous en avons pu suivre et indiquer les différens rejetons chez dix nations principales. Nos regards se sont d'abord attachés sur le sol fertile et fleuri de l'art et de la tradition des Grecs, principe de toute culture de l'esprit. En cherchant à en découvrir la souche, nous avons été reportés au loin en Orient, où nous avons aperçu les admirables monumens de l'Inde qui apparaissent encore au-dessus des flots de la création comme les débris gigantesques et les rochers du monde primitif. Au milieu de cet âge qui a péri, nous avons vu Moïse établissant sur le plus solide de ces rochers les fondemens du temple de la tradition hébraïque, dont l'édifice lumineux se réfléchit encore dans l'antique tradition poétique et sacrée des Perses, autant que celle-ci peut apparaître pure des fausses opinions des Arabes. Ces deux élémens de la civilisation, le grec et l'oriental, traversent le monde si sérieux des Romains, pour arriver à nos temps chrétiens, où se greffe sur la racine scandinave un nouveau jet de civilisation qui s'est développé de la manière la plus heureuse et la plus variée chez les quatre nations les plus civilisées de l'Occident, les Italiens, les Français, les Espagnols et les Anglais, dans la poésie, dans la critique et dans les différentes branches d'une culture de l'esprit et d'une philosophie fausses ou véritables. Mais le tronc commun de la culture intellectuelle de ces quatre nations d'origine romane est l'esprit allemand qui a été la seule racine de tout le développement de la nouvelle philosophie chrétienne, qui a causé la grande rupture intellectuelle de l'Europe, et auquel il est visiblement réservé de produire un jour la clef de l'ensemble, afin que la lumière puisse s'étendre de là, comme autrefois la discorde, chez toutes les nations. La civilisation de ces nations repose d'ailleurs sur les quatre forces élémentaires de la conscience extérieure ordinaire, que j'ai déjà mentionnées et caractérisées; chez les Italiens, l'imagination et le goût pour les arts; chez les Français, la raison et la rhétorique; chez les Anglais, l'esprit critique et l'exposition historique; chez les Espagnols, un puissant sentiment de nationalité et une poésie vivante : voilà ce qui en forme l'ensemble. Mais l'esprit allemand pénètre bien plus avant dans les principes secrets de la vie intérieure, où les forces élémentaires n'apparaissent plus séparées, et où la force complète de la conscience vivante dans la pensée et l'exécution, jaillit de la racine commune. Il est vrai que dans les derniers temps ces hauteurs et ces abîmes de la raison et de l'imagination où nous en sommes restés de nos considérations, apparaissent également ici isolées et opposées; on peut reconnaître dans la connaissance psychologique le grand pivot sur lequel ces deux élémens arrivent à la pénétration vivante, et d'où jaillira un spiritualisme plus artificiellement fondé et plus historiquement clair dans toutes les régions de la vie intellectuelle. Aussi cette nouvelle carrière dans la connaissance de l'invisible sera-t-elle plus importante dans ses résultats spirituels que ne le fut il y a trois cents ans la découverte d'un autre hémisphère, ou du véritable système du monde, ou que ne le fut jamais toute autre découverte. On ne saurait au reste autrement dépeindre le caractère intellectuel du siècle comme idée qui doit être maintenant retravaillée d'après l'esprit allemand, qu'en disant que c'est la connaissance complète, la compréhension à travers tous les âges, et la renaissance vivante qui en est la conséquence, de la parole éternelle qui se réfléchit et resplendit dans l'art et la science temporels; idée qui se rattache de bien près à cette réunion dans la foi, et à cette union de la foi avec la science dont nous avons parlé plus haut. Mais cette science, redevenue une, et que nous ne pouvons pas encore qualifier autrement que du nom de philosophie chrétienne, ne se construit pas comme un système, ne se fonde point comme une secte, mais doit naître comme un arbre plein de vie, des racines de la révélation reconnue pour divine. L'histoire du monde et la mythologie, l'empire des langues et la science de la nature, la poésie et l'art ne sont que des rayons isolés de cette lumière une de la connaissance suprême. Et comme celle-ci apparaît complètement, l'obscurcissant panthéisme disparaîtra aussi complètement de l'investigation scientifique et de la philosophie naturelle, et retombera dans l'ombre en présence de la vérité et de la puissance reconnues de nouveau du positif divin qui se déploie toujours plus magnifiquement dans une perfection croissante. Alors les penseurs de tout genre connoîtront mieux la marche du véritable temps, qui est si différente de ce que le monde appelle l'esprit du temps; on ne verra plus tant de beaux esprits continuer à parler, en rêvant là où ils étaient restés vingt ans auparavant, comme s'ils n'avaient point aperçu une ou deux générations qui ont passé devant eux. Il est possible que, dans le domaine de l'art, se répande aussi alors un nouvel esprit de vitalité; et qu'à la place de la fausse fantasmagorie de nos formes tragiques manquées, apparaisse une poésie de vérité plus élevée qui ne se bornera plus à imiter, dans un jeu mesquin d'imagination, la tradition de quelque siècle ou de quelque race isolée, et qui exposera en même temps sous le voile symbolique du monde des esprits, la tradition de l'éternité, la parole de l'âme. Aussi bien cette lumière une n'est point étroitement limitée aux bornes d'un esprit isolé, ou à une forme et à une région particulière de tout l'ensemble de la civilisation. Les talens et les dons de l'esprit les plus variés devront, au contraire, contribuer à cette renaissance et à la croissance de cet arbre de la connaissance de la vie. De même en effet que, dans le vaste espace de la création, les natures purement passives ou coagissantes, puis aimantes, ou enfin les natures lumineuses et sublimes concourent de la manière la plus variée à la glorification du Créateur; dans le petit monde des hommes, copie de l'ensemble; dans son centre spirituel, dans le domaine de la vie et de l'action intellectuelles, les quatre espèces de natures inférieures et supérieures sont visibles et faciles à reconnaître. Voilà ce qui explique pourquoi, dans cette exposition historique, nous n'avons point laissé le petit inaperçu à côté du grand, et pourquoi nous avons au contraire essayé partout de le caractériser, en tant qu'il contribuait à la croissance et au développement varié de l'ensemble. Cette idée des différens degrés de nature spirituelle fournira en même temps la mesure nécessaire pour donner à tout ce qui n'a point été mentionné dans cet ouvrage, au haut comme au bas, au bon comme au mauvais, sa place et sa juste valeur, par conséquent sa véritable signification.

FIN DU TOME SECOND ET DERNIER.

TABLE

DES CHAPITRES DU TOME SECOND.

Chap. IX. — Littérature italienne. — Esprit allégorique du moyen âge. — Rapports du christianisme avec la poésie. — Le Dante. — Pétrarque et Boccace. — Caractère de la poésie italienne. — Poëtes latins modernes ; leur influence pernicieuse. — Manière de penser et politique de l'ancienne Rome. — Machiavel. — Grandes découvertes du quinzième siècle. . . . . Page 1

Chap. X. — Quelques mots sur la littérature des peuples du nord et de l'est de l'Europe. — Scolastique et mysticisme des Allemands au moyen âge. 41

Chap. XI. — Considérations générales sur la philosophie avant et après la réformation. — Poésie des peuples catholiques, des Espagnols, des Portugais et des Italiens. — Garcilaso, Ercilla, Camoëns, Le Tasse, Guarini, Marino et Cervantes. 83

Chap. XII. — Du roman. — Poésie dramatique des Espagnols. — Spenser. — Shakespeare et Milton. — Siècle de Louis XIV. — Tragédie française. 129

Chap. XIII. — Philosophie du dix-septième siècle. — Bacon, Hugo Grotius, Descartes, Bossuet, Pascal. — Changement dans les opinions. — Esprit du dix-huitième siècle. — Tableau de l'athéisme français et de l'esprit révolutionnaire. 189

Chap. XIV. — Productions légères des Français et imitation des Anglais. — Ouvrages de littérature à la mode en France et en Angleterre. — Du roman moderne. — Bernardin de Saint-Pierre et Châteaubriand. — Prose de Rousseau et de Buffon. — Lamartine. — Chants populaires d'Angleterre. — Walter Scott et Byron. — Nouveau théâtre italien. — Critique et art historique des Anglais. — Philosophie sceptique et foi morale. — Retour en France à une époque meilleure, et plus haute philosophie. — Bonald et Saint-Martin. — La Mennais et le comte de Maistre. — William Jones et Burke. . . . . Page 237

Chap. XV. — Philosophie allemande. — Spinosa et Leibnitz. — Langue et poésie allemandes aux seizième et dix-septième siècles. — Luther, Hans Sachs, Jacques Bœhme, Opitz. — Ecole Silésienne. — Dépravation du goût après la paix de Westphalie; poésies de circonstance. — Poètes allemands de la première moitié du dix-huitième siècle. — Frédéric II. — Klopstock; la Messiade et la théogonie du Nord. — Poèmes chevaleresques de Wieland. — Introduction de l'ancienne mesure syllabique et défense de la rime. — Adelung, Gottsched et le prétendu âge d'or. — Première génération de la littérature allemande moderne, ou période des écrivains créateurs. 283

Chap. XVI. — Coup d'œil sur l'ensemble du sujet. — Epoque des écrivains créateurs. — Direction de la poésie vers la nature. — La présence vivante et la réalité. — Critique allemande : Lessing et Herder. — Opinions esthétiques dominantes. — Lessing considéré comme philosophe. — Liberté de penser et propagation des lumières. — L'empereur Joseph II. — Caractère de la troisième génération. — Philosophie de Kant. — Goëthe et Schiller. — Coup d'œil sur l'avenir. — Fichte et Tieck. — Importance historique de la littérature allemande. — Appréciation de l'époque actuelle. 341

FIN DE LA TABLE.

www.ingramcontent.com/pod-product-compliance
Lightning Source LLC
Chambersburg PA
CBHW070924230426
43666CB00011B/2302